小 | 微 | 企 | 业

贷款调查技术

王团结 著

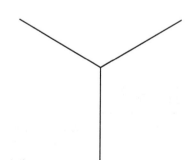

机械工业出版社
China Machine Press

图书在版编目（CIP）数据

小微企业贷款调查技术 / 王团结著 . —北京：机械工业出版社，2020.4（2024.12 重印）

ISBN 978-7-111-65201-4

I. 小… II. 王… III. 中小企业 – 贷款管理 – 研究 – 中国 IV. F832.42

中国版本图书馆 CIP 数据核字（2020）第 053568 号

本书作者曾在国有银行和股份制银行工作，有十余年授信工作经验，目前专职从事银行业务培训。

本书分为财务分析、非财务分析、贷款调查方法三个部分。作者首先从财务分析入手，介绍了如何分析三大报表（资产负债表、利润表和现金流量表）。接着介绍如何做非财务分析，从三个维度——"天时、地利、人和"，即时间、地点、人物三个方面详细展开。作者指出，财务分析偏客观，非财务分析偏主观，财务分析重在分析现在，非财务分析重在预测未来。在实践当中，要充分考虑各种贷款风险。本书第三部分是方法论，介绍小微企业贷款的调查方法。

本书介绍了大量授信风险案例，以作者亲身经历的案例为基础，同时结合培训时在各家银行遇到的真实案例，总结贷款共性，发现授信规律。

本书介绍的分析手段和调查方法，作者在过去五年中反复和学员及同行探讨，并根据反馈不断改进，最后形成本书的主体内容。本书附录以表格形式系统介绍了贷款调查方法，可作为模板使用。

小微企业贷款调查技术

出版发行：机械工业出版社（北京市西城区百万庄大街 22 号 邮政编码：100037）

责任编辑：刘新艳　　　　　　　　　　　　　责任校对：李秋荣

印　　刷：固安县铭成印刷有限公司　　　　　版　　次：2024 年 12 月第 1 版第 9 次印刷

开　　本：170mm×230mm　1/16　　　　　　印　　张：20.25

书　　号：ISBN 978-7-111-65201-4　　　　　定　　价：69.00 元

客服电话：(010) 88361066　68326294

版权所有·侵权必究
封底无防伪标均为盗版

Preface 前言

"中西医结合"调查法

《双城记》中说"这是一个最好的时代,也是一个最坏的时代",处在当前"三期叠加"的环境之下,银行整体效益下滑,信贷人员的收入甚至职业生涯都受到了影响,但是在这个风险暴露的集中期,我们才看到信贷风险是什么样子,才真正了解到风险是怎样形成的,现在一年所看到的案例比好年景十年见到的还要多。银行的教训都是拿真金白银换来的,出现风险不要紧,关键是事后要能总结出规律,避免以后重蹈覆辙。

在金融支持小微企业的政策指引之下,各家银行发放小微企业贷款的热情很高,但是怎么做才能实现风险可控,还在不断摸索试探当中。小微企业贷款大体分为两种:一是关系型贷款,二是交易型贷款。

关系型贷款主要是小型银行在使用,这些银行前身多为信用合作制(城信社、农信社),交易对象都是特定人群、熟人,依靠着"点多、面广、人熟"的优势,与贷款客户的信息不对称程度较低。关系型贷款的调查报告比较简单,因为大部分信息都在经办人员的脑子里,在目前强监管的环境下，这样的贷款调查有些不符合监管要求。关系型贷款不能离开当地，因为关系网是有地域性的，一旦离开了当地的"土壤"就难以复制。我们看到一些小微企业贷款做得不错的银行开设的异地机构贷款质量并不是非常理想。

交易型贷款技术主要有两个流派：一是德国的 IPC 技术，很多城商行、农商行使用这种技术；二是淡马锡的信贷工厂技术，国内的大型银行大多使用这种技术。这两种技术的优缺点都非常明显：IPC 技术强调交叉检验，逻辑严谨，但是软信息的分析面太窄，缺乏对宏观形势、行业趋势的把握，适用于贷款额度在 50 万元以下的微型贷款客户，一旦客户的经营规模大了，经营风险的边际大了，IPC 技术就显得有些捉襟见肘。淡马锡的信贷工厂技术与其说是贷款技术，不如说是贷款管理流程，主要强调标准化分工作业，没有解决贷款如何调查的问题。大型银行在做小微企业贷款的时候，也主要是做抵质押贷款和供应链融资，依靠对抵质押物和核心企业的把握来把控风险。对于贷款额度超过 50 万元又没有标准化担保方式的小微企业，贷款从哪些方面入手，目前仍处于探索阶段。

在经济景气的时候，各种技术流派百家争鸣，因为这个时候经济环境较好，企业容易获得资金，贷款风险出得少，孰优孰劣也看不出来。一旦经济不景气，各种技术的不足就暴露出来了。"出水才见两脚泥"，经济景气时的成功不算成功，到了经济不景气的时候不出大问题才算成功，信贷技术是否真能控制住风险，还要经得起经济周期的检验。

贷款调查主要从财务分析和非财务分析两个方面入手。贷款调查离不开财务分析，财务分析是基础。有人说：小微企业压根儿就没有报表，做什么财务分析？如果做贷款不看对方的财务数据，那看什么？有人说看人品。的确，基于人品对一笔贷款做出决策不是不可能，但前提是信贷人员的阅历足够丰富，做贷款真的需要"读万卷书、行万里路、阅人无数"，但这对于刚踏上工作岗位的年轻信贷人员来说是不可能的，即使学历达到了，阅历也达不到，他没有见过风险是怎么出的，没见过"老赖"长什么样，他们基于人品做出的风险判断往往是拍脑袋做出来的主观判断。另外一种极端是片面依赖小微企业的财务分析。大家都知道小微企业的财务报表可信度低，于是审查的时候要求报表经过审计，实际上这完全是在掩耳盗铃、自欺欺人。客户经理必须调查验证小微企业的财务数据，然后自己重构企业的财务报表，相当于做一遍审计。即使这么做，也只能做出当期的，无法做出上年的，因为很久之前的数据已经无法核实了。为了弥补这个不足，要加强对小微企业的贷后检查，不断关注财务数据的变化。

财务分析和非财务分析各有优劣，互相补充。打一个比方，财务分析好比是西医，其科学、简单、容易复制的优势是不容置疑的，通过资产负债率和利润率这两个简单的指标就能把企业的基本情况掌握清楚。但是财务分析的缺点也是非常明显的：首先是财务数据造假，这个不用多讲；其次是通过财务分析很难预测未来。信贷的风险在未来，放贷款要预测未来，而财务分析所使用的趋势分析法是非常不准确的。一个生意前年赚钱，去年赚钱，今年也赚钱，但明年是否还赚钱就很难说了，因为越来越多的竞争对手会加入这个行业，利润会越来越低，资产的价值也会随着收益水平的降低而不断缩水。中国人讲"物极必反"，事情发展到一定程度会向相反的方向转化，趋势有可能与过去完全相反。《易经》是中国人预测未来的智慧，其核心就是阴阳，阴阳作为矛盾的两个方面，既互相依存又互相转化，转化的过程就是运动。经济繁荣、企业成长是阳，而经济衰退、企业败落就是阴。无论是预测行业的增长还是预测企业的增长，趋势分析法都有可能出现方向性错误。

财务分析的不足可以靠非财务分析来补充，实际上这既是中西方思维方式的不同，也是中西医逻辑体系的不同。中医向来反对"头痛医头，脚痛医脚"，中国人习惯于整体性思维，比如中医讲"肾虚耳鸣""清肝明目"，耳朵不好可能是肾的问题，眼睛不好可能是肝的问题，但西医不可能这么看病。就贷款分析来说，单纯从财务报表上是找不出财务数据变化的原因的。比如企业库存增加，报表上没有解释，这有可能是行情上涨，企业囤货惜售；有可能是行情下跌，商品滞销；有可能是企业管理水平差，商品成本高，质量差，卖不出去；也有可能是行业整体性衰退。影响财务数据的都是非财务方面的因素，只有掌握这些关键点才能预测未来。

当然，非财务分析的劣势也非常明显，比如很多人看中医喜欢找"老中医"，因为中医主观性强，所以非常依赖个人经验。非财务分析可以不看报表，应用"望、闻、问、切"的方法也能做出判断。有的信贷人员到企业看一看，与老板聊一聊，找同行和熟人打听打听，就能做出准确的判断，但前提是这名信贷人员必须是位"老中医"，知识、经验、阅历、人脉关系都足够丰富。可是任何人都不可能一步成长为"老中医"，信贷人员的阅历不是看书学来的，也不是随着年龄而自然增长的，而是用大量的风险和损失换来的，但这种成本和代价既是经办人员无法承受的，也是银行无法承受的。所以，财务分析的方法要用，非财务分析的方法也要用，两种方法并用，做到"中西医"结合。

微型企业和中小型企业调查的侧重点有所不同，微型企业（一般指总贷款在50万元以下的）侧重于非财务信息调查，中小型企业（一般指总贷款在50万元以上的）侧重于财务信息调查。因为微型企业主要靠劳动力赚钱，所以主要看人品如何，而中小型企业主要靠资产赚钱，所以各个财务数据都要摸清。比如一个家庭作坊，两台老式车床用了十几年，卖了也不值几万元，这种劳动密集型的微型企业最主要的资产是人力，只要人吃苦肯干，没有不良嗜好，一般没有多大问题，所以主要看人品。但中小型企业动辄投资几百万上千万元，对于资产和负债的情况必须有个准确的把握，因为一旦投资失败，单纯靠老板的两双手打工赚钱基本是不可能还清贷款的。

本书的体系就是以财务分析和非财务分析为框架：财务分析偏客观，非财务分析偏主观；财务分析重在分析现在，非财务分析重在预测未来。财务分析按照财务报表的科目进行分析，非财务分析则是按照中国传统的

"天时、地利、人和"即时间、地点、人物三个要素来分析。笔者力图将在实践当中遇到的各种贷款风险都装进这些基本结构当中。最后，本书介绍方法论，即小微企业贷款的调查方法。三个阶段是逐层递进的：财务分析是基础，是入门必备的；非财务分析则是提升层次的，需要一定的经验阅历；然后上升到方法论。笔者以大量风险案例，尤其是自己亲身经历的案例为基础，在五年的授课当中，不断地与各地银行的案例相结合、相印证，再根据学员的共鸣和反馈不断改进，最后形成本书的主体内容。

如果你需要本书附录中表格的电子文档，请购书且在微信朋友圈晒书后，加微信号 huh88huh（昵称：胡小乐）领取；工作人员将在三个工作日内应答，请不要着急。

目录 Contents

前言 "中西医结合"调查法

第1章 资产负债表分析 /1

1.1 固定资产：有恒产者有恒心 /3
1.1.1 有恒产者有恒心 /3
1.1.2 房地产调查 /4
1.1.3 汽车的"光环效应" /7
1.1.4 机器设备调查 /9
1.1.5 案例分析 /12

1.2 存货：企业经营的"脉象" /16
1.2.1 存货的清查方法 /16
1.2.2 存货造假的方式 /17
1.2.3 以存货为中心的财务分析 /22

1.3 应收账款：看不见的资产 /26
1.3.1 应收账款的查证方式 /26
1.3.2 应收账款查证的内容 /28
1.3.3 以应收账款为中心的财务分析 /29

1.4 负债：压垮骆驼的稻草 / 31
   1.4.1 合理利用金融杠杆 / 31
   1.4.2 从众心理是金融行业的大敌 / 32
   1.4.3 过度融资 / 33
   1.4.4 隐性负债 / 34
   1.4.5 应付账款分析 / 41
   1.4.6 担保圈风险分析 / 42
   1.4.7 关联企业负债分析 / 44
   1.4.8 负债的变动分析 / 45

第2章 利润表分析 / 49

2.1 销售收入的调查方法 / 49
   2.1.1 通用核定方法 / 49
   2.1.2 专用核定方法 / 53
   2.1.3 以销售收入为核心的财务分析 / 58

2.2 利润核算方法 / 59
   2.2.1 成本费用核算法 / 59
   2.2.2 同业比较法 / 61
   2.2.3 权益校验法 / 62

2.3 透视盈利能力：竞争战略与竞争优势 / 62
   2.3.1 看透庞氏骗局、僵尸企业 / 63
   2.3.2 小微企业的分散产业结构 / 64
   2.3.3 三种基本竞争战略 / 67
   2.3.4 竞争优势：五力模型 / 73
   2.3.5 商业模式 / 77

第3章 现金流量表分析 / 80

3.1 现金流的调查方法 / 81

3.2 伪造现金流的方法 / 83

3.3 现金流分析 / 85

3.4 贷款资金流向 / 86

3.5 还贷过桥资金 / 87

3.6 还款方案要与现金流吻合 / 90

第4章 天时 / 93

4.1 天象：行业分析的作用 / 94

    4.1.1 时势造英雄 / 94

    4.1.2 行业分析的作用 / 96

    4.1.3 信贷行业分析的特殊性 / 99

    4.1.4 行业信贷风险管理需要澄清的误区 / 100

4.2 信贷周期：寒来暑往 / 102

    4.2.1 上海钢贸行业案例反思 / 103

    4.2.2 经济周期的形成 / 106

    4.2.3 行业的周期性分类 / 112

    4.2.4 怎样防范周期性行业风险 / 116

4.3 行业生命周期：盛极而衰 / 122

    4.3.1 行业生命周期 / 124

    4.3.2 行业生命阶段的区分标准 / 133

    4.3.3 对于不同生命周期行业的差异化授信政策 / 133

4.4 产业政策："借东风" / 140

    4.4.1 产业政策为什么会失败 / 142

    4.4.2 三种产业政策 / 145

第5章 地利 / 149

5.1 地区供应链 / 149

    5.1.1 工业区位理论 / 151

5.1.2　产业链　/ 153

　　　5.1.3　产业集群　/ 156

　　　5.1.4　产业转移　/ 158

　5.2　城市商圈　/ 161

　　　5.2.1　商户业态　/ 162

　　　5.2.2　中心地（商圈）理论　/ 163

　　　5.2.3　店铺选址　/ 166

　5.3　地区信用环境　/ 167

　　　5.3.1　信用环境的重要性　/ 168

　　　5.3.2　决定信用环境的两大要素　/ 169

　　　5.3.3　信用环境的变化　/ 170

第6章　人和　/ 175

　6.1　企业家精神　/ 175

　　　6.1.1　银行是为企业家服务的　/ 175

　　　6.1.2　创新精神　/ 177

　　　6.1.3　冒险精神　/ 182

　　　6.1.4　敬业精神　/ 184

　6.2　企业生命周期　/ 187

　　　6.2.1　企业生命周期理论　/ 188

　　　6.2.2　企业变老的原因　/ 189

　　　6.2.3　企业生命周期理论在授信方面的应用　/ 191

　　　6.2.4　初创期：潜龙在渊　/ 193

　　　6.2.5　成长期：跃龙在渊　/ 194

　　　6.2.6　成熟期：飞龙在天　/ 200

　　　6.2.7　衰退期：亢龙有悔　/ 202

　6.3　多元化经营风险　/ 206

　　　6.3.1　多元化成功概率极低　/ 207

6.3.2 多元化成功的条件 / 210

6.3.3 多元化转型的风险 / 212

第 7 章 贷款调查方法 / 215

7.1 当事人陈述：实话好说，谎话难编 / 215

7.1.1 问前的准备 / 216

7.1.2 问的节奏 / 218

7.1.3 问的技巧 / 224

7.1.4 交叉询问技术 / 229

7.1.5 客户几种常见的表演套路 / 230

7.1.6 调查人员的常见错误 / 236

7.2 证人证言：兼听则明，偏信则暗 / 237

7.2.1 信息来源渠道：向浑水公司学调查 / 238

7.2.2 网络信息调查渠道 / 245

7.2.3 信息的处理 / 248

7.3 书面材料：口说无凭，立字为据 / 249

7.3.1 调查信息纸质化技术 / 250

7.3.2 养成眼见为实的调查习惯 / 251

7.3.3 财产证明 / 252

7.3.4 征信报告分析 / 253

7.3.5 经营凭证 / 255

7.3.6 假印章的识别 / 258

7.4 现场考察：耳听为虚，眼见为实 / 259

7.4.1 现场考察的流程 / 260

7.4.2 现场考察的内容 / 263

7.4.3 现场造假的情形 / 268

7.5 调查信息分析 / 270

7.5.1 信贷情报分析的方法 / 271

  7.5.2 信贷分析中的认知误区 / 276

  7.5.3 事后复盘 / 280

附　录　信贷调查实用问题大全　/ 282

  附录 A 小额贷款交叉询问问题大全（贷款 20 万元以下）／ 282

  附录 B 信贷调查手册（贷款 20 万元以上）／ 285

参考文献　/ 307

Chapter1 第 1 章

资产负债表分析

　　什么客户是银行眼里的好客户？答案很简单，就是资产负债率低的客户，无论个人客户还是公司客户都是同一个标准。资产负债率算起来很简单，就是负债除以资产，小学生都会算，但是要把企业真实的资产负债搞清楚非常困难，因为资产价值是浮动的，负债也可以隐藏。资产负债表上容易出现的风险有以下几个方面。

　　（1）虚增资产，隐藏负债。降低资产负债率有两个办法：一是做大资产，二是减少负债。在贷款调查过程中，小微企业客户往往喜欢"乘10"——资产价格乘以10。一套设备可能是花8万元买的八手旧设备，他会按新设备的价格告诉你值80万元。但是在问客户外面有没有个人借款时，他会拍着胸脯告诉你从来不借。

　　（2）资产价格缩水。资产价格不是固定不变的，也不是每年折旧那么简单，而是起伏波动的，有的是随着行业的周期性变化而起起伏伏，有的是因为行业衰退而变成废铁一堆。比如说一个人第一年贷款30万元买了一辆出租车，结果第二年市场不好，出租车跌到了20万元，而贷款没有变化，这样就变得资不抵债了。有时候资不抵债并不是亏损亏掉了，而是资产价值受市场行情影响。随着市场形势的变化，设备更新换代非常快，新型设备上市后旧的设备就面临淘汰，所以设备的实际减值比用会计核算方法计算的要严重得多。

（3）资产难以变现。企业还不了贷款，有时并不是没有资产，而是没有现金。比如一个养狐狸的客户，存货大约为200万元，但是狐狸只有在冬天才能卖（这个时候毛色最好），其他时间只有投入没有产出，想还贷款确实挤不出钱来，用他自己的话说就是"守着冰块化不出水来"。一家企业贷款100万元，还不了贷款，原因是它唯一的客户破产了，欠它1000万元的货款。这1000万元的应收货款的确是它的资产，但是资产并不等于现金。

（4）短贷长投。一般来说，企业资产的回报期越长则利润越高，而负债期限越短，成本越低，所以企业为了追求利润，就以短期借款去完成固定资产投资。一个是清偿期在一年以内，一个是回收期在一年以上，这样就出现了明显的期限错配。很多文件要求银行对企业"不抽贷、不压贷"，为什么银行按合同办事反而不行呢？原因就是企业把短期借款用到固定资产上了，企业要还清贷款，只有变卖固定资产，而如果一个企业变卖起固定资产，那就意味着倒闭清算了。

（5）杠杆率过高。资产由负债和所有者权益构成，负债与所有者权益的比例就是杠杆率。杠杆率越高，资本收益率就越高，相应的风险也会越高。在资产价格上涨的时候，企业会想方设法地加杠杆，而当资产价格下跌的时候，损失率也会成倍扩大，会加速"爆仓"。很多企业投资，初始的资本投入很少，几乎全靠借贷来完成，这种"无本生意"就是空手套白狼，赚得起赔不起。

1.1 固定资产：有恒产者有恒心

与贸易类客户相比，生产类客户更受银行及其他金融机构的青睐，这类固定资产占比较高的客户更容易获得贷款。一般来说，站在企业的角度，资产的流动性与安全性成正比，固定资产多了，流动性差了，安全性就差了，为什么银行会反其道而行之呢？因为站在银行的角度，企业安全了，银行贷款就危险了，企业能随时变现走人，那银行的资产就很容易转移。流动资产占比过高的企业，如果资产不能被控制，则其违约成本相比较而言就低得多。实际上，银行的贷款客户倒闭之后，银行最后能够获得并处置的只有土地、厂房、设备这些固定资产。生产类企业固定资产较多，所以稳定性较强，银行感觉比较踏实。就连资产负债表，银行也是反着看的，先看固定资产，再看流动资产，流动资产里面先看存货，再看应收账款。

1.1.1 有恒产者有恒心

看企业是否有实力，通常先看其固定资产。为什么大家都会有这么一个习惯标准？《孟子》中讲："民之为道也，有恒产者有恒心，无恒产者无恒心。苟无恒心，放辟邪侈，无不为已。"如果老百姓有一些长期不易变现的不动产，他们就能够安下心，踏踏实实过日子，否则就会觉得朝不保夕，只图眼前利益，不想将来，从而无所不为。譬如说一个人在一个城市买了房子，这代表着在这个城市定居下来，会把眼前的工作当作一份长久的事业来做；如果一直租房子住，则表示工作不是很稳定，将来在哪里长期工作还不确定。同样，如果企业拥有一些不动产，给人也是这样一种感觉。因为固定资产投资不是一年两年能够收回成本的，企业能投资固定资产，就说明做好了长期经营的打算，贷款也不会借完不还。有一家企业是贸易公司，老板从温州到山东投资，规模做得很大，纳税额在园区里面也算数得着的，但是一直租办公室，无论是在客户看来，还是在当地政府看来，企业始终是个皮包公司，最后老板考虑来考虑去，经营多年之后还是决定买地建厂。

1.1.2 房地产调查

1. 房产权属的核实

房屋权属毫无疑问应当以不动产权证书为准，但是在实践当中也有很多小产权房或者农村住宅，这类房产没有不动产权证书，虽然不能抵押、难以处置，但是应当算作借款人的财产。为了核实权属，可以采取下列方法进行交叉验证。

（1）村委会证明、社区证明。

（2）交款收据、转账凭证、物业装修保证金单据、水电费单据。

（3）询问客户对房产的了解程度。

（4）与征信报告中的家庭住址核对。

（5）邻里询问。

2. 房地产估价方法

对于不同种类的房地产，应采取不同的估价方法，比如住宅一般采用市场比较法，商铺、办公楼、公寓一般采用收益法，厂房则采用重置成本法。这些估价方法也适用于其他类型的资产，包括设备、存货等。

（1）市场比较法。市场比较法是利用市场上同样或类似资产的近期交易价格，经过直接比较或类比分析估测资产价值的各种评估技术方法的总称。市场比较法需要有公开活跃的市场作为基础，有时因缺少可对比数据而难以应用。如果同类资产交易很少，就不适合采用这种方法。这种方法不适用于专用机器设备、大部分的无形资产，以及受到地区、环境等严格限制的一些资产的评估。

（2）收益法。收益法是通过估测被评估资产未来预期收益的现值来判断资产价值的各种评估方法的总称。应用收益法必须具备的前提条件是：第一，被评估资产的未来预期收益可以预测；第二，资产拥有者获得预期收益所承担的风险可以预测；第三，被评估资产预期获利年限可以预测。如果市场变动太大，收益无法准确预测，则不宜采用这种方法。

（3）重置成本法。运用重置成本法评估资产，首先确定被评估资产，并估算重置成本；其次，确定被评估资产的使用年限；再次，估算被评估资产的损耗或贬值；最后，计算确定被评估资产的价值。如果被评估资产已经使用过，则应该从重置成本中扣减使用过程中的自然磨损、技术进步或外部经济环境导致的各种贬值。重置成本法主要适用于同类交易比较少的资产，比如非标准化厂房、农村自建房。

采用市场比较法和收益法评估，资产的价格始终处于变动中，每年都会变化。当市场行情上涨的时候，收益提高，资产价格水涨船高；但是到了市场行情下跌的时候，收益率下降，甚至出现亏损，这个时候资产价格大幅缩水。采用重置成本法评估，尽管受市场变动的因素影响较小，但同类资产交易量小，变现难度也比较大。总之，无论采用哪些方法，在评估资产的时候应尽量保守，不宜按照最利于借款人的方法评估。

3. 影响房地产变现的因素

到经济不景气的时候，很多企业出现了经营恶化的情况，而此时也伴随着房地产市场降温，抵押物很难处置。很多银行的抵押物都出现流拍、以物抵债的情况。影响房地产变现的因素包括下列几个方面。

（1）地段。有句话叫作"买房第一是看地段，第二是看地段，第三还是看地段"，但是地段也不是一成不变的，会随着时间的推移而不断变化，好地段有可能变成差地段，差地段也会变成好地段。比如随着物业设施的老旧、城市中心的转移，当新的商户、新的富人离开老城区的时候，老城区的房子往往会出现价格下跌的情况；而新城区虽然一开始建设的时候地理位置不算好，但是随着学校、地铁等配套设施的完善，房价可能会稳中有升。这也印证了房地产价格上涨，涨的是地价而不是房价，房屋肯定是越旧使用价值越低。

（2）通用性。通用性越强，越容易变现。所以在一般情况下，住宅好于商铺，沿街商铺又要好于专业市场商铺。

（3）价值大小。价值越小，越容易变现。很多客户经理喜欢以大型物业作为抵押物，比如别墅、大型商场，虽然放款的时候很过瘾，单笔金额很大，但是到了处置抵押物的时候，所需要的时间要远远多于小型物业。

（4）独立性、可分割性。独立性越差，越难变现。比如商场中的摊位，其价值依赖于商场经营情况的好坏、物业的完善程度，独立性较差，所以比较难处置。

1.1.3 汽车的"光环效应"

能代表一个人财力的，除了房子还有车（特指乘用车，而不是营运车）。车与衣服、首饰一样，不只具有实用功能，还具有"炫耀性消费"的功能。车除了作为交通工具使用之外，往往也具有显示财力、身份、地位的作用。中国自古以来就有"人以车贵"的说法，"天子驾六，诸侯驾五，卿驾四，大夫三，士二，庶人一"。也正是因为有这些社会评价标准，借款人也刻意地在这方面包装自己，也有银行人员上当受骗的情况。

曾经有一辆车牌号为"浙C88888"的网红车：一辆普通面包车居然挂着浙C88888这么扎眼的车牌号，在路上总被查，被怀疑是套牌车。后来人们找出了这个车牌号的"身世"：2006年，温州一位做鞋革生意的张老板经过30多轮竞价后，以166万元拿下了车牌号浙C88888，创下了当时国内单一车牌拍卖价格的最高纪录，这个车牌号挂在了宝马760上（裸车价220万元）。但好景不长，张老板夫妇很快就债务缠身。2008年9月，因欠下112万余元货款，张老板被一家鞋材公司告上法庭。虽经法院判决执行，但直到2009年12月，张老板夫妇仍无力偿债。温州市鹿城区人民法院随即发出通告，拍卖该宝马车抵债。据评估公司估价，宝马车价值125万元，不包括车牌号。没想到在随后的拍卖中宝马车流拍，于是被直接用来抵债。张老板夫妇没舍得放弃浙C88888号牌，后来过户到了一辆长安七座面包车上。⊖

⊖ 搜狐网.车牌浙C88889和浙C88888的命运 [OL]. http://www.sohu.com/a/4906900_121857, 2015-03-06.

我们来分析一下这个故事：张老板在2006年就花了近400万元买车，说明当时他有一定的资金实力，但是仅过了两年就无力归还112万元货款，除非赌博，否则不会败落得这么快。我们回过头来想一想：没有这400万元的豪车，鞋材公司肯定不会赊给他112万元的货！实际上银行放贷款也很看重借款人的乘用车，银行授信和老板赊账是一回事。为什么很多人会花几百万元买一辆性价比并不高的豪车？很多老板也承认，买好车主要的目的是撑门面，好谈生意，从这个角度分析，花上百万元买辆小汽车完全是有其价值的。豪车的价值在于它可以产生光环效应，简单说来就是"一好百好""一俊遮百丑"。光环效应的形成原因，与我们的知觉特征之一——整体性有关。我们在知觉客观事物时，并不是对知觉对象的个别属性或部分孤立地进行感知的，而总是倾向于把具有不同属性、不同部分的对象知觉为一个统一的整体。认识事物都是从局部开始的，可是经验主义又让我们从局部推断出整体，往往就会犯以偏概全的错误。譬如，我们闭着眼睛，只闻到苹果的气味，或只摸到苹果的形状，我们头脑中就形成了有关苹果的完整印象，因为经验为我们弥补了苹果的其他特征，如颜色（绿中透红）、滋味（甜的）、触摸感（光滑的），等等。

借款人巧妙地利用心理学原理蒙蔽债权人：第一步，先给银行信贷人员制造一个很有钱的第一印象。第一印象具有先入为主的特点，因而比较深刻。如果第一印象好，就会给以后的交往打下良好的基础。第二步，银行人员往往会形成一种"投射效应"，第一印象好了，就会"情人眼里出西施"，看着哪里都好。哪怕借款人给的第一印象是假象，银行人员也可能会沿着这个错误的认知一直走下去。第三步，信贷人员会沿着这种错误认识进一步"循环证实"，借款人一看信贷人员上了套,就越来越会演,越装越像,借款人以后的行为又印证了信贷人员当初的看法,结果这种偏见就扭转不过来了,陷入"当局者迷"的圈子里出不来。

对于表面上固定资产很多的,我们需要用信贷人员专业的眼光走出常见的思维误区。第一是防止光环效应,不要被他的光芒亮"瞎"了眼,一码事归一码事,我们最终不是要看他的资产,而是看他的"净资产";第二是走出"整体思维"的误区,要把各个问题割裂开来一个个看,资产是资产,我们还要看负债和所有者权益,要看利润,这些钱究竟是从哪里来的。"包子有肉,不在褶上",企业实力如何,和它表面的富丽堂皇没有半点关系。开好车的,既有亿万富翁,也有亿万"负"翁,从这里看不出是真有钱还是假有钱,既有肥得流油的,也有打肿脸充胖子的。授信人员很喜欢通过一个细节观察一个人,希望能管中窥豹,还有人总结出如何在酒桌上看人、如何通过微信看人等一系列方法,事实证明这些方法是十分不科学的,犯了人们固有的以偏概全的错误。

1.1.4　机器设备调查

在固定资产里面,机器设备是价值最容易"看走眼"的。很多银行接受机器设备抵押,结果到最后处置的时候,处置价值相当于一堆废铁。设备的专业化程度要比房产、车辆高得多,一般只有业内人士才清楚地了解它的价值,这也造成了在评估价值的时候难度较大。机器设备的调查包括以下方面。

1. 权属真实性

同样作为固定资产,机器设备不同于房地产,它的权属不是以登记为准，而是以占有为准。在贷款风险出现的时候，可能会发现企业的设备是以融资租赁方式取得的，或是借用别人的，企业将不属于它的设备也抵押了。另外，重复抵押的现象比比皆是，有的公司将同一台设备重复抵押给四五家银行。验证设备权属的真实性有以下方法。

（1）查看合同、发票。

（2）查看固定资产明细台账。

（3）对于征信报告里有融资租赁或设备抵押的，要对照查看哪些设备是融资租赁的或已经抵押的。

2. 价值波动性

机器设备的价格往往并不是简单地折旧这么简单，往往是随着市场的变化而变化，尤其是一些周期性行业，其波动幅度更大。有一个客户在 2012 年购置了一套二手石油钻机，花了 500 多万元，其中贷款 300 万元。当时国际石油价格维持在 100 美元/桶以上，各个油田的钻井工作量都非常大。借款人经过一年时间的摸索，刚刚打开市场，结果 2013 年甲方暂停了新增的对外采购，业务就被叫停了。这个客户刚要准备重新打入市场的时候，2014 年就迎来了国际油价断崖式下跌，到 2015 年跌到了每桶 40 多美元。国际上原油大幅减产限产，国内石油开采更是亏损，石油钻井几乎陷入停滞。2015 年 4 月，美国活跃钻机数量降至 2010 年以来最低。[⊖]这时候借款人想卖掉钻机还贷款，但是问了一圈没有人接手，后来有人出价 180 万元，借款人舍不得卖，贷款出现逾期。到 2017 年前后，随着

⊖ 人民网. 美国活跃钻机数量降至 2010 年以来最低 [OL]. http://world.people.com.cn/n/2015/0505/c157278-26951346.html，2015-05-05.

国际油价回升到 70 美元/桶，各油田的开工率上升，钻机价格又涨了上来，市场价格大约 300 万元。

从这个案例可以看出，企业在贷款的时候，不要盲目地"追涨"，谨防资产泡沫，尤其是很多波动幅度很大的行业；在处置资产的时候，也不要盲目地"杀跌"，在价格低谷的时候处置往往会损失很大。

3. 设备先进性

借款企业设备的先进性直接决定贷款能否收回，这样说一点不为过。如果选择一家有先进设备的企业，这笔贷款基本能按期收回，如果企业把落后的设备抵押给银行，很有可能是准备套现走人。企业的设备先进，说明还有盈利能力，即使遇到流动性危机，企业也会坚持经营，贷款会想方设法还掉。很多企业贷款之所以能够重组、盘活，根本原因在于企业生产有效益，也就是设备并不落后。反之，如果是落后的设备抵押给银行，当企业不能还款的时候，大多数银行处置的设备，其价值就是一堆废铁。一般情况下，设备到了银行手里的时候，基本就没有多少价值了，不光是折旧的问题，往往是过剩产能、落后产能，借款人已经放弃经营了，谁接手也不赚钱，只能通过报废的方式淘汰掉。但凡资产还有价值，企业无论如何也不会等到银行拍卖，自己总会想方设法继续经营。有一家授信企业在十几年前投资 6000 多万元建了一家纺织印染厂，当倒闭后银行处置资产的时候，当年投巨资购买的设备只卖了 40 万元，基本是废铁价。

4. 设备通用性

通用设备的变现能力要高于专用设备，诸如机床、建筑机械这些设备，流通量比较大，变现相对较快，而一些矿山机械、食品机械，因为同行业比较少，变现的时候比较困难。另外，单件设备的变现能力要强于成套设备，一些成套设备，如化工产品生产装置，只能一次性使用，如果拆除的话，价格会大打折扣，而且不易找到买家。

1.1.5 案例分析

有一次我们到一家物流公司调查，该公司成立两年多，名下有20多辆危险品运输车，全部是挂靠经营（即车辆的营运权是车老板的）。拿到材料之后查了一下征信，公司名下没有贷款，老板个人名下只有一笔汽车分期贷款。到企业调查的时候，看到停车场内停了五六辆大货车，大部分车都在路上。到了企业办公室里，老板没说几句话，从保险柜里拿出一个大红本的土地证，一算面积，整整60亩，土地出让金已经缴纳，出让金发票就夹在土地证里，两年前的出让价格是10万元/亩，土地证刚办来下三个多月。公司新购置的这块地在新规划的物流产业园内，我们想要去看看，于是老板开上他的奔驰S350拉着我们去，园区内路还没修好，坑坑洼洼，卡了好几次底盘。老板30岁出头，年龄和我相仿，开着豪华轿车，有自己的企业，而且没有多少负债，毫无疑问，在同龄人中应该算是个成功人士。

到了现场一看，工地正在施工，已经建了几个油品储存罐，建了一排平房作为办公室。厂区门口竖了一块牌子——"××公司年产10万吨溶剂油加工储存项目"，土地平整加土建投资近200万元。在当时，溶剂油就已经属于产能过剩的项目，当地很多工厂开工不足，一年开工不到四个月，不知道老板为什么要投资这个项目。和老板说这个问题的时候，他没怎么吱声，显然老板主要是搞运输，对化工行业了解并不多。站在厂区门口，我们聊了聊老板现在的经营情况：现在物流公司有26辆大货车，每辆车每年3000元的管理费、1万元的保险代理佣金。算起来每年的收入约为33万元，三年下来只有100万元的收入，离现在的资产仍然差得很远，于是又问老板之前是干什么的。老板说之前开一家修理厂，人不多，三五个修理工，主要修卡车。我一想，这么个小修理厂，一年也就赚个十来万，之前十年创业，也不过积累百十万，只够买辆车的。于是我打趣道："开修理厂可攒不下这么多东西，那才赚多少钱？"老板的眼神稍微有那么一丝不自然，但很快就闪过了。

  回去之后，我们仔细分析了一下材料：乍一看借款人条件不错，光无形资产（土地）和固定资产就有800万元，没有什么负债。但是分析起来硬伤也很多：第一，借款人的资产主要是非流动资产，流动资产几乎没有，企业总不能指望卖地还贷吧。第二，老板本人主要是收取车辆挂靠费用，没有货物买卖，所以公司的账户流水非常少。第三，资产来路不明，打听了一下，这位老板之前开了个小修理厂，也不是什么富二代。公司也没有其他股东，没有幕后老板。第四，周围圈子很多人对他不认可，他花钱大手大脚，刚花40多万元买了一辆奥迪，开了一年多，接着今年换了一辆100多万元的奔驰，年纪轻轻太过高调。由于疑点比较多，这笔贷款就没往上报。

  过了四个月，传来这个客户跑路的消息，总共欠民间借贷2000多万元。最大的一笔是一家小贷公司的400万元，还有一家投资公司的200万元，然后是林林总总欠亲戚朋友、老乡、施工单位的。怎么会欠这么多？一开始我对这个数字还有些不相信，后来一家担保公司告诉我：两年前我们去考察的时候，就是几个人在工地上干活,你们去看的时候还在干,就是这块地把他拖"死"的!原来他寻思买点儿便宜地,等地升值后卖地还钱。园区出让土地都是有规划的,不是什么项目都让进,县里比较支持物流行业,于是他就去注册了物流公司,又找了20多辆车挂靠,连注册公司都是为了买地。实际上物流不是他的本行,他的本行是修车,本身没积累下多少资产,敢做这么大的买卖也真是胆大。他本来想着土地证下来多评估一些,从银行贷出款来,把借的高息的钱还一还,还能剩下一笔启动资金,结果土地证等了近三年才下来。买地的600万元、土建的200万元,还有买奔驰的钱全是借的,三年时间利滚利,就成了2000万元。

这个案例,可以从下面几个方面进行分析。

(1)权益校验。权益校验是分析企业资产和利润的重要方法,是做小微企业贷款的基本方法之一。根据会计恒等式:资产=负债+所有者权益=负债+初始投入+历年经营积累,因为算着老板没有这么多钱可投,其间的利润积累也不多,所有者权益几乎看不到,那这个公式就变为"资产=负债"。资产必然是用负债堆起来的,既然这些负债在征信报告上看不到,那就属于隐性的民间借贷。

(2)企业的偿债能力太差。衡量企业偿债能力的常用指标主要有资产负债率、流动比率、速动比率和现金比率,其中资产负债率属于长期偿债能力指标,后面三个属于短期偿债能力指标。因为是发放短期贷款,所以要看短期偿债能力。物流公司全部是挂靠经营,货物不是自己的,新项目没有投产,没有流动资产,流动比率约等于零。

$$资产负债率 = 总负债 \div 总资产$$

$$流动比率 = 流动资产合计 \div 流动负债$$

速动比率＝速动资产 ÷ 流动负债

其中，速动资产＝流动资产－存货。

（3）企业的营运能力太差，固定资产周转率也约等于零。**固定资产周转率＝销售收入 ÷ 固定资产平均值**，企业目前的主要收入是车辆管理费和保险代理费，一年不过几十万元，相对于近千万元的固定资产来说，资产产生的收益太低，甚至还覆盖不了企业的财务成本。

（4）从财务结构上来看，企业属于风险型结构。保守型结构是企业的绝大部分资产来源于长期资本，稳健型结构是企业的长期资产和永久性占用流动资产来源于长期资本，风险型结构就是企业的长期资产部分来源于流动负债。如果经营风险低，财务风险就可以高一些；如果经营风险高，财务风险就应该低一些。这家企业所投项目属于过剩产能，市场前景并不是很好，投产后效益还是未知数。这样经营风险大、财务风险大的情况，企业存活下来的概率非常低。

（5）这个企业犯了典型的短贷长投的错误，即将短期贷款投入回报期比较长的固定资产当中。在一定程度上讲，短贷长投几乎是不可避免的，因为资产的流动性（即其变现能力）和其盈利能力成反比，流动性越差的资产盈利能力越强，而流动性越好的资产盈利能力越弱。在企业的所有资产中，现金是流动性最好的资产，同时也是盈利能力最低的资产。固定资产流动性差，但是盈利能力强，企业要想提高效益，一定会把大量资金投在固定资产上。从另一个角度分析，银行对短贷长投的问题也是睁一只眼闭一只眼，因为这种长期投资企业能产生长期的资金需求，可以稳定地为银行贡献利润，用老板们的话说他们是为银行打工，所以银行有些舍不得。在一定时期内，这种融资方式为大家普遍认可，企业的问题也不会暴露出来。有些银行推出无还本续贷，实际也是在默认这种资金用途。如果企业单纯向一家银行融资，风险相对较小，但是固定资产投资往往数额比较大，单一银行给的流动资金贷款额度又不够用，所以企业会向多家银行融资，这样风险就会急剧上升，用"危若累卵"形容再合适不过。如果一两家银行抽贷，企业就会失去流动性，资金链就断了。

1.2 存货：企业经营的"脉象"

存货是批发零售企业的主要资产，也是生产加工企业的重要晴雨表，能够直观地反映企业的经营状况。存货就像人的"脉象"，企业有什么问题，都会在存货中体现出来。企业出问题，往往也是存货先出问题。存货是企业经营状况最明显的征兆。很多有经验的信贷人员把存货作为一个重要指标来考察，到企业里面别的先不看，先看存货，在贷后管理过程中，也把存货变动作为一个重要的检查方面。存货，打开了洞察企业的一扇窗。

1.2.1 存货的清查方法

"库存"以各式各样的形态存在，是商品、制成品、半成品、原材料、储藏品等的总称。生产型企业的存货种类较多，包括在生产各个环节的货物，而贸易型企业比较简单，商品的形态不会发生改变，只是地理位置变化。零售业出现畅销商品时，就会形成"卖出→进货→卖出"的良好循环，钱就会不断滚动。然而，卖得不好的商品滞留库存，或是顾客退回的商品没办法退给进货厂商的话，这些钱就等于"死"掉了。

存货清查有两个环节,一是实物盘点,二是账目核对,最后看一下账实是否相符。盘点主要是通过点数、过磅计量等方法核实存货的实际库存数。存货的盘点是信贷人员的基本功,首先要结合行业知识判断存货的计价单位和价格,然后科学地盘点,主要方法有:①全部盘点。如果存货的种类比较单一,而且存放比较规则,可以采取全部盘点的方式,比如,叠放存货数量=底长数量×底宽数量×叠高数量。②抽样盘点。如果存货种类太多,像批发零售行业,几百个库存商品,为了提高效率可以采取抽样的方法,一般选取价格占比高的重点货物进行盘点,而忽略货值较低的小散货物。㊀

账目核对一是查看手工账,二是查看电脑账。手工账是指广义的账目,有的小微企业有专职会计,账目比较规范,有据可查;而有的小微企业并不正规,没有库存明细账,老板随便记一下。所以去考察小微企业账目时不必拘泥于形式,既可以是标准的账簿,也可以是随手记的流水账。很多小企业也在使用电脑账,有的是专业的财务软件(比如管家婆),有的是与上游厂家联网的系统,可以直接看到未发货的、在途的以及各个仓库的存货。因为有的企业财务软件使用不规范,经常出现不准确的情况,账面数字往往高于实际库存,其实也并非恶意造假,所以对于电脑账也不能照单全收,还要结合实物盘点来确认。

1.2.2 存货造假的方式

存货造假非常普遍,上市公司为了转移资产,经常在存货上做

㊀ 张觐刚.小微企业信贷工作笔记[M].北京:九州出版社,2014:38.

文章，比如某公司的虾夷扇贝一茬接一茬地"跑了"。企业为了融资，也会在存货上做文章。这种方法，大企业会用，小企业也会用，在存货上做文章，既比固定资产造假简单，又比应收账款造假可信度高。因此存货造假欺骗性很强，信贷人员很容易上当。

1. 权属造假

（1）借库存。在清查存货之前，先要确定存货的权属。有一个新闻"合伙凑猪数骗取补贴款，湘潭县两养猪大户被刑拘"[①]，国家对于生猪养殖大户有一个生猪存栏补贴，但是补贴的对象必须是存栏量达到一定规模以上的养猪大户。那么存量不够，又想获得这些补贴怎么办？一个方法就是借，今天把我的猪都赶到你那里去，明天再把你的猪赶到我这里来。这是糊弄政府，欺骗银行的更多，只不过问题没有暴露。我们说眼见为实，但是实际上眼睛看到的并不一定是真实的。放在他仓库里的东西，存货的权属并不一定属于他。这个时候怎么办呢？我们的一个原则就是账实核对，不光要看实物，还要看账目，这个账是一个广义的账，所有经营性的凭证都可以算作账。比如这个养殖户不一定有库存账目，但是老板需要定期买饲料，需要做防疫，这些都会形成书面凭证，养 100 头猪和养 500 头猪肯定不一样。

（2）代销商品、来料加工。代销商品、来料加工所产生的存货，其所有权也不属于货物的控制人。很多商品是经销商以代销的方式在终端铺货，其所有权不属于销售商品的企业。比如二手车行的车可能是代销的，饭店的酒可能是代销的，汽车修理店的机油也可能

[①] 湘潭在线. 合伙凑猪数骗取补贴款，湘潭县两养猪大户被刑拘 [OL]. http://news.xtol.cn/2012/0920/230147.shtml，2012-09-21.

是代销的。核实的方法也是账实核对,只有货物而没有凭证,就没法证明货权。

2. 质量造假

(1) 无中生有。借款人有时会运用障眼法,库存看起来很多,实际上没有,"草色遥看近却无"大概就是这种感觉。到仓库里进门看着货物满满的,走近了一看,才发现只是外面码了一层,砌了一道墙,里面是空的,再走到近前敲一敲箱子,居然是空的。

(2) 以次充好、以假充真。有的甚至在存货质押上都会造假,问题一旦暴露就是损失。这方面最典型的案例当属上海钢贸行业骗贷案,堪称存货造假之"集大成者"、教科书式的库存造假,各种手段统统用尽了。

> 一位业内人士为记者绘制了这样一幅骗贷图:钢贸商将钢材放在一个仓库里,开具仓储证明,向一家银行贷款,然后将这批钢材运送到另一个仓库,再次开具仓储证明,就又可以向另外一家银行贷款。这样一来,以价值 1 亿元的货物在一家银行可以贷到 4 亿元来计算,辗转 10 个仓库,就可以从银行贷到 40 亿元。另外一些钢贸商干脆联合存储仓库开具假仓单,从银行骗取贷款。"银行都觉得自己的信贷是安全的,至少都有钢材质押,实际上都是仓储中介的'挂牌子'游戏,今天工行来看就挂上工行的牌子,明天中行来看就挂上中行的牌子。"一位银行业风控人士表示。银行对货物的监管依赖于委托的第三方仓储物流公司,而有些仓储、物流监理等钢贸中介的管理能力和信用程度比较差,甚至有中介机构失职与钢贸企业相互勾结,出具

虚假仓单或者重复质押，利用其他钢贸企业货物质押套取银行信贷。㊀

2016年5月，陕西潼关县联社发生一起2000万元质押贷款案件。陕西、河南银监局迅速组织辖内银行业金融机构开展全面排查，发现多名外部不法人员横跨陕西、河南两省，以纯度不足的非标准黄金作为质押物，骗取19家银行业金融机构190亿元贷款。

灵宝市的博源矿业有限责任公司将企业自制的假黄金运出河南进入陕西，向金融机构质押骗贷。随着陕西金融机构的自身盘查以及公安机关的侦查，潼关信合发现更多的质押用的是假黄金。这些掺假黄金外观上和真黄金无二，很难鉴别，制假手法十分专业。多个信源表明，张青民涉嫌抵押给长安信合的假黄金，钨的含量占62%左右，黄金约占38%。金砖外表是标准金，里面则裹包着钨块，能骗过普通检测仪器，如不用打钻和熔炼的检测方法，很难发现。张淑民为制造假黄金，专门从潼关县购买了制造金条的设备，用刨床改成5000克金砖模具。经长时间试验，最终选用钨和黄金制作金砖。之所以选择金属钨，是因为钨的密度与黄金接近，钨的密度为19.25克/立方厘米，黄金的密度为19.3克/立方厘米，两者仅相差0.05克/立方厘米，普通仪器很难测出如此细微的差别。㊁

㊀ 李琪.钢贸信贷风险处置启示录[J].中国银行业，2014（05）.
㊁ 搜狐网.黄金掺假配方，竟骗了19家银行190亿贷款！触怒银监会，13名银行高管下课[OL].http://www.sohu.com/a/220718282_667345，2018-02-03.

3. 价格假造

存货的计价是按照成本价来算的，或者说按照进价与市价孰低原则来计算，"死货"不予计价。这里主要存在两种情形：一种是以售价来计算存货的价值，"目前这些产品值多少钱"；另外一种是拿价值不透明的东西充当存货，有的老板喜欢收藏古玩字画，有的喜欢珠宝玉石，黄金有价玉无价，这些东西真假难辨、价格没谱，有些艺术品标价动辄就是几十万元或上百万元，究竟值多少钱，信贷人员也不是鉴宝专家，自然无法评估。

2009年12月，北京市第一中级人民法院对谢根荣贷款诈骗案及颜林壮等五名银行责任人员失职一案做出一审判决。谢根荣被判贷款诈骗罪，判处无期徒刑，剥夺政治权利终身，并处没收个人全部财产。颜林壮因违法发放贷款罪、违规出具金融票证罪被判处有期徒刑20年，副行长赵峰被判处有期徒刑19年。

2002年底，中国建设银行北京市经济技术开发区支行行长颜林壮和副行长赵峰凭借经验，发现华尔森集团在骗贷，为此找谢根荣谈判。谢根荣向银行提供了造假的企业财务报表等材料后，领着颜林壮等人参观了"根荣陈列馆"，指着"金缕玉衣"和"银缕玉衣"说："这件金缕玉衣，全世界只有两件，多位专家已经做过鉴定，市场估价为20亿元。这个陈列馆中的古董价值上百亿元，岂能赖着你们银行区区几个亿不还？我只是集团规模过大，一时资金周转遇到点困难而已，只要我们通力合作，前景是非常广阔的。"说完，他向颜林壮等人展示了几位古董鉴定专家的鉴定。看到陈列馆里琳琅满目的古董和那些专家的鉴定，颜林壮等人觉得，即便东华金座（华尔森集团的房地产项目）存在虚假按揭，华尔森集团还是一个非常有实力的企业，不会欠下自己的贷款。其实，那些古董专家早已被谢根荣重金收买，把赝品当作国宝，把价值几万元的"金缕玉衣"仿制品估价为20亿元。最终，中国建设银行经济技术开发区支行分别给华尔森集团下属的四家企业做了四笔各5000万元的银行承兑汇票业务。2003年3月，该支行又给其中两家公司做了两笔各5000万元的承兑汇票业务。○

1.2.3 以存货为中心的财务分析

对于很多小微企业，主要的资产是流动资产，而存货又是我们最容易看到的资产，因此，一般有经验的信贷人员都比较重视对存货的调查，将存货作为企业经营的"脉搏"。

1. 存货周转率

很多年轻的客户经理工作非常尽职，到企业里面二话不说，直奔仓库，到仓库里面直接盘点库存，一看存货很多，就感觉企业资产实力很强，殊不知企业的存货并不是越多越好，而是应当与企业的经营周转相匹配。这是企业存货管理的核心问题，企业保持一定量的存货对于其进行正常生产来说是至关重要的，但如何确定最优库存量是一个比较棘手的问题。存货太多会导致产品积压，占用企业资金，风险较高；存货太少又可能导致原料供应不及时，影响企业的正常生产，或导致发货不及时，造成对客户的违约，影响企业的信誉。

○ 人民网.解密京城第一烂尾楼 [OL]. http://paper.people.com.cn/gjjrb/html/2010-12/14/content_698324.htm，2010-12-14.

有一次调查一家经营化妆品批发的企业，这家企业成立两年多，代理广东一个化妆品品牌，供应四家大型超市。到企业考察的时候，仓库是租用的一套别墅，一楼放货，二楼办公，一楼的各个房间里面货摆得满满的。企业安装了"管家婆"软件，我们就让老板直接打开软件看库存，库存余额是180万元，是按进货价计算的，又实地盘点了一下，数量也基本和电脑里面的一致。回到办公室后，登上纳税申报系统一看，上年度的申报销售收入是200万元，今年和上年基本持平。企业的销售全部面向超市，这几个大超市是要发票的，除此之外没有其他销售渠道，也就是这200万元是企业的全部销售收入。这样一计算，企业的存货周转次数差不多每年只有一次，与批发业的平均水平相差太远，这反映出企业的经营能力太差，于是我们就很干脆地拒绝了。

这家企业为什么库存这么高？这是小微企业代理商的一个普遍现象——厂家压货。按照厂家的要求，企业必须进多少货，否则就拿不到提成奖励，甚至会取消代理权，所以代理商在厂家的压力之下拼命压货，不管能不能卖出去。很多企业就是这样被厂家压"死"的。我们还接触了另外一家同类型企业，也是卖化妆品的，产品档次差不多，销售渠道也差不多，两家的经营情况高度一致，营业额也是200万元左右，但它的库存只有40万元，这才是正常水平。在财务分析当中，经常使用比较法，就是把客户的生意和类似的其他企业进行对比，如果相对于同行业偏高或偏低，都要找到有说服力的原因。

有的生产型企业，明明产品销售不畅，但是因为有债务在身，怕引起债主挤兑，不敢停产、减产，只能硬着头皮亏损着生产。所以对于生产型企业，单纯看开工率并不一定准确，有的企业满负荷运转，实际是亏损的，它生产并不是为了赚钱，而是为了融资，开工是给债主看的。相对于服务业和零售业，生产制造业因为资产看得见、摸得着，从银行获得融资相对容易（资金需求量也大），但是从另一个角度看，进入壁垒高，退出壁垒也很高，投巨资上的生产线，亏钱也要干。

如何分辨企业的库存是否滞销？可以看一下库存商品的存放时间长短、是不是畅销款式，从而可以看出商品的现值，甚至是不是没有价值的"死货"。比如调查一家轮胎生产企业，当进入仓库的时候，我们发现有一间仓库里面轮胎堆积如山，而且轮胎表面蒙了厚厚一层土，原来乌黑的轮胎表层变得发黄、发白，已经有些老化了，这说明这些轮胎放了很久。我们调查一家小家电批发企业的时候，老板打开仓库的大门，货物几乎就要滚出来，快要堆不下了，里面全是澳柯玛的小家电，这个牌子的小家电超市里面很少见到。澳柯玛虽然是个名牌，但它是做冰柜的，小家电不是它的强项，应该是贴牌的。再仔细一看，有的包装已经破损了，很多饮水机、电水壶都是几年前的老款，样子又笨又难看。这种库存时间很长的商品，基本就要当作"死货"处理了，实际价值远远低于账面价值。

2. 存货的变化分析

有一家授信企业是生产石油机械的，最早的时候主要是机床加工，生产油井法兰盘、四通等产品，后来进行产业链延伸，上了铸造车间，采取自己铸、自己加工的方式。通过向同行询问，我们了解到该公司的铸造刚刚开始，技术不是非常过硬，成品率不高。在我们进行贷前调查的时候，企业生产运营正常。过了三个月，进行贷后管理的时候，发现它的库存铸件比原来多很多，原来大约有20

吨的样子，现在仓库里面放不开，露天摆放，至少有100吨，而且都生锈了，堆放的时间也不短了。我们到机加工车间看的时候，所有机床都在正常开工，成品的库存并不是非常多。总体感觉是成品能卖出去，但是半成品积压太多，远远超出了正常的生产备件。令人感到"欣喜"的是，企业又开发了新产品，新上了钻机和抽油机两个车间，但是两个新产品的生产进展十分缓慢，我们每个月进行贷后检查的时候都发现没有进展，钻机井架在公司的场地上摆放了半年多，甚至我一度怀疑这台钻机根本没有订单，是在试制一台样品。最后历时八九个月，钻机井架终于出厂了，但是抽油机一直摆放在厂门口。直到一年后企业倒闭，这台抽油机也没发出去。这个案例可以从以下几个方面分析。

（1）存货绝对值分析，即存货的增减情况。我们在贷后管理过程中发现，最明显的变化是半成品明显增多，100吨铸件，按照6000元/吨的价格计算，占用企业60万元的资金，这对于一家小企业来说，资金压力是非常大的。库存这么多，要么是企业生产环节不协调，铸造能力超过加工能力，但是这种情况完全可以通过委托加工来解决；要么是产品不合格，废品过多，半成品将要变成原材料回炉重炼。总之，企业因为生产管理问题，造成大量资金被挤占，资金的使用效率过低。

（2）存货结构变化分析，即分析原材料与库存商品之间的占比、不同库存商品之间占比的情况。在授信期间，企业的库存持续增加，而增加的产品主要集中在企业的铸件、钻机井架、抽油机等新产品上，说明企业的新产品开发没有一个是成功的，销售不畅，投放的信贷资金利用效率非常差。钻机的交货时间过长，说明企业的技术不成熟，由此产生的工人工资费用不断增加，最终有没有利润是个未知数。

综合判断企业的情况是，企业十几年来维持机床加工，利润日渐微薄，于是不断开发新产品，可是所谓的新产品并不算创新，别人已经非常成熟了，对它来说却是十分陌生的，也就是说，它的新产品并没有给客户带来新价值。

1.3 应收账款：看不见的资产

应收账款不像存货可以看清楚，尽管它的流动性强于存货，但是存货最起码是放在自己手里控制着，而应收账款能不能收回来，则有一定的不确定性。应收账款作为流动资产的重要部分，在信贷调查中非常重要，很多企业的资产以应收账款为主，除此之外什么也看不到，比如建筑施工类企业，调查不清楚它的应收账款，就调查不清楚它的资产。另外，当企业贷款出现逾期之后，应收账款是重要的财产线索，可以申请财产保全和代位求偿。

1.3.1 应收账款的查证方式

应收账款账簿、凭证。一般进行贷前调查的时候，我们都会向客户要一份前五大、前十大客户应收账款明细，有经验的会计或者老板，没等我们要就会主动提供。这种主动提供的，或是专门为银行提供的，其真实性要大打折扣。要想取得最真实的应收账数据，可以让会计打开电脑翻出明细账，或者直接找出账簿，这方面要积极引导客户提供。有的没有正规账簿，但也记账，比如就是一本硬面抄，上面写满了"张三，10月23日拿货37 645，款未结""7月6日，往广州发货20件"等，实地调查中更为常见的是白条和欠条。

如果没有这些凭证，那么客户平时不记账、资料遗失、没有留单据的解释显然是不能让人信服的，做生意的人再糊涂也不会把相当于自己的钱的应收账款的凭据"灭失"了。出现这种情况，多半就是客户夸大或者编造了这一项资产，所以拿不出书面凭证。⊖

合同、发票。合同与发票也是交叉验证的渠道之一。公司的前几大客户，而且是赊销的客户，一定会有合同或者购货凭证。如果在前几大客户明细表上有，但是提供不了一份像样的合同或发票，或是合同、发票金额太小，说明这笔应收账款的真实性值得怀疑。

交叉询问。在贷款调查中，可以向老板、会计人员进行背靠背的询问，为了获得更真实的调查结果，还可以找到公司的销售部门，向销售负责人询问。如果是一家小公司，没有专职会计，老板身兼数职，则可以分别向老板、老板娘询问。如果每个人说的数字都出入不大，说明这是真实的；如果差距很大，或者回避这个问题，就需要从其他渠道再深入调查。同时，问题在设计上也可以详细一些，比如哪家客户、什么业务、总订单多少钱、还有多少没付，问得越细越好，如果客户对答如流，那么就可能是真实的，反之，则可能会有夸大的成分。

向下游客户询证。调查应收账款是否真实、准确，直接向债务人询证是具有决定性意义的方法。但是银行毕竟不是审计部门，而且调查的对象是客户的客户，如果有一方不配合，这笔贷款就有可能做不成，所以要视情况而定。即使在应收账款保理业务中，买方不配合的情况也很多。贷款调查和审计不一样，一般不需要函证，主要是电话询问，客户经理要保证调查的真实性。

⊖ 张觐刚. 小微企业信贷工作笔记[M]. 北京：九州出版社，2014：37.

审计报告。对于小微企业贷款，尽管我们不一定要求审计，但是很多以应收账款为主要资产的企业，比如建筑施工企业，为了提高自己资产的可信度，会主动找会计师事务所进行审计。我们知道审计之后的报表也不一定就是真实的，但可以作为重要的参考依据，对比一下所列的客户、金额是否与从其他途径获得的信息一致。

1.3.2 应收账款查证的内容

余额。在某一时点，应收账款余额是多少？在这方面，企业很有可能会夸大数据，要结合企业的销售收入，通过多渠道调查来认真核实。应收账款余额受行业景气程度影响，如果行业景气程度好，所经营的商品属于紧俏商品，则应收账款不应太多。另外，应收账款受季节性因素影响，到了生产旺季，销售规模较大，应收账款会相应增多。

账期。除了查明应收账款占用的资金数额之外，还要审查应收账款可能收回和不能收回的情况。账龄越长，可能发生的坏账百分比越大，反之越小，据此确定应收账款的可实现价值。账期过长往往是与客户集中度关联的，如果企业的可选择余地大，它就可以选择账期短的客户，主动淘汰劣质客户。如果企业的应收账款账期很长，那就意味着没得选了，只能被迫接受客户的条件。账期过长，实际上仍然是企业的竞争力较差，没有与自己的客户讨价还价的能力。

信用度。审查客户的信用是我们的老本行。一般来说赊销额度比较大的客户，都是规模比较大、资信比较高的公司。对于比较知名的大企业，信息透明度较高，我们可以利用自身掌握的信息优势审查一下客户的信用度。很多小微企业喜欢给大企业供货，尽管账期比较长，但是大企业信用度相对较高。

1.3.3 以应收账款为中心的财务分析

1. 应收账款的增加

如果企业的销售收入与应收账款一并增加，甚至销售收入的增加高于应收账款的增加，那么这种增长也算良性的，是一个业绩走强的体现。这种情况主要出现在企业的成长期，为了抢占市场，先铺货，后收款。还有一种情况，比如一些具有周期性的行业，也会有周期性的应收账款增加。不是说应收账款急剧增加就一定是坏事，但财务指标的异动都是值得关注的。

如果企业的销售增长乏力，为了促销，采取延长账期的方法，这是一个企业经营形势下滑的表现。本来是一手交钱一手交货的，但是现在与竞争对手相比，价格、质量、售后服务都没有优势，只能用赊销的方式来进行促销，因此产生了大量的应收账款。应收账款的大量增加，可能反映了企业所处竞争环境的恶化，这种竞争加剧的情况可能是由于大量对手涌入市场，或者整体市场需求下降等原因。这种情形主要发生在行业的成熟期后期和衰退期。

2. 应收账款周转率的变化

应收账款周转率的计算公式通常表达为：应收账款周转率＝营业收入/平均应收账款余额＝营业收入/[（期初的应收账款＋期末的应收账款）/2]。通常我们以年为单位计算应收账款周转率，应收账款周转率的单位为"次"，即一年内应收账款回收了几次。如果用"365天"除以"应收账款周转率"，我们就得到了应收账款周转天数。如果应收账款周转率为6次，则应收账款周转天数约为60天，即公司销售出货物后大约60天可以收回货款。应收账款周转率越高，说明其收回货款越快。反之，说明营运资金过多呆滞在应收账款上，影响正常资金周转及企业的偿债能力。

在通常意义上，我们分析应收账款周转率，主要看公司的销售货款平均多长时间回款、是否及时，从数据的变化中可以看出公司对应收账款的管理能力是否足够、行业景气度如何。对于一家企业来说，应收账款周转率的变化，往往意味着议价能力或行业地位的变迁。煤炭行业景气度高的时候，煤炭企业议价能力很强，很多电厂与煤厂的购销，往往电厂需要先付款再发货；而煤炭行业的景气度下降的时候，电厂的议价能力发生了反转，煤炭企业对于下游客户的收款也越来越难，账期越来越长。

3. 应收账款过于集中是致命的风险

应收账款集中于某一两个客户，对于企业经营来说风险巨大，下游客户一旦出问题，自己就会被拖垮。有很多小微企业属于"关系型"企业，即依靠与客户的良好关系获得订单，而不是靠产品和服务获得订单，它们的客户非常少，往往集中于一家企业，这种情况风险就相对较大。某小微企业生产压缩机，主要客户是一家大型家电企业，两家企业长期以来形成了良好的合作关系。随着合作的深入，该企业在这家大客户上的应收账款达到1000多万元，两口子辛苦创业20余年，所积攒的全部家底基本都压在了这家大客户上。这家大客户的主业（家电）并没有什么问题，但由于它把大量资金投到房地产上，资金周转不灵，由于银行抽贷，最终宣告倒闭。这家小微企业由于应收账款没有收回，而且除此之外没有别的客户，就周转不动了，贷款无力归还。由于这家大型家电企业倒闭，当地被拖垮的做配套的小微企业达到100多家。所以应收账款的集中度，既是财务风险的体现，也是客户竞争力的体现。

1.4 负债：压垮骆驼的稻草

到了经济不景气的时候，很多人得出一个认识：贷款多的小企业都倒闭了，能活下来的都是贷款少或没有贷款的。在经济繁荣的时候，大家想的都是"拿别人的钱赚钱"，要学会"借鸡生蛋"，有人形容"用自己的钱经营是爬楼梯，用别人的钱经营则是坐电梯"，所以要尽最大可能放大财务杠杆，反复进行融资。经历过经济不景气之后大家才发现，用别人的钱发自己的财也不是那么容易的，有多大收益就伴随着多大风险，借鸡生蛋弄不好会鸡飞蛋打。相反，倒是前些年谨小慎微、不敢举债的企业活了下来。在经济形势好的时候，这些企业的老板奉行"有多大本钱办多大事"，不和银行往来。这么好的企业不借钱，在我们眼里，显然是步子迈得有些小了，但现在看是有先见之明的。负债经营是一把"双刃剑"，负债要合理，不能过度负债。

1.4.1 合理利用金融杠杆

金融杠杆是一把"双刃剑"，既能放大收益，也能放大亏损，如何把握这个"度"非常关键。如果不会使用金融杠杆，比如一定要等到凑齐了全款才肯买房，肯定要比贷款买房的多花很多钱、少享受很多年。但是杠杆过高，甚至完全靠负债来经营，那做的就是"无本生意"，赚了钱是自己的，赔了钱是银行的，赚得起赔不起。

做生意要有本钱，这是一个常识，也就是在资产负债表中，"初始资本"一定要是自己的真金白银，然后银行根据企业的自有资金情况匹配一定比例的贷款资金，这就是加杠杆的过程。可是往往很多人在投资的时候初始资本几乎没有，生意全靠借款。有一个老板准备投资一家钢管厂，初期厂房、设备、打底的原材料就投入 2000 万元，但是我感觉老板手里 200 万元都没有，到处找银行借钱。当然，在经济不景气的环境中银行很谨慎，项目运作好几年资金都没到位，也开不了工，结果这个客户说"国内银行太落后，还是砖头（抵押物）崇拜""什么时候外资银行来了，把你们都挤垮"。这种情况能叫作中小企业"融资难、融资贵"吗？投资一个生产型项目，至少固定资产的大部分需要自有资金来完成，连这些钱自己都不投，所有资金和风险都要银行来承担，谁会干这么不公平的买卖呢？如果企业的自有资金有 1000 万元，银行再匹配 1000 万元的流动资金贷款，加一倍的杠杆，那么即使资产价格跌幅去了 50%，企业也有能力还贷款，加两倍的杠杆也可以，银行能承受的风险就是资产价格跌 30%。如果杠杆加得太多，比如放大 10 倍，资产价格随随便便就会跌去 10%，然后企业就资不抵债了，几乎丧失了还款能力。很多企业起家的时候就是这么操作的，只不过在经济不景气的环境中，这一局赌赢了，皆大欢喜。实际上银行做的是投行的生意，承担了投行的风险，获得的却是商业银行的利润，风险和收益严重不匹配。

1.4.2　从众心理是金融行业的大敌

很多银行在审批贷款的时候并不是单纯看企业自身的情况，而是参考同业的态度，比如国有大银行放贷了，股份制银行就跟进，股份制银行放贷了，其他小银行也跟进。很多人认为，国有银行这么高的风控标准都准入了，那我再介入肯定没有问题，别的银行都审过一遍了，我也不用担心。多头授信、过度授信的风险自此埋下。本来第一家银行介入的时候，企业的条件可能确实不错，可是银行介入多了之后，尤其是小微企业，老板就飘飘然了，腰杆也硬了，胆子也大了，原来不敢投资的项目现在敢投了。结果后面风云突变，银行在贷后管理过程中看到这家企业负债增加太多，赶紧压缩授信，其他银行看到有人抽贷它也快抽，一家银行抽贷企业也许还能挺过去，到第二家银行抽贷的时候企业就不行了，现金流就断了。现实当中很多企业真的不是缺资金被"饿死"的，而确确实实是被"撑死"的。

在金融市场上，无论是股市、债市还是银行放贷，都存在着从众心理，你怎么干我就跟着怎么干。当然，这里所从的"众"并不是"乌合之众"，往往是带有风向标性质的，比如国有银行中风控标准比较严格的银行。为什么从众心理会存在，主要原因是经办人减轻责任、降低风险的考虑。比如，银行通常愿意给国有企业放贷而不愿给小微企业放贷，因为国有企业如果倒闭了，那没办法，大家都陷进去了，大银行也没跑出来，我也不可能幸免于难，"人多无罪"；但是如果给小微企业放贷，别的银行没做，就我自己做了，那如果看走了眼全是我的责任。从众心理是金融从业者的大敌，如果在金融市场上靠跟风随大流就可以生存、就可以发大财，那这个行业还有什么技术含量可言？索罗斯说过，"如果在华尔街地区你跟随别人赶时髦，那么，你的股票经营注定是十分惨淡的"。金融从业者一定要有独立的判断，要保持清醒的认识。实际上，放贷款越是有从众心理，反而越容易出风险，企业多头借贷，一方面说明财务不健康，另一方面，债权人数量越多风险概率越高，任何一家银行抽贷都有可能导致"大厦"崩塌。

1.4.3 过度融资

站在银行角度是过度授信，站在借款人角度则是过度融资。无论是企业还是个人，很容易陷入过度融资的漩涡里无法自拔。融资应有个额度上限，要在自己可偿还的限度之内借款，不能无限制地融资。很多人多头借贷，经营现金流已经不足以偿还，只能靠融资现金流维持，养成了以贷养贷、拆东墙补西墙的习惯。

过度负债不光表现在数量上，也表现在时间上。按照常理来说，借款应当是阶段性的，待经营情况好转了之后，应该把贷款还掉，但是有些人却是有借无还，银行的贷款也是有去无回。有一笔贷款，借款人借了10年，刚开始借钱的时候55岁，前5年能够还本付息，后5年只能还息不能还本，到了第11年，连利息也还不上了，这时候银行发现贷款逾期去清收，但借款人已经年老体弱，没有任何还款能力了。银行在贷款经营过程中也养成了转贷的习惯，甚至连利息也一并转进去，一直转到借款人不想转的那一天。

为什么很多人会陷入债务的漩涡里无法自拔？借的钱来得太容易，花起来痛快，一旦开了头，就收不住手了。还债则非常痛苦，需要节衣缩食、勒紧裤腰带过日子。于是很多人不仅依靠贷款来维持经营，而且越借越多。很多经营失败的老板说，借钱很容易上瘾，把握不住自己就会把手伸向民间借贷公司，不管成本高低都想方设法借到钱。短期、少量地借钱是完全良性的，但是靠长期、大量贷款来维持经营就是不健康的。

1.4.4 隐性负债

要想算清借款人的资产负债率就要算清它整体的负债，有的负债是能在征信报告里看到的，我称之为显性负债；而有些负债是不纳入征信的，比如形形色色的民间借贷，我称之为隐性负债。

隐性负债就像毒蛇猛兽一样，让信贷人员谈虎色变，这也是所有做小微信贷的人研究最多的一个领域。俗话说"瞒债必穷，瞒病必死"，既然隐瞒债务，肯定是有一些见不得人的事情。风控人员对隐性负债十分敏感，在贷后管理中也对其"念念不忘"，通过各种渠道寻找、排查关于隐性负债问题的种种疑点。隐性负债是小微企业信贷中最为普遍的风险引致根源，是经营管理中所有问题最终在财务上的体现。㊀

1. 隐性负债的识别方法

银行流水筛查法。详细检查企业的主要账户以及实际控制人个人账户的银行流水，挖掘类似下款、倒贷、还款、付息行为的流水痕迹作为疑点，以疑点为线索半访半诈式地探其究竟。

（1）看是否有每月或每季度规律性资金流出。

（2）看其交易对手的名称里是否含有以下内容：投资、担保、典当、拍卖、小贷、民间、服务、金融、商务、理财、租赁、资产管理等。

（3）看其流水摘要里是否有归还贷款、贷款、贷款利息、利息等信息。

（4）看其是否有较大整数或接近整数金额的进出，交易对手是否与其业务有关。金额的整进整出可能是民间借贷或其他未披露负债，同时，定期定向的金额支付则可能是利息或其他融资费用支付，需要进一步调查清楚扣款项是正常的银行扣款还是其他机构的扣款。

（5）查看其到期贷款还款资金的来源，贷款续贷后是否有贷款资金的转出。针对已结清的历史负债，重点调查到期日前后的银行流水情况，如发现金额接近应还金额的外来资金进账，则可能是客

㊀ 马福熠.回归经营的小企业信贷逻辑[M].北京：中国金融出版社，2018：313.

户在偿还先前负债时发生的其他未披露借款。

（6）查看频繁的个人资金进出，同时，如果该时间点前后频繁与固定对象发生金额接近的交易往来，尤其是非关联企业的主要上下游客户，则需要进一步调查交易背景，防止通过虚假交易掩盖存在的负债。

征信报告识别法。小微贷款的不良客户呈两极化趋势：一种客户负债过高，除房贷外还有各种经营和消费贷款、信用卡；另一种是白户或征信信息很少，多为很年轻的客户或团伙骗贷客户，多为小额消费贷款或车辆按揭贷款。

（1）看征信报告的查询频率、原因以及查询后贷款的变动情况。

（2）看企业每月贷款余额的变动趋势，是否逐渐减少，核实逐渐减少的原因。

（3）看查询企业征信报告的主体，是否有非银行金融机构、异地机构等。

（4）看企业贷款机构的变动情况，如由大银行转到股份制银行，然后转到地区性银行或村镇银行。

（5）短时间内在多家银行申请信用卡或贷款；多次申请未通过。

（6）多家银行信用卡授信，总额过高（超过客户社会角色的正常需要），并且每月基本足额用款；每月不能足额还款，仅还最低还款额。

（7）有多次非银行金融机构申请或贷款记录。网络借贷平台额度小、利率高，除了偶然体验式或场景消费以外，多次使用的客户状况较差。

权益校验法。权益校验法是小微信贷中用于检验企业是否存在隐性负债和资本抽离的经典方法，常见的做法是设定封闭期限，核实期间经营利润，结合资产形成时间，做期限内的封闭权益校验。如果利润累积和显性负债增量之和不足以支撑资产增加，说明另有负债资金进入经营系统，并且企业家对其加以隐瞒。

就企业借款人而言，其运营的资金除股东投入外，要么是经营获利（主要指公司利用留存收益来满足其资金需求），要么是举债。根据会计恒等式，资产＝负债＋所有者权益，就小微企业贷款而言，调查人员要对借款人的资产、负债、所有者权益、收入与费用借助交叉检验技术逐项还原，在此过程中，调查人员需要了解借款企业的经营历史，了解其初始资金来源及初始投入，核算其历年留存收益情况，与企业当前的发展状况相比较，看企业的历史积累与当前的资产与负债状况在逻辑上是否合理。一个简单的逻辑，原始投入加上历年留存收益之和与资产之间如果有差额，那基本上就是负债了。

行为观察法。有句俗语叫作"十馋九懒"，是说很多不良习惯往往是联系在一起的，所以除了老板借高利贷这一条之外，还有很多其他行为相关联。通过观察企业主的行业，也能发现一些端倪。

（1）企业主的从业经历。了解企业主以前是否涉及高风险行业或投机性行业，如是否有投资公司、小贷公司等的从业经历。

（2）企业主的风险偏好。了解企业主的投资偏好是否激进，是否热衷于房地产开发以及股票、贵金属、艺术品等高风险行业的跨界投资，或存在炒原材料、大宗商品等投机行为。通常喜欢投资这些领域的人，风险偏好比较高，对低风险、低收益的生意不感兴趣，同时对高成本的民间借贷也不以为然。

（3）观察企业主是否存在失范行为。了解企业主是否涉及黄赌毒，主要通过员工、合作伙伴、圈子信息获知。比如有的老板嗜好赌博，出入境记录显示其近年频繁往返澳门，个人账户晚上 12 点以后或者在境外频繁波动；嗜好奢侈品消费，尤其是部分年轻企业主，财富积累时间较短，父母、亲朋也无高额收入来源，却拥有大量奢侈品，消费水平远超收入水平。如存在这些情况，那么企业参与民间借贷的可能性非常大，所谓"花别人的钱不心疼"，靠自己一分一厘辛苦积累起财富的企业主，行事往往比较低调，也不铺张奢华。

（4）观察企业主是否经常参加各种组织，如各种联谊会、俱乐部、总裁班、互助会。借钱这件事情首先是基于社交圈层的，老板们参加这种组织往往目的并不单纯，主要目的并不是交流感情，而是以此为平台做生意赚钱，这里面最容易操作的就是资金往来。如著名的"金朝阳财富俱乐部"，打着财商教育的幌子，诱导学员高杠杆融资，甚至通过学员之间互相拆借等方式，然后投入金朝阳自己的庞氏骗局。据界面新闻报道，金朝阳吸纳的资金高达 900 亿元，除了其中 300 亿元用于购买商业地产和别墅等，其他资金均流向不明。⊖

财务报表疑点深入分析法。财务报表是企业经营成果的静态反映，小微企业的财务管理不规范，财务报表仅供参考。对于财务管理比较规范的大中企业来说，财务报表也是分析的切入点。通过对应付、应收、预收、预付等往来科目的深入分析也可能发现疑点，尤其是其他应付、预收等科目。如果企业隐性负债规模较大，隐性财务成本会较高，且会侵蚀经营利润，财务费用与净利润也是排查隐性负债的主要科目，尤其是内部使用的年度经营数据汇总表这类较为全面系统的内部表单。

⊖ 界面·无界新闻.金朝阳 900 亿财富狂欢落幕 [OL]. https://www.jiemian.com/article/528877.html，2016-01-30.

2. 客观评估隐性负债的类型、性质与规模

隐性负债问题是小微企业融资中的常态问题，很多小微企业都或多或少、或长或短地使用过民间资金，所以如果因为有民间借贷就把企业剔除也是不现实的，必须客观对待。前面解决了隐性负债有没有的问题，还要解决有多少、危害多大的问题。

依据行业特征评估。不同行业的盈利能力不同，对资金价格的承受能力也不一样。有些行业长期依靠民间借贷，比如房地产开发，这里的隐性负债也并不代表危害就一定特别大，其实预收购房人的订金也算是负债，有的开发商就是通过这种方式融资，利息实际就是购房折扣。有的行业到了经营旺季会使用一阵儿民间资金，比如农产品收购加工行业，不过使用时间比较短，快进快出。即使有些经营情况比较好的企业，也会在归还贷款的时候使用过桥资金，使用的时间也比较短。这说明，隐性负债也要分情况、分场合，不能一竿子打倒，认为只要用了民间资金就一概拒绝。总之，高利润支撑高财务成本，低利润行业不能支撑较高利息和较高杠杆的负债，如果企业的盈利水平很低，甚至亏损，却还在使用民间资金，那就是恶性而不是良性的了。

依据利息高低评估。如果能查到隐性负债的来源，可以顺便打听一下利率水平，有的利息比较高，有的利息比较低，一般来说，利息高的肯定是风险程度比较大，说明饥不择食了，几乎到了最后的疯狂阶段，这个时候基本没有能力还，或者压根儿就不想还了；可是利息低也未必风险低，有些企业特别抠门，临近倒闭了，也不肯多花一分钱。新闻报道的"东营恒宇轮胎'非法集资'，投资馅饼变陷阱"，企业通过银行渠道融资不能满足需要，又向周边的村民集

资,给出的利息也不过是一分的水平,付了两三年就倒闭了。㊀对于投资人来说,并不一定是高风险带来高收益,也有这种"高风险、低收益"的坑。

依据对资金的急迫程度评估。如果企业的贷款手续催得特别急,那我们反而要缓一缓,再仔细分析一下它为什么这么着急,无论是新增贷款还是续授信贷款,都要特别小心。有一家企业,辉煌时产业众多,还是山东多家地方城商行的股东,临倒闭的半年内疯狂四处借钱,而且要得还很急,即使是银承贴现,只要给钱快,利率多高都办,这边钱一入账,那边高利贷公司就把账户查封了,查封后不到一个星期企业就被迫向法院申请了破产保护。

依据融资渠道的数量评估。在一般情况下,渠道、手段越传统,越说明资金链不是很紧张。融资门路越多,说明资金越紧张。如果企业运用了所有融资手段,比如货押、应收账款质押、机器设备抵押、融资租赁,与市面上各种各样的金融机构,如互联网 P2P、融资租赁公司、商账保理公司都打交道,基本是在通往"死亡"的路上狂奔。在浑水公司做空辉山乳业的报告中有这样一段话:"辉山正在寻求创意融资,我们认为这显示了它的绝望。"这里有两个词非常贴切,一是"创意",二是"绝望"。"我们在 Twitter 上开玩笑称,辉山宣布与广东粤信金融租赁有限公司进行的奶牛售后回租交易,应该被视为今年最幽默的交易。"㊁

总而言之,隐性负债是真实的交易,是交易就要符合规律,就要留下痕迹。信贷人员只要足够细心、敏感,是能够逐渐转隐性为

㊀ 齐鲁网.东营恒宇轮胎"非法集资",投资馅饼变陷阱[OL]. http://dongying.iqilu.com/dyminsheng/2016/1023/3122689.shtml,2016-10-23.

㊁ 新浪网.资金链断裂,辉山乳业 21 亿"绝望"融资浮出水面[OL]. http://news.sina.com.cn/c/2017-03-25/doc-ifycsukm3643751.shtml,2017-03-25.

显性的。同一机构对企业的授信政策是稳定的,我们大致可以了解其授信额度与利息。相同的商业逻辑会吸引相近似的融资机构。结合上述推理逻辑与验证方法,是可以对企业的隐性负债及其危机程度进行评估的。大多数隐性负债引发的信贷风险,只是因为企业家维持企业持续存活的理性选择,最后事与愿违。

1.4.5 应付账款分析

应付账款和应收账款一样,都属于看不见摸不着的东西,很难调查清楚它的余额、账期,所以一般在调查的时候不是太在意。但是应付账款情况恶化,往往是还款能力恶化的先兆,企业拖欠贷款,往往先从拖欠货款开始。这里重点分析的还不是应付账款的总金额,而是应付账款拖欠到了什么程度,从而分析企业的信用状况恶化到了什么程度。下列情况需要重点关注。

(1)**供应商上门讨债、提起诉讼**。供应商上门对账是正常的,但是为了讨要货款采取很多强硬措施,这就不正常了,比如打条幅、堵门等。一般来说,作为商业伙伴,供应商不是专业的放贷机构,还要考虑自己在客户心中的声誉,不到万不得已,不会采用这种极端手段。当采取这种手段时,说明这笔货款基本要黄了。另外一种情况是供应商提起诉讼。诉讼是讨债的手段之一,往往也是最后一个手段。我们可以通过网络平台调查企业的涉诉情况,但是拖欠货款的企业总会找个理由,比如说产品质量有问题、交货时间有问题等,这里要分清正常的买卖纠纷与支付能力不足引起的纠纷之间的区别。

(2)**原材料库存减少**。除非原材料是特别紧俏的商品,否则如果原材料库存减少到不能正常周转的水平,也就是将要影响整个生产经营链条，说明两个问题：一是这个企业在它的供应商那里丧失了信用，已经赊不出一点东西来了，供应商对它停止供货了；二是企业的资金相当紧张，即使有订单，也没钱购买原材料组织生产了。

（3）**员工离职、讨要工资**。应付工资比应付账款更紧急，供应商可以压一压，安抚一下，对于小微企业来说，如果发不下工资来，人就要走了。针对员工离职要分清正常离职和因为拖欠工资而离职，普通的人员流动是正常的，可如果因为总是拖欠工资，来一个走一个，这就是不正常的。如果到企业考察的时候，发现员工总是在换，尤其是核心技术人员，这就是一个不正常现象。当离职的员工不断来讨要拖欠的工资，或是提起劳动仲裁，或贴吧里有拖欠工资的信息，这就是企业到了危急关头了。

（4）**大折扣办储值卡**。企业的消费储值卡相当于预收货款，也是一种负债。销售储值卡既是一种营销手段，也是一种融资手段。如果企业以合理折扣销售，比如九折左右，这是正常的，是在一般的融资利率之内的。如果折扣低到六折、七折，那就不正常了，说明企业的资金非常紧张。有些人贪图便宜办了这种卡，结果没等到消费，商家就倒闭了。

1.4.6 担保圈风险分析

担保圈风险是仅次于民间借贷的第二大"杀手"，拖垮企业也是分分钟的事。很多企业自身问题不大，是被担保方拖累了。有一个企业老板在圈内号称"善人"，为人和善，有人找他担保，他几乎都有求必应。结果被担保的企业贷款逾期了，银行找到他代偿，他咬咬牙还上了。可是他对外担保太多了，接二连三出了问题，银行看到他可能撑不住了，就开始往回抽贷，结果企业就被抽死了。企业加入一个个担保圈不是偶然的，也不能怪自己倒霉，当时都有其特定的背景。我们需要做的是，对或有负债引起足够的重视，有可能这就是压垮骆驼的那根稻草。

（1）**分析担保余额的多少**。对外担保的余额，主要看征信报告，但是还有风险更大的，就是伴随着隐性负债的"隐性担保"，隐性负债在征信报告里看不到，当然担保人也看不到，但是到了债权人追偿的时候，却是实实在在的。一般通过互保的情况，来推断企业对外担保的情况。因为担保往往是相互的，我给你保，你也要给我保，这是一个商业规则。当我们看到某家公司给借款人担保了，那回头借款人肯定也要给它担保，如果对方从银行渠道借不到资金，去求诸民间资金的时候，借款人也是必须签字的。从各家银行的贷款情况当中，从借款人与担保人的往来当中，就能推断出在征信报告之外，企业还对外担保多少。

（2）**分析对外担保的风险**。有两个方面：一是微观分析法，即分析借款人哪些对外的担保人已经"风雨飘摇"了，通过我们掌握的信息，判断事情将来的发展趋势；二是整体分析法，即把借款人的担保圈作为一个整体来看，担保往往不是一条线，而是最终汇成一个圈，圈里的情况往往都差不多，一荣俱荣、一损俱损。担保圈的形成，也是一个不断筛选的过程，俗语说"鱼找鱼，虾找虾，乌龟找王八"，强强联合、弱弱联合，好企业之间互相担保，弱企业之间互相担保，很少有大企业愿意给小企业担保。把一个圈的名单拉出来，可能这里面有我们不熟悉的，但是只要有一两个熟悉的，我们就能从这一两个企业推断出这个圈的整体情况。比如一个商会组织联保贷款，往往是副会长们组织一个圈，他们是行业内的"大佬"，不和其他低级别的掺和；理事级别的组成一个圈，他们往往是商会里的少壮派，彼此实力相当；其他不够级别的，或是不被高级别带着玩的，开始慢慢地寻找、磋商，再组成一个个圈。还有的圈是为了贷款走到一起，只是为了眼前拿到钱，彼此都不熟悉就担保签字了，以后的事先不管，这种圈出风险的概率最高，有的是贷款一放下去接着就出了风险。

1.4.7 关联企业负债分析

关联企业是指在人员、资金上有所重合的企业，比如实际控制人为同一人、企业之间互借资金等情况。有的时候关联企业之间从表面上看不出任何法律关系，股权关系、高管都不重合，但实际上是一根绳上的蚂蚱，背后是一个老板，资金链要断的话全部断掉。所以关联企业的认定主要靠一线人员加强责任心，并不一定法律上没有关联关系就可以不调查。

小微企业虽然公司很小，但是老板出于各种目的也会注册很多公司。比如，为了代理多个品牌，一个品牌注册一家公司；为了投标，注册很多公司陪标；还有的是为了节税，为享受小微企业税收减免的政策而注册多家公司；另外还有老板多元化经营，同时涉足多个行业。老板在融资的时候，既可以以企业为主体融资（尤其是选择供应链融资产品），也可以以个人为主体融资，而且个人主体既可能是实际控制人，也可能是法定代表人、大股东（往往是实际控制人的近亲属）。即使在一家银行里，一个个人主体也可能有多笔贷款，既有抵押的，也有信用的。所以小微企业多头授信的问题并不比企业贷款简单。

笔者有一次收到一个贷款申请，企业的会计抱了整整10本资料到银行，这 10 本资料是 10 家汽车 4S 店、10 个品牌，法定代表人和股东没有一个重合的。会计说："随便选，让谁当借款人、谁当担保人都可以。"实际上这 10 家店都是一个实际控制人，但是从表面法律关系上看不出来。过了大约半年，这 10 家店一夜之间全部倒闭。笔者还做过一家企业，尽管每次贷款发放之前都查企业征信信息，但是做了好几年都没有发现有关联企业负债，直到业务做到第四年，信用报告里面加了一项，能体现关联企业信息了，才知道老板在外地还注册了一家公司，这家公司名下居然有 800 万元的负债，当看到这个信息时我顿时懵了，简直不敢相信自己的眼睛。但这时为时已晚，贷款想收回来已经做不到了。

关联企业有负债，那也会有一定的资产，否则银行也不会授信，但关联企业之间的很多资产是重合的，这家公司申请贷款来看这个仓库，另外一家公司申请贷款也来看这个仓库，而且关联企业之间走流水、签合同、开发票都是普遍存在的，销售收入也有很大的欺骗性。所以关联企业很容易造成多头授信、重复授信、过度授信。

因为很多关联企业表面上没有任何法律关系，所以关联企业的调查要采用多种渠道，比如从对账单上看一些经常性的资金互转，从会计口中了解一下几家公司要报税，还可以从同行口中侧面打听了解。

1.4.8 负债的变动分析

负债变动的主要分析依据是征信报告，包括个人和企业的征信报告。负债的增减很容易被借款人隐瞒，比如其他银行发现借款人情况不好，到期收回了贷款，负债有所减少，借款人却说贷款用不着，还上了，营造出一种现金流很充裕的假象。比如企业银行债务大幅攀升，借款人可以做出自己的资产和销售收入都有所增加的样子，营造出企业蓬勃发展的假象。

1. 负债增加的情况

负债增加比例与资产增加比例。单纯的负债增加并不要紧，关键看其他指标有没有同步增加。如果只是负债增加了，资产却没有变多，这个时候要问一问借的钱去哪里了。企业借了钱之后，有没有购置设备、增加存货？如果贷款发放之后，到企业进行贷后检查的时候，发现企业的生产规模还是原来的老样子，这种情况，很可能是将贷款挪用到其他地方去了。有的投到了其他项目，有的以老板家人的名义购买了房产，还有的被企业的股东借走了。

有一家纺织企业，有 2 万支纱锭的规模，是从一家地方国有企业改制过来的私营企业，始建于 1983 年，我们去调查的时候，董事长和管理层的平均年龄接近 60 岁。企业多年以来负债维持在 3000 万元左右，没有大的变化。可是从 2012 年起，企业大肆融资，先是换了一家银行，把土地和厂房的抵押贷款额度从 3000 万元提到 7000 万元，又利用一切可以利用的手段进行融资，办理了设备抵押、存货质押，又与周围的企业进行联保融资，到了 2014 年，在不到两年的时间内，企业的短期贷款增加到了 2 亿元。能用的杠杆都用完之后，企业宣布倒闭，不再归还利息，把这个负债累累的摊子交给政府。近几年因为纺织行业不景气，企业经常停产，企业真实的销售收入都不到 2 亿元，企业没有建新的项目，生产规模没有任何增加。

负债增加比例与销售收入增加比例。如果增加的负债变成了资产，而且资产能被利用起来，那么负债迟早会转化成销售收入。如果销售收入同比例增长，说明银行的贷款已经开始产生效益了。如果只有负债的增加和资产的增加，销售收入却没有增加，说明这笔投资失败了，在从货币到资产再到货币的转化当中，最后一个环节没有实现，资产被砸在手里了。正常的话，销售收入的增加比例应该大于负债的增加比例，因为在固定成本费用不变的情况下，企业的边际成本会越来越低，流动负债的增加能带动更高比例的销售收入。负债与经营效益的关系，可以分为以下三种类型。

（1）平衡发展，即企业通过收益的增加，偿还了负债，增加了企业的发展后劲。

（2）过快发展，即企业负债经营，扩大了生产经营规模，但同时加剧了资金的短缺，企业面临资金支付困难，发展能力受到制约。

（3）失控发展，即企业通过负债经营，增加了大量的固定资产投入，生产规模扩大，但市场竞争激烈，企业的单位成本支出上升，经济效益下降，失去了发展潜力和动力。

2. 负债减少的情况

正常的话，负债减少是个好事，说明企业现金流充裕，负债率降低，财务状况有所改善，企业实现了平衡发展。如果负债的减少伴随着其他财务指标的优化，比如库存减少、现金流增加，这就是良性的，是企业走出低谷、泥潭的标志。这种正常的还款也好识别，企业往往会先还高利息的再还低利息的，先还小额的再还大额的。如果还掉的是高息、小额贷款，那有可能是主动还的。

如果企业的其他财务指标没有明显变化，甚至继续恶化，而负债减少了，这十有八九是别的银行在抽贷。银行抽回的贷款可能不光是企业的经营性现金流，还可能包含企业借的民间资金。在一次贷前调查中，企业的银行短期借款以每半年500万元的速度在减少，到了申请贷款的时候，报表上的短期借款已经是零了，可是一看银行对账单，发现正常的现金流没有了，仅有的几笔是大额的资金往来，找出交易对手一看，全是小贷公司、担保公司，借这家的还那家的，说明企业的银行低息借款已经被转化成了民间高息借款。

Chapter 2 第 2 章

利润表分析

2.1 销售收入的调查方法

在所有财务数据当中,销售收入是核定方法最多的一项,我们可以针对客户的特征,从不同角度、采用不同方法来核实。当然,每一种方法不一定百分之百准确,但我们可以同时采用多种方法进行交叉检验,这样就可以大大提高准确度。

2.1.1 通用核定方法

通用核定方法是各行各业、各种规模的企业都普遍适用的方法。核实销售收入一般就是从现金流、物流以及流水账三"流"方面进行交叉验证。

1. 现金流

现金流核定法就是根据客户进货或出货走银行流水(对公或对

私)的占比反推其销售收入。例如某外贸公司口述全部销售走公账,则可以根据客户公账进账加总得出客户销售额。

大多数金融机构都会选择使用现金流核定法,这种方法简单、直观,当然,借款人也了解银行的要求,会想方设法让自己的银行流水达到要求,这里面就有很多"走流水""养流水"的行为。该方法的核心在于对银行流水的加工与分析,首先是核实银行流水的真实性,其次进行技术性处理,如剔除银行流水大额进出账、关联交易账,对银行流水是否符合客户的经营模式特点做出判断等,最后,汇总银行流水贷方发生额得出期间回款销售收入。有的企业的销售回款并不是收现金,而是收银行承兑汇票和商业承兑汇票,而且收到票据之后并不贴现,而是直接付出去,所以这部分也要计算在内。除此之外,有的企业还采用易货的方法,比如内蒙古的企业从山东购进轮胎,但是并不付款,而是折价成煤炭作为货款。

2. 物流

物流核定法就是从进货和销货的物流单据上进行核实,企业进货和销货都需要物流来运输,通过物流单可以直接验证企业的进货量和出货量。物流单是发货和验货的凭证,一般物流单上对于产品型号、数量以及发货日期记载得非常详细,可以和订货单、合同等进行交叉验证。

3. 流水账

账簿核定法。账簿核定法就是根据客户手工账本记录的流水账汇总得出客户的销售额。比如某五金加工客户手工记录每天的销售额,汇总可以得出每月的销售额。这是最为简单的一种核定方法,其前提是客户对销售或出货做了纸质或电子版的记录，通常我们可以通过销售明细账与发货单的抽查进行核实。账簿也有造假的，一般如果客户提供的流水账乱糟糟的，有可能是一天天、一笔笔记的，如果非常整齐，有可能是连夜做出来的。

纳税核定法。纳税核定法就是直接进入纳税申报系统，看一下企业的开票收入，而不是单纯地看企业提供的纳税申报表。一般情况下，小企业的实际销售额会大于纳税销售额，因为肯定会有一部分收入是不开发票的，但是也有纳税销售额大于实际销售额的情况，其操作手法是：A开票给B，B开票给C，C又开票给A，实际上互相抵扣了，有的还带着合同及对公账户流水，做的和真的一样。这种互相开票的企业，往往都是同一地区的企业，有的企业之间并不存在真实的贸易关系，比如A是一家轮胎经销商，应该是厂家给它开票，当地的C不是它的供货商，这种就很容易识别了。

水电费法。大多数行业是很难通过水电消耗量来倒推产量的，除了一些高耗能企业，比如铸造行业，小电炉炼一吨钢大约耗电700千瓦·时，这样就可以通过电费来推算出企业的产量。比如一台110吨冲床单机功率为11千瓦，观察或老板口述每小时生产产品180个，通过查看电费单据，最近一个月用电量为2200千瓦·时，则该台冲床当月开机时间为2200/11=200小时，产量为180×200=36 000个，最后结合单品价格即可得到当月大致销售收入。

4. 交叉询问法

除了上述的"三流"之外，对于贷款额度较小的客户，还经常使用交叉询问法。交叉询问法是指从不同角度对销售收入进行询问，最终看一下各个角度算出的得数是否一致，这主要是针对规模较小、经营凭证不足的客户采取的一种方法。交叉询问法可以自行设计很多问题，如果客户据实回答，那么各个问题最终的得数是一致的，如果客户说谎了，那要把谎说圆、让各个得数一致是非常困难的。一般来说，询问的角度有以下几个。

（1）时间角度。这主要是根据客户对每日、每月或全年销售额的口头阐述来做交叉检验，看通过各种方法算出的得数是否一致。我们可以间隔穿插询问淡季销售额、旺季销售额、每天/每周/每月销售额、近期销售额等，以此交叉验证客户各种口头叙述的销售收入折算为全年销售收入后是否相互吻合。比如，某服装销售客户口述6、7、8月为淡季，每月销售额约为20万元，1、4、5、9、10月为旺季，每月销售额约为40万元，其他月份生意一般，销售额约为30万元，客户口述全年销售额约为400万元，两者之间有一定的差距。

（2）销售渠道角度。如果企业某一下游客户或某一产品的销售收入易于核实，通过其口述该下游客户或该产品的销售占比反推销售收入。比如，某一贸易公司其重要下游客户为大型百货超市，近6个月开票收入为600万元，老板口述或通过存货占比得知该下游客户的销售额占总销售额的比例约为20%，则该公司近6个月的总销售额约为3000万元。

（3）产品角度。这就是核实客户销售的产品中的一种产品及占比反推其销售额。比如，经核实某烟酒客户每月销售烟2万元，占其整个销售的20%，则其每月全部销售额为10万元。

（4）原材料角度。"没有千顷地，打不了万石粮"，要达到一定的产量，必须有一定的生产资料投入。比如汽车运输户，每公里耗油量是比较稳定的，我们就可以通过每月的耗油量，推算出运输户的行驶里程和运费收入。比如一家打印店，我们可以通过它每月购买 A4 纸的数量和耗材方面的花费，来验证它的销售收入。

2.1.2 专用核定方法

专用核定方法就是针对某一行业，可以专门使用某一种方法，又快、又准地计算出企业的销售收入。

1. 种植业、养殖业

农产品的价格波动很大（粮食除外），即使是一年中的不同月份，销售价格也变化特别大，受自然条件的影响，每年的产量也不太一样，由此导致我们对农业类的销售额难以准确认定。比如2018年底，苹果刚上市的时候价格并不高，到了2019年春天，苹果价格大幅上涨。好在种植业和养殖业的很多数据是相对透明的，我们可以通过经验数据来直接推算，比如农作物的亩产量是一定的，农产品的销售价格在一定时期内也是一致的，甚至每亩的利润都是差不多的，比如种粮每亩年收入约为1000元。有的养殖业也是如此，比如某段时间内，每头猪的利润约为600元，另一段时间，每头猪要亏200元，这就是一个行业的平均数据。依赖经验数据是比较重要的一个手段，在掌握了经验数据后，我们就能根据借款人实际种植、养殖的品种，来初步认定和判断其实际经营情况。经验数据的取得途径有多种，比如通过从事同行业的客户的访谈了解，通过网络公布的价格变化信息了解，通过上下游客户了解。在这些数据里，比较重要的主要是单位产量、生产成本和价格信息。

2. 贸易类客户

根据企业上下游客户的规模和财务规范程度，我们可以选定从上游或下游入手。比如某企业是某知名产品的代理商，上游是厂家，下游是众多零售渠道，那显然是上游厂家的财务更正规一些，一些往来账目也有据可查，我们就可以从上游入手。如果某企业是某家大企业的供货商，进货渠道则很不稳定，我们就可以从下游客户入手。

（1）出货核定法。销售收入＝出货总价求和，或者出货总量×平均价格。如果某个贸易类客户有自己的出货记录，那么只要将其每次的出货总价求和即可得到销售收入，如果没有价格，也可以用出货总量×平均价格。

（2）提成核定法。销售收入＝提成收入/提成比例。某服装店共有2个员工，均按全部销售的1%提成，假设当月每个员工的提成收入为1500元，则销售收入=1500/1%=150 000元。

（3）返点核定法。针对客户的年度销售任务、返点政策和返点数量反推客户的销售额。返点核定法和提成核定法的原理是一样的，只是选择的上下游不一样。当然，对自己的员工提成，肯定是百分之百卖出去的，而上游渠道对自己返点，只是代表进货量，并不一定代表进的货都销售出去了，有可能企业为了获得返点而大量囤货。这只是调查的一个渠道，并不能完全准确地推算出企业的销售收入。

3. 生产加工类客户

生产加工类企业涉及的生产环节很多，涉及的生产资料也很多，这些都可以作为我们核实的突破口。生产加工类企业种类繁多，远比贸易类企业以及种植和养殖企业复杂，以下方法我们也不一定都使用，可以选择一个最为准确、最为关键的生产要素作为切入点进行分析。如果企业全部采用计件工资制，就可以根据其工资推算产量。有的企业的产品单位能耗比较透明，就可以采取原料核定法。

（1）订单核定法。订单核定法：销售收入＝每个订单价格求和或订单数 × 订单单价。很多经营者是根据客户的订单进行生产加工的，比如移动门和窗帘等定制产品，此时汇总客户所有的订单就可以核定其销售收入。

（2）产能核定法。产能核定法一般可分为机器产能（针对机械化生产，比如零配件生产）和人工产能（针对劳动密集型生产，例如服装生产），销售收入（机器产能核定法）＝（单个机器每日产能 × 365 天 × 每年开工率 × 机器台数 × 产品单价）＋期初存货 − 现有存货。销售收入（人工产能核定法）＝（每名员工每日产能 × 每年开工率 ×365 天 × 员工数 × 产品单价）＋期初存货 − 现有存货。

例如某零配件加工企业，共有 8 台机器，一台机器一天可生产 50 个零配件，每年开工率为 75%，单价为 100 元，则产能为 8 × 50 × 75% × 365 × 100=1095 万元。

（3）原料核定法。原料核定法就是根据客户生产单位产品所需要的原料配比反推产能，再根据产能反推其销售额的一种方法。例如某氯化钙生产企业，生产一吨氯化钙需要 4 立方米的卤水，那么根据其卤水用量可以测算其氯化钙产能。这里的关键是对行业比较了解，能够知道某种原料的投入占比。

（4）工序核定法。工序核定法就是根据客户生产工序中某个唯一环节的产出量，确定其产能，进而推测其销售额。例如某生产剪刀的企业，其每日压剪的工序为 150 次，则每天产能为 150 把，如果每天生产，则月产能为 4500 把。

（5）计件工资法。计件工资法就是根据客户的计件工资反推其产量和销售额，很多简单的加工业都可以采用此种方法。比如加工一个金属件的工费为 20 元，工厂每月支付 30 000 元工资，则代表每月的产量是 1500 个。

（6）包装核定法。包装核定法就是根据生产企业的产品包装量反推其产能，产能＝包装量×单位包装产量。例如某醋生产企业今年累计使用 10 万个醋瓶，如果每瓶醋按 1 斤计算，则该企业产能为 10 万斤。

4. 服务类客户

（1）耗材核定法。客量核定法就是根据企业的来客量和平均消费额确定其销售收入。例如某奶茶店单日使用杯子约 300 个，平均每杯消费约 10 元，则该店的单日消费额大约为 3000 元。餐饮行业可以根据其一次性餐具的使用量推断上座率，住宿行业可以根据每天床单布草的使用量推断其入住率。

（2）计件核定法。计件核定法就是根据企业服务的计件量来核定其销售收入。例如某足疗店按照服务一个客户的 50% 提成，汇总客户 5 个员工每月的工资约为 25 000 元，则销售额大概为 50 000 元。

（3）里程核定法。里程核定法主要针对运输业，通过车辆在一定时间内的运输公里数推算出其销售额。比如某运输客户有 1 辆车，2 年内运输里程约为 25 万公里，平均每天跑 400 公里，每月能跑 25 天，两者比较匹配。

5. 工程类客户

（1）合同、发票核定法。合同核定法主要是根据客户的工程合同汇总得到其销售额。比如某客户现场提供 2017 年的 20 份家装工程合同，汇总销售额为 280 万元。如果建筑施工企业的销售收入全部对外开票，也可以根据其开票金额确定其销售收入。合同造假比较容易,尽管发票也可以虚开,但是毕竟其可信程度要高得多。

(2)人工核定法。人工核定法主要是根据工程投入过程中人工费用的占比反推其工程量。比如核实到客户全年人工费为200万元,经毛利交叉检验核实到人工费用占工程量的1/3,则全年工程量约为600万元。

(3)材料核定法。材料核定法主要是根据客户全年工程投入材料费的占比反推其工程量。比如核实到客户全年共使用工程材料约为400万元,经毛利交叉检验核实到材料费用约占工程量的1/2,则客户全年工程量约为800万元。

(4)工时核定法。工时核定法主要针对以时间计算收入的工程类客户,如挖掘机或推土机客户,重点核实其机械的工作时间,再根据其单价确定其工程量。例如,经核实某挖掘机客户一台挖掘机全年工作时间约为2500小时,每小时单价约为150元,则全年工程量为375 000元。

以上是较为常见的销售收入核定方法,每种方法均可以延伸,也可根据客户的实际情况搭配使用。同时,在实际业务处理过程中,亦可以通过经验的积累不断探索新的方法。在信贷调查的实践中,一般不会从单一的角度去确定小微客户的销售收入,而是从多个角度,运用几种方法综合确定小微客户的销售收入。另外,检验小微贷款客户销售收入的方法从来就没有固定的方式,而是根据客户的不同类别进行归类总结。在信贷实践中,信贷人员还会遇见更多五花八门、形式多样的途径和方法来核实销售额,需要在调查现场灵活运用,综合分析、判断和验证,以确定借款人真实的销售情况。

2.1.3 以销售收入为核心的财务分析

1. 销售增长率

销售增长率 = 本年销售收入增长额 ÷ 上年销售收入总额。销售增长率是判断企业所处生命周期的重要指标,一般来说,处于成长期的企业销售收入迅速增长,处于成熟期的增长缓慢,处于衰退期的则日渐萎缩,变成负增长。在初次调查企业的时候,考察企业以前的销售收入有些困难,但是我们可以根据老板的口述,结合企业用工人数、机器设备、营业面积的变化来综合判断企业销售规模的变化情况。

2. 销售现金比率

销售现金比率 = 经营活动现金流量净额/流量净额 ÷ 销售收入。销售现金比率指销售产品、提供劳务收到的现金与主营业务收入的比值,该比值越大越好,表明企业的产品畅销、市场占有率高。因为销售收入是权责发生制,只要卖出去就算有销售收入,但是并不一定收到了现金。如果是现金交易,则表明企业竞争力强,而赊销期越长,就代表着企业的竞争力越弱。

3. 资产周转率

资产周转率 = 本期销售收入净额 ÷ 本期资产总额平均余额。资产周转率是考察企业资产运营效率的一项重要指标,体现了企业经营期间全部资产从投入到产出的流转速度,反映了企业全部资产的管理质量和利用效率。通过该指标的对比分析,可以发现企业与同类企业在资产利用上的差距。该数值越高,表明企业总资产周转速度越快，销售能力越强，资产利用效率越高。在同样资产的情况下，销售收入越高，代表着分配到每个产品的主营业务成本越低，企业的利润空间就越大。

2.2 利润核算方法

相对于销售收入核实的诸多方法来说，利润的核实却很难，就像雾里看花，永远朦朦胧胧。因为利润核算中，成本项目多、时间跨度大，而且价格不断变动。如果要算清企业的利润，所需要的劳动量非常大，最后得出的数字却未必准确。有些不会算账的老板自己也搞不清究竟有多少利润，没有专门核算过，奉行的是"肉烂了在锅里"的原则。因为利润的计算不准确性非常高，所以在调查中多种方法并用，而且客观的计算方法和主观的评估方法都要使用。

2.2.1 成本费用核算法

利润是企业在一定会计期间的经营成果，是企业的收入减去有关成本费用后的差额。收入大于相关的成本与费用，企业盈利，收入小于相关的成本与费用，则企业亏损。

一般小企业在算账的时候，不太区分成本和费用，而是喜欢用"支出"这个词。实际上，在会计上区分成本和费用是非常有必要的，它可以帮助老板算清自己是否真正赚钱。比如，饭店炒一盘土豆丝卖 12 元，而买一个土豆成本只有 2 元，这么看饭店是一个暴利行业，实际上是只算了成本而没有算费用。成本与费用都是企业日常活动的利益流出，本质上两者是一回事，其区别在于成本意味着将来会有收入的补偿，是有配比和对应的，费用则是没有形成收入的成本。因此，费用的界定就是企业日常经营过程中发生的非资产性的支出和消耗，不必然形成收入，即与收入没有必然的匹配关系。比如，餐厅买菜、买油用于经营的属于成本支出，用于员工伙食的就是费用。用于经营意味着有收入做补偿，会有经济的未来流入，而员工伙食，即使没有收入的发生，员工也还是要吃饭。还有一种算法就是看这项开支是否随营业数字而变动，随营业数字的变化而变动的就是成本，比如材料成本，而无论营业额有没有变动，就算是零也一定会发生的费用，就是固定费用，比如房租、水电费。

在商业领域，有一种"定倍率"的算法，就是商品的销售价格除以成本价格后得出的数值，比如一件成本价 1 元的商品在市场上标价 10 元，那么这款商品的定倍率就是 10 倍。从财务的角度分析，定倍率高，说明某个商品的成本低，但是费用非常高。比如一杯咖啡售价在 25 元左右，实际上每杯咖啡的成本最多 2 元（熟咖啡豆的批发价为每斤 30 多元，通常 10～15 克咖啡豆就可以冲一杯咖啡），但是一杯咖啡如果卖不到 25 元，咖啡店就很有可能亏本，因为除了咖啡豆的成本，还有房租、机器、人员等费用。

还有一种开支为递延成本或待摊费用，简单地说就是折旧。比如饭店，除去日常的开支，它的装修成本也要分摊。一家饭店花 150 万元装修，计划使用 5 年，那么每月的待摊费用就是 2.5 万元。比如一个运输户说今年运费赚了 8 万元，实际上这不算赚，一般运输户也不这么算，因为没有算折旧。如果买一辆车花 40 万元，每年赚 8 万元，5 年后车辆值 15 万元，那么这 15 万元才是这 5 年的利润。

利润核算的难点在于，我们要想算清企业的利润，必须掌握企业的成本和费用结构，而且要算清具体的数值，这项工作的难度要比算清企业的销售收入大得多。这首先要求借款人自己具有比较完备的成本核算，小企业一般难以做到；另外，需要客户经理有丰富的行业经验，对这个行业的成本结构非常了解。

比如计算养殖业的利润，请看下面这个案例。借款人承包土地286亩，2017年采用藕田套养小龙虾模式，其产出、成本和效益情况为：每亩藕产量为1500千克，平均单价为0.9元/千克，产值为1350元；每亩小龙虾产量为55.6千克，平均单价为44元/千克，产值为2446.4元，总产值为3796.4元。每亩成本包括藕田租金900元，虾种100元，饲料130元，肥料150元，药费80元，水电费60元，其他（耕作、挖藕、除草、管理等）300元。合计支出1720元，每亩效益为2076.4元。这里面，"支出"这一项很难核实清楚，多数情况依赖于借款人提供，或是同行业比对后的经验数据。

要把成本利润算清楚，对客户经理的要求是非常高的。有的企业需要专门设成本会计，可见其工作量之大。实践当中虽然有客户经理认真算了，但是算的结果和实际相差太远，总是漏掉很多成本，或者对价格掌握得非常不准确。如果这些数字完全靠借款人来提供，那就失去了意义，纯粹是为了写报告而调查，而不是为了真正把握风险。如果客户经理管理的客户比较少，或是行业比较集中，那在这一方面就应该比较清楚了。

2.2.2 同业比较法

同业比较法是根据某一时间内的行业平均利润率，来计算企业的利润率。先有一个行业的平均利润水平，然后主要以这个利润为依据计算企业的利润。这里又体现出行业分析的重要性，我们与一个行业的客户接触得越多，对这个行业越了解，那么我们对风险的把控能力就越强。

2.2.3 权益校验法

权益校验法是比较常用的核实利润的方法，其原理是：资产 = 负债 + 所有者权益（初始资本 + 留存收益 + 未分配利润）。将企业主和法人结合在一起，企业主盈利后，往往会为公司或个人购置资产（包括土地、厂房、住房、车辆），满足生产消费的需要。这部分资产简单扣除银行借款，即可以看作借款人历年利润的积累。比如，一个客户3年以前投入资金50万元创立生意，近3年每年家庭开支约为10万元，期间10万元用于购买一辆汽车，根据实地察看核实，目前企业的实际权益为70万元，则期间大致净利润 =70万元 −50万元 +30万元 +10万元 =60万元。

权益校验法主要适用于微型企业，通常应用在贷款额度在20万元以内的微贷业务，是一种模糊判断。微型企业一般资产规模比较小，有的只是一个家庭作坊、夫妻店，它们获得的收入主要是劳动力收入，资产性的收入只占一小部分。一旦企业规模大了，涉及的财务科目多了，这种方法往往就不准确了。

2.3 透视盈利能力：竞争战略与竞争优势

单纯从数字上核算企业的利润难度比较大，要调查企业是否盈利，还必须借助非财务的方法来进行调查。老板说自己的企业利润高，也要能够自圆其说，在逻辑上能够讲得通。企业但凡能够盈利都有一定的原因，随波逐流不可能发大财，企业的利润指标也是借款人各种经营理念得到的经营成果，所以通过各种非财务工具来评估企业主的经营思路是否正确，成为判断企业盈利能力的一个重要依据。老板讲各种天花乱坠的赚钱故事时，信贷人员要保持清醒的头脑，明白这里面有哪些可能性。信贷人员要弄清楚这个企业在市场上安身立命的资本是什么，它在市场上生存的命脉在哪里，把住这个命脉就清楚能不能给它发放贷款，知道什么时候该收回贷款了。

2.3.1 看透庞氏骗局、僵尸企业

很多高负债但没有盈利的企业，无论大企业还是小企业，都可以划归到庞氏骗局的范畴，因为它们自身往往没有赚钱的业务，长期借新债还旧债，经营规模的增长不是源于利润，而是依靠负债。这种企业一旦后续失去融资能力，没有了新的资金来源，资金链就断了。很多银行喜欢"垒大户"，只要企业能维持经营，就一直给企业增加额度，企业得以源源不断地增加现金流。但是只要是庞氏骗局，就有被揭穿的一天，只是时间早晚的事。

e租宝：假项目、假三方、假担保——
三步障眼法制造骗局

"'e租宝'就是一个彻头彻尾的庞氏骗局。"在看守所，昔日的钰诚国际控股集团总裁张敏说。办案民警介绍，在正常情况下，融资租赁公司赚取项目利差，而平台赚取中介费；然而，"e租宝"从一开始就是一场"空手套白狼"的骗局，其所谓的融资租赁项目根本名不副实。"据我所知，'e租宝'上95%的项目都是假的。"安徽钰诚融资租赁有限公司风险控制部总监雍磊称，丁宁指使专人，用融资金额的1.5%～2%向企业买来信息，他所在的部门就负责把这些企业信息填入准备好的合同里，制成虚假的项目在"e租宝"平台上线。为了让投资人增强投资信心，他们还采用了更改企业注册资金等方式包装项目。办案民警介

绍，在目前警方已查证的207家承租公司中，只有1家与钰诚融资租赁有限公司发生了真实的业务。

据警方调查，"钰诚系"除了将一部分吸取的资金用于还本付息外，相当一部分被用于个人挥霍、维持公司的巨额运行成本、投资不良债权以及广告炒作。[①]

"e租宝"向投资者支付的利息并不是赚来的，它压根儿就没把钱投出去，而是用其他投资者的钱兑付的，拆东墙补西墙，这就是庞氏骗局的玩法，如果企业赚钱的这个谜底没有被揭穿，只要企业能源源不断地获得融资，这个游戏就能一直玩下去。事实上，银行手里有很多僵尸企业，只是大家都看着"皇帝的新装"，谁也不揭穿罢了。

企业一年两年不赚钱是有可能的，但是长期不赚钱就不正常了，前期的"烧钱"也是为了后期能赚钱，企业存在的目的就是盈利，不盈利就是在浪费资源。做生意不是做慈善，放贷款也不是发放财政补贴，一切都要以赚钱为目的。企业赚钱才能养活工人、交税、支付银行本息。不赚钱的老板实在是浪费社会资源，而给不赚钱的老板发放贷款更是一种渎职行为。

2.3.2 小微企业的分散产业结构

所谓产业结构，就是有多少家企业可以瓜分行业利润，产业的集中度如何，是一家独吞，还是利益均沾。产业结构决定了一家企业生存下去的概率有多大，在集中度高的行业，小企业必须迅速做大，否则就会被淘汰；在集中度低的行业，一家小微企业可以做成

[①] 搜狐网.e租宝三步障眼法制造骗局：假项目假三方假担保[OL]. http://www.sohu.com/a/57435578_148329, 2016-02-01.

百年老店。比如说，互联网经济的产业结构是典型的寡头经济，小微企业很难存活，因此互联网企业必须加速融资，把其他对手"吃掉"，一个细分领域最后通常只有一两家企业能活下去，企业生存的概率大概只有1%；而饭店则是分散型产业，规模大的客人不一定多，规模小的客人不一定少，小微企业生存的概率要远远大于互联网行业。腾讯在即时通信领域、百度在搜索引擎领域、滴滴在打车软件领域，都是赢家通吃，寡头盆满钵满，别人却无路可走。在电商领域，天猫和京东两家争得你死我活，产业结构十分集中，在实体店领域，一个街区几个购物中心都可以经营得很好，产业结构相对分散。所以很多人选择互联网创业并不是非常明智，看似利润很高，是因为某些企业独揽了行业内所有对手的利润，但是干到寡头这个位置要经历九死一生，比如，曾经的卓越、当当都在与淘宝的竞争中输了。

做小微企业授信，先要选择一个产业结构分散、能容下大量小微企业的行业。企业所处的产业结构的集中程度，决定了其是能够按照现在的规模生存下去，还是迟早要被大企业淘汰。分散的产业结构，易于开展小微贷款业务，客户数量多、规模小、地理集中，容易聚沙成塔，将小微贷款做大规模。比如，浙江台州的三家城商行——台州银行、浙江泰隆商业银行、浙江民泰商业银行的小微信贷业务都做得不错，除了自身信贷技术的原因之外，台州当地的产业结构也是个重要因素：当地的产业集群高度发达，遍地开花，如黄岩区的模具业、路桥区的塑料产品、温岭市的制鞋业、仙居县的工艺品、临海市的眼镜业、椒江区的缝纫机等，这些行业都属于分散型产业，家家户户都可以做，有几台设备和少量资金就可以生产，没有哪一家大企业可以独吞这个市场。据粗略统计，台州每6个人中就有一个人是老板。如果当地缺少这样的产业结构，即使想大规模开展小微业务，也很难找到足够多的客户。有些行业集中度特别高，小企业很难生存，比如能源、矿产行业，一说"小矿山""小煤窑""小化工"，只要带一个"小"字，早晚逃脱不了被淘汰的命运。在北方一些资源型城市、重工业城市，很多银行选择这类小企业投放贷款，结果损失惨重。这些企业先是被产能过剩折腾得奄奄一息，然后又在"环保风暴"中彻底关停。

分散型产业的特点是，没有哪个企业能够在市场份额上力压群雄，在该产业环境下，没有哪家企业能够成为市场领导者，也没有哪家企业能够主导产业的发展。在服务业、零售业、材料和金属制品业、农产品、"创意"产业中，分散型产业尤其常见。导致产业分散的因素有以下几个。

（1）整体进入壁垒不高。对投资规模、行业许可要求不是特别高。

（2）缺乏规模经济。也就是规模大了效益不一定好，多出的管理成本要远远超过采购成本。比如机械加工行业、塑料制品加工行业，往往会出现"规模不效益"的结果，规模变大后，管理成本直线上升，反而不如规模小的企业有优势。

（3）运输成本居高不下。比如，建筑材料一般具有属地原则，都是当地企业生产；生鲜产品也因为运输成本太高，成为电商不敢大规模涉足的领域之一。

（4）存货成本居高不下，或者销售起伏不定。主要原因是面对此种情况大企业的运营成本太高，不如小企业灵活。

（5）在应对买家或供应商时，企业毫无规模优势。比如女装产业，产品款式迅速变化，相对而言，小企业的效率更高。

（6）市场需求多种多样。产品高度定制化，比如特种作业车，每一辆车的要求都不一样；比如包装印刷企业，产品批量不大。

（7）新兴产业。行业刚刚兴起，门槛不高，没有哪家企业处于压倒性的优势。⊖

如果某家小微企业能将这些分散的产业聚合起来，企业的成长将突破规模的束缚，在行业里面将会产生一家大企业。其方法包括：创造规模经济，比如蘑菇种植业，通过工厂化生产降低成本，建立起规模壁垒，把一批小企业挡在门外；将多样化的需求标准化，比如餐饮行业，提供标准化产品，再通过连锁经营提升规模。如果企业有这样的条件，只是缺乏资金进行整合，那么这个企业就是潜在的优质客户。打破了套在小微企业身上的紧箍咒，企业就会有大发展。我们提倡做小微企业里面的大企业，就是因为这种企业资金需求量不大，但是竞争力极强，风险程度较低。

2.3.3 三种基本竞争战略

为了分析企业的盈利水平，我们可以借用竞争战略这一成熟的理论工具。当企业的竞争战略能够符合大部分要素的时候，赚钱是符合常理的，当我们从企业中找不到任何竞争优势的时候，说企业赚钱是无法让人信服的。竞争力是决定企业利润的重要因素，竞争战略确定了企业采用何种方式经营。在贷款调查过程中，一定要弄清借款人的经营策略，找到借款人的竞争优势，这样才能给它的利润找到一个合理的依据。

"竞争战略之父"迈克尔·波特教授于1980年在《竞争战略》一书中，提出了三种卓有成效的竞争战略，分别是低成本战略、差异化

⊖ 迈克尔·波特. 竞争战略 [M]. 北京：华夏出版社，2012：183.

战略和聚焦战略。企业要想获得利润，至少在三种战略里面选择一种，如果一个也没有，注定不会获得高额利润。[⊖]波特的理论历经几十年的实践检验，仍然颠扑不破，成为企业竞争必须遵守的规律。

1. 低成本战略：薄利多销

低成本战略要求企业达到能产生规模效应的生产规模，然后在经验的基础上全力以赴降低成本，抓紧成本与管理费用的控制，避开利润微薄的客户，以及最大限度地减少研究开发、服务、推销、广告等方面的成本费用。为了达到这些目标，企业就要在管理方面对成本给予高度的重视。公司成本较低，意味着当别的公司在竞争过程中已失去利润时，它依然可以获得利润，哪怕是在"利润比纸薄"的情况下仍能生存。

如果企业具有低成本优势，它就能够全力对抗五种竞争因素（即后面的竞争五力模型）。企业具有低成本优势，就可以建立起较高的进入壁垒；较之产业内的竞争对手，它在面对替代品时也会显得从容不迫。如果企业获得低成本优势，在面对实力强大的供应商、遇到采购成本上涨的问题时，也能轻松应对。

低成本战略概括为如下几种主要类型。

（1）简化产品型成本领先战略，即产品种类越少越好，做"爆品"，而不是做杂货铺。

（2）改进设计型成本领先战略，比如很多汽车厂家的不同品牌使用同一平台。

（3）人工费用降低型成本领先战略，比如银行的自助渠道越来越多，需要的柜员越来越少。

⊖ 迈克尔·波特. 竞争战略 [M]. 北京：华夏出版社，2012：32.

（4）材料节约型成本领先战略。

（5）生产创新及自动化型成本领先战略。

小微企业存在的领域，大部分是一些同质化、竞争激烈的行业，都需要执行低成本战略。老板要有成本意识，我们在这些方面也要注意观察，企业是否做到了控制成本。比如，一家"农家乐"生意很好，原因之一是房租比较便宜，第二是主要的员工都是家里人，能自己干的就不雇人。如果饭店是加盟的，加盟费、装修费很高，而且厨师、收银员、服务员全部雇人，在当前形势下很难赚钱。对于生产制造业来说，很多开发区越来越冷清，重要原因是各项成本太高，厂房看着很气派，而各项税费非常高，所以大量小微企业分布在城乡接合部、农村，就是因为车间、仓库的费用低一些。

企业要控制成本，就要依靠管理，管理的重要使命就是提高效率。在总销量一定的情况下，企业能把成本和费用控制到什么程度，体现了老板的管理能力。管理是无形的，但是能决定企业是否赚钱。

我们通常在企业经营的时候观察不到它的管理问题，因为从表面上看企业经营正常，只有等到企业倒闭还不了贷款的时候，我们才能找到真正原因。

2. 差异化战略：人无我有、人有我优、人优我变

差异化战略是指企业的产品或服务与众不同。实现差异化的方法很多，比如设计名牌形象、技术上的独特、性能特点以及顾客服务、商业网络及其他方面的独特性。最理想的情况是公司在几个方面同时具备差异化的特点。

如果企业实现了差异化目标，必然会获得平均利润以上的收益。这是因为，通过该战略企业拥有了应对五种竞争力量的防御地位。

通过差异化战略，客户对企业的品牌忠贞不贰，既可以排斥竞争对手，也可以建立进入壁垒，还能够应对替代品的威胁。通过差异化，企业获得了高额利润，就会在与供应商的谈判中游刃有余，与买家的定价能力也大为提高。

差异化战略的类型如下。

（1）产品差异化战略。产品差异化的主要因素有：特征、工作性能、一致性、耐用性、可靠性、易修理性、式样和设计。

（2）服务差异化战略。服务的差异化主要包括送货、安装、顾客培训、咨询服务等因素。

（3）人事差异化战略。训练有素的员工应能体现出六个特征：胜任、礼貌、可信、可靠、反应敏捷、善于交流。

（4）形象差异化战略。

差异化能够使企业走出同质化竞争的泥潭，可以带来高利润。同时，差异化要求单位产品的高利润，没有足够的利润支撑，没办法实现差异化。低成本是以量取胜，差异化则是以质取胜。如果客户的要求特别个性化，而利润又不够高，企业就很难盈利。比如有一家从事特种设备生产改装的企业，每个客户要求的都是独一无二的，即产品无法实现标准化，这台设备做完了下一台要重新设计，也有可能三年内遇不到同款产品，而它生产的毛利润又非常低，正所谓"劳斯莱斯的工艺，桑塔纳的价格"，这个企业就生存在亏损边缘，如果产品不能降低成本、不能标准化，那就只能被淘汰。

3.聚焦战略：不怕千招狠，就怕一招独

聚焦战略是指聚焦于某个特定的市场，这个市场可能是产品的某个细分区间，也可能是某个特定的地理市场。公司业务聚焦，就

能够以更高的效率、更好的效果为某一狭窄范围的客户提供服务，从而超过在较广阔范围内竞争的对手。

比如客户经理受理了一笔贷款，基本情况是这样：借款申请人承包荒山150亩，现种植西红柿5亩、佛手瓜5亩、核桃树2500棵、枣树800棵、桃树1000棵、樱桃树200棵。同时，兼营养殖业，现圈养优质山羊90头、本地肉牛30头、特色野猪100头。申请人的经营规模只有150亩，刚刚达到规模化种植的起点，却"螺蛳壳里做道场"，同时经营种植业和养殖业，涉及9个产品，这仍然是典型的自给自足的小农经济思路，而不是商品经济思路。该农户涉及产品太多，没法通过规模化降低成本，也体现不出差异化优势，毫无优势可言，要想盈利是非常困难的。看似规模很大，可是背离了赚钱的逻辑。

如果企业确实实现了聚焦，它同样有可能获得行业平均利润以上的收益。因为企业聚焦之后，要么获得低成本优势，要么获得差异化优势，要么两者兼而得之。

2016年，长城汽车全年累计销售1 074 471辆，同比增长26.01%。聚焦哈弗，是长城汽车坚定不移的战略方针。目前哈弗SUV已累计销售超过300万辆，成为中国第一个销量突破300万辆的SUV品牌。长城汽车通过聚焦、大力投入、全方位专注SUV这一品类，产品的性能、外观设计、舒适性、安全性、可靠性，包括节能环保，都不输给外资品牌。通过聚焦，把产品线做窄，才能深耕细分市场。魏建军坦率地告诉记者，SUV市场正在面临从"蓝海"变成"红海"的挑战，假如长城汽车有更多的品类，比如轿车、SUV、MPV、商务车等，那它在"红海"

这一轮竞争当中将会什么都留不下。奇瑞几乎和长城汽车走了截然相反的道路，旗下四大品牌、几十款车型，多年来一直挣扎在亏损的边缘。㊀

德国著名管理大师赫尔曼·西蒙提出了"隐形冠军"理论，解开了为何德国中小企业竞争力极强的谜题，也为中小企业指明了一个发展方向。他用大量数据和事实证明，德国经济和国际贸易的真正基石不是那些声名显赫的大企业，而是那些在各自所在的细分市场默默耕耘并且成为全球行业领袖的中小企业。它们在利基市场中的地位无可撼动，有的甚至占据了全球95%的市场份额；它们的技术创新遥遥领先于同行，其人均拥有专利数甚至远远超过西门子这样的世界500强公司，但是因为所从事的行业相对生僻，加上专注的战略和低调的风格，它们又都隐身于大众的视野之外。这些就是"隐形冠军"的特征。当然，"隐形冠军"的标准只是我们分析客户是否优秀的一条参考标准，不能当作选择客户的标准，毕竟能够当上"隐形冠军"的企业太少了。这条标准主要是小微企业走向卓越的战略——专业化，而且是把专业化发挥到了极致，坚守一个小市场，不惜在全球拓展业务，将市场份额做到极致。我国优秀中小企业的评价标准主要是四个字——"专、精、特、新"，其中"专"就是专业化，企业专注于核心业务，提高专业化生产、服务和协作配套的能力，为大企业、大项目和产业链提供零部件、元器件、配套产品和配套服务。"特"指的就是差异化战略，企业利用特色资源，采用独特工艺、技术、配方或原料，研制和生产具有地方或企业特

㊀ 搜狐网. 2017 长城汽车持续聚焦SUV、聚焦哈弗 [OL]. http://www.sohu.com/a/124658497_108024，2017-01-18.

色的产品。

除了采用上述三种竞争战略的小微企业，还有另外一类小微企业——关系型企业，即老板和某位重要人物关系比较好，获得一些业务，这层关系就是企业的核心竞争力。这种企业在小微企业里面非常多，老板不是在产品和服务上做文章，而是在人情关系上做文章。关系型企业我们可以把它归到资源型企业里，人脉资源也是一种重要资源，可是资源是会枯竭的。关系型企业的竞争力不会很长久，因为它严重依附于某个人，所以在贷后管理的时候，这个问题应该作为重点内容进行调查，当企业所依附的关系不再而又没有建立起市场化的竞争优势时，企业就有可能一落千丈。

2.3.4 竞争优势：五力模型

除了三大基本战略之外，迈克尔·波特还提出了竞争五力模型。在分析企业竞争环境的时候，不光要看行业内的竞争者，同时还有与供应商的讨价还价能力、与购买者的讨价还价能力、潜在竞争者进入的能力、替代品的替代能力这四种力量。五种力量的不同组合变化最终影响行业利润潜力变化。

1. 当前竞争者之间的对抗程度

竞争程度主要取决于行业的生命周期，处于成长期的行业，市场的迅速增长掩盖了竞争，行业利润迅速增长；对于成熟产业，行业内的竞争比较激烈，行业利润被稀释。一般来说，出现下述情况意味着行业中现有企业之间的竞争加剧：行业进入障碍较低，势均力敌的竞争对手较多，竞争参与者范围广泛；市场趋于成熟，产品需求增长缓慢；竞争者企图采用降价等手段促销；竞争者提供几乎相同的产品或服务，用户转换成本很低；退出障碍较高，即退出竞争要比继续参与竞争代价更高。

2. 潜在进入者的威胁

一个行业利润高低，首先看有没有门槛，能否将潜在的进入者挡在门外，没有门槛的行业很难获得高利润，比如微商、网店、街头摊贩，随便一个人都能干，不需要多少知识和技能就可以干。这种竞争十分激烈的行业，想保持住自己的利润非常困难。小微企业的规模一般不大，资金门槛不高，少则几十万、多则几百万的启动资金即可完成初始投资。我们可以从以下三个方面来观察企业有没有建立门槛。

第一，客户忠诚度。客户忠诚度就是"品牌的力量"，企业具有良好的品牌形象，它的客户才会随着时间的推移而不断积累。

第二，销售渠道控制力。做零售的有句话叫作"得渠道者得天下"，控制了渠道就控制了终端消费者。

第三，专有技术。很多做熟肉制品的店铺能经营几十年，就靠独特的口味，就是靠配方和工艺。在生产中，并不一定是发明专利才算作专有技术，产品材质、生产工艺等都属于专有技术。

总之，小微企业要想保住自己的利润，必须想方设法增加壁垒，将大量的潜在进入者拒之门外，防止别的企业抢夺瓜分自己的利润。

3. 替代品

可口可乐和百事可乐二者竞争合作了一百多年，可乐这个产品领域已经没有对手敢于介入了，但是这并不代表可乐的销售就会一直稳定增长下去，凉茶的出现直接切走了可乐的市场份额，看不见的对手从背后来了一刀。有的时候竞争威胁不是来自看得见的对手，而是来自看不见的对手跨界打击。一家银行不是被另一家银行抢走了市场份额，而是都被微信和支付宝抢走了市场份额；移动不是被联通抢走了市场份额，而是都被微信抢走了市场份额。这种跨界的打击可以称为"颠覆"，往往来自看不见的对手，也是最为致使的一击。

4. 与买方、卖方的谈判地位

有一种小微企业是链式的，依托于核心企业，为大企业提供上下游服务。很多人认为与知名大企业做生意风险肯定小，但是有句俗语叫作"挨着大树不长苗"，店大欺客、客大欺店的丛林法则永远存在，核心企业向上游供应商压款、向下游经销商压货的情况比比皆是。有的代理商，代理大品牌，销往各大连锁超市，看似两头都是有实力的企业，但是利润微薄，用他们自己的话说就是"烧香买来磕头卖"，上游是厂家，说压货就压货，下游是商超，说压款就压款，两头都不敢惹，只能处在中间赚个辛苦钱。大企业因为自己的资信好，不光可以获得更多金融资源，还可以挤占上下游客户的资金，在合作中处于明显的优势地位。这些年银行与大企业合作开发的很多供应链金融产品，以应收账款、预付货款质押，实际上也是在一起挤压小微企业。不过弱肉强食的丛林法则谁也无法改变，商业竞争从来就是冷酷无情的，既然自己不是强者就只能顺从这种规则。从产业链地位来看，小微企业一般处于弱势地位，往往依附于某个或某些大型企业。如果核心企业出现财务支付能力的问题，受冲击最大的就是上游的供应商。

"老干妈"不屑于进各种榜单，但是唯独对自己的纳税额比较在乎。"老干妈"每年纳税五六亿元，这个成绩在民营企业中非常了不起，从侧面足以看出其盈利水平。"老干妈"之所以能够赚钱，是因为它在竞争三大战略和五力模型方面都可圈可点，占据了各方面的优势。

首先"老干妈"奉行专业化战略，主要生产辣酱，不盲目投资，不搞多元化，正是因为把资源全部投在这一个产品上，它很快就在这个细分领域占据统治地位。这个领域不大，引不起强大对手的注意。相反，如果目标市场太大，不可能由一家企业占据、统治，比如酱油、醋、食用油。因为专业化、体量大，采购成本低，再加上不贷款、财务费用低，不做广告、销售费用低，几乎是把成本压到了最低。用陶华碧的话说就是："我们利很薄，就靠量，薄利多销。靠暴利是不行的，滴水成河、粒米成箩。钱来得再快，也不能贪多。"

在五力模型里，"老干妈"也是全面取得优势。第一，面对行业内的竞争，产品的技术含量并不高，刚开始的时候，竞争对手并不少，"老干爹""老干娘"等各种"模仿秀"层出不穷，但是几番竞争下来，"李鬼"们大部分退出了市场。第二，因为公司采购量大，对辣椒等原材料具有一定的定价能力。第三，"老干妈"虽不做广告，在市场上却有口皆碑，产品不愁卖，面对下游的经销商也具有完全的控制能力。第四，"老干妈"凭借低价优势形成了垄断，一瓶卖8.5元还有利可图，别的对手刚进入时，这个价格可能连成本都不够。第五，只要中国人吃辣的习惯不改变，老干妈暂时就没有替代品，这比巴菲特推崇的可口可乐还要好，凉茶就抢占了可乐的市场。综上，"老干妈"因为各方面的条件，形成了今日的市场地位。所以在一段时间内，从竞争战略和竞争优势分析，老干妈都是非常完美的。

三大战略和五力模型是分析企业盈利能力的基本工具，在分析每一个企业的时候，都要从这八个方面入手，看看企业每一项表现得如何，使用这个工具，逐步养成一个分析习惯。当我们分析一个企业在大多数方面都可圈可点的时候，毫无疑问这是一个优秀的企业，当我们看着一个企业一无是处的时候，恐怕它已经连年亏损了。这八个方面的力量，不是静止不变的，而是不断变化的，在贷后管理过程中，也要从这几个方面入手进行观察。

2.3.5 商业模式

商业模式是指企业与企业之间、企业与顾客之间、企业与渠道之间存在的各种各样的交易关系和联结方式，简单地讲就是企业通过什么途径来赚钱，在经营的价值链中，通过哪一个环节赚钱。有句俗话叫"养猪不赚钱，回头望望田"，意思是养猪虽然没有赚到钱，但是通过猪粪积肥获得了收益，这是对商业模式最通俗的解释。到了互联网时代，玩法更多了，利润来源更隐蔽了，竞争环境也更为复杂。比如360杀毒软件开启了免费模式，靠锁定用户的门户网站赚网站流量的钱。下载QQ、微信这些通信程序也是免费的，但是它们可以锁定用户。QQ可以靠卖"皮肤"赚钱，微信则是彻底跨界到了金融领域，微信支付、微粒贷成为利润来源。

商业模式一词最早出现在风险投资领域，一般而言，风险投资者更关注被投企业商业模式的创新性、可行性、成长性，喜欢投资商业模式独一无二的"独角兽"。对于商业银行来讲，也需要解读企业的商业模式，但是二者关注的焦点有很大差别。虽然创新性和成长性也是贷款者需要考虑的，却不是第一位的，甚至与决定一笔贷款是否发放完全不相关。这既是由贷款者更侧重考量贷款本金的安全性决定的，也是由小微企业商业模式的自身特征决定的。绝大多数小微企业处于传统产业并服务于区域经济，只有极少一部分企业能够成长为大型企业，所以商业模式系统性创新并不常见。小微企业数量庞大、竞争激烈，每一家能生存下来的企业，必然都充满了商业智慧。商业模式也是考察企业利润水平的重要内容。商业模式具有以下两个重要作用。

第一，核实企业真实的盈利水平。有时候企业表面赚钱，实则不赚钱，有的时候表面不赚钱，实则有钱赚。探讨商业模式的原因就在于企业设计的盈利点不一样，这有可能改变生产链条上的环节。小微企业的盈利点有时并不在明处，单纯从表面上看不赚钱，实际上暗藏玄机。比如，汽车4S店主要不是通过卖车赚钱，而是通过厂家返点、修车和金融服务赚钱；汽车修理店赚的不是车主的钱，而是保险公司的钱；搞农业本身可能不赚钱，主要利润来源是政府补贴。

第二，判断企业的发展前景。商业模式需要不断改变、与时俱进，不能刻舟求剑。很多企业陷入困境是因为一直沿用过去的经营模式，然而环境早就变了，它们的经营思路却没有变。那些早期获益于房屋动迁的企业家，更有动力进行高负债的土地、厂房基建投资，而较少考虑实业经营是否真正需要的客观前提，更没有考虑未来房地产的增值空间；那些依靠关系获取生意的企业家，主要靠关系承揽业务，而现在招投标越来越公开透明，除了有关系外，还必须加强项目管理、降低成本；那些给大型传统产业国企配套的小微企业，更是无限依赖人脉关系叠加简单技术的生意模式，进而错失了转型升级契机，甚至在账期渐渐拉长的过程中，依然看不到危机。所以这些企业全部掉进了思维惯性的陷阱中，犹如掉进了米缸的老鼠一般，惯性的红利使企业家偏离了创新的本质，最后落入了自己多年来精心编织的陷阱之中。

商业模式是最展示企业家智慧与能力的作品，因此解读商业模式也是在解读企业家的商业智慧。商业模式也是判断企业盈利能力的重要依据。倘若企业家在企业发展过程中，不断有意识地调整自身的商业模式和经营系统，用以不断提升自身的竞争优势和经营规模，则对企业家的经营思维可以给予较高评价。

第 3 章 Chapter3

现金流量表分析

> 床头黄金尽，壮士无颜色。
>
> ——俗语

有一句话叫作"现金为王"，资产、利润都不是最重要的，现金流才是最重要的。很多银行最喜欢做"衣食住行"这些民生行业的贷款，因为这些行业现金流好，每天都能看到现金。相反，很多生意看似很大，一开口就是几百万元的工程，但是有可能全是欠账。现金流很神奇，甚至有人提出了"企业的终极目的不是盈利"，有现金流能活下来就可以，比如京东曾经十多年不盈利，但是依旧发展，因为它可以占用供应商的现金。有现金、没有盈利，企业可以生存，相反，只有盈利、没有现金却可能会导致"黑字破产"。

3.1 现金流的调查方法

现金流分析的主要对象是银行对账单，包括公司名下的、个人名下的，以及经过核实确实是出纳人员名下的对账单。很多公司为了避税，资金都走个人账户，对公账户流水很少甚至没有，一般有对公流水且流水比较大的客户资质相对不错。在计算的时候，以贷方发生额为现金流入量，以借方发生额为现金流出量。银行对账单的用途十分广泛，隐藏着大量信息，从中可以发现企业的隐形负债，也可以作为核实企业销售收入的工具。银行流水中有一些关键细节需要注意。

交易频率。查看银行流水中一定周期内客户的交易次数是否与生意资金往来的基本规律相符。比如，一个开超市的老板的银行流水每日的现金存取有10多次，这与其生意的资金往来规律不太相符，需要向客户询问其原因，并分析其解释的合理性。

交易金额。查看银行流水中的交易金额是否有异常，包括两个方面：其一，大额整数资金往来，比如，银行流水中日常交易金额都在10万元以内，有一笔100万元的交易，就需要关注；其二，是否有时间规律的相同金额的交易，比如每月1日向同一账户转同样金额的款项。如有上述情况，需要向客户询问具体的交易对象和原因。

交易对象。查看银行流水中每笔交易的对象，主要包括与日常经营相关和无关的交易对象。与经营相关的交易对象有上下游客户，这些都属于正常的，从而验证了客户前期口述经营信息的真伪；与日常经营无关的交易对象有小贷公司、投资公司等，此时需要向客户询问具体的交易原因。有的投资公司以个人名义放款，看一看对账单户名中有没有一些当地比较知名的从事资金业务的人士（职业放贷人）。

总交易量。总交易量分析包括三部分：第一，客户在一定周期内所有的进账或出账交易量，即总的现金流入量和现金流出量，这比较粗略地反映了客户的流量规模；第二，通过对银行流水进行筛选，统计一定周期内与客户生意经营相关的进账或出账交易量，即纯粹的经营性现金流量，统计起来比较冗繁，但比较客观地反映了客户的真实交易流量；第三，对筛选后的月度进出账交易量进行对比分析，能够直观反映其资金回笼周期及淡旺季，对市场原因引起的现金流变化能有一个客观的认识。

日均余额。日均余额分析包括两部分：第一，根据银行流水中的季度结息总额和活期利率反推日均余额，该值越大，说明企业的资金越充足；第二，根据银行流水中的每个季度结息和活期利率反推每个季度的日均余额，推算其标准差，这个数据直观反映了其波动性，该值越小，说明企业的备用资金越稳定。

票据使用情况。在一些行业，纸质银行承兑汇票的使用量非常大，有的行业从上游到下游都是在流转票据。企业收到票据之后，有的持有等待到期付款，有的贴现，而有的直接支付背书转让，持有和贴现的能在对账单中体现，但是票据背书转让并不在银行流水中体现。

对于票据结算部分，可以通过账目和实物的核对进行调查。比如我们调查一家化工企业，老板说结算主要是以银行承兑汇票的方式，然后就让出纳把他的票据登记本拿出来。出纳果然拿出了登记本。这是临时要求的，之前并没有让企业准备，从看到的登记本分析，账簿是真实的。登记本上显示昨天企业收到了两张票，我们问这两张票有没有付出去，出纳说没有付出去，我们说看一看，出纳接着从保险柜里取出了承兑汇票，和登记本上登记的信息完全一致。这样，企业通过票据结算的销售收入才算能够验证认可。

从票据的使用情况也可以看出企业在与上下游合作中的竞争地位。比如有的企业收款是银行承兑汇票，付款是现金，货款按照票面金额来算，企业想用现金的时候需要贴现，会损失好几个点的利润，这代表企业在竞争中处于弱势地位。有的企业收款是现金，付款是银行承兑汇票，现金进货和承兑汇票进货是同一个价格，等到付款的时候再到市面上去收银行承兑汇票，这说明企业在整个产业链中具备一定的竞争优势。很多小企业被迫接收上游客户付的承兑汇票，这并不是承兑汇票本身的错，关键还是小企业的竞争力太弱，没有核心优势。

3.2 伪造现金流的方法

无论是银行贷款还是小贷公司贷款，都需要客户提供流水，因此客户形成了一些套路，甚至衍生出一些产业，专门服务于企业走流水。

自走流水。自己操作几个账户来回倒账，从 A 账户到 B 账户上，再从 B 账户到 A 账户上，打出流水一看户名，始终就是那么几个账户在来回倒，没有外部账户。

代走流水。自走流水还是用自己的资金来倒，而代走流水就是把账户交给别人，直接让别人来走，要求每个月达到多少金额。这种情况也容易识别，企业的往来账户没有一个是它的客户，通常我们会要求企业提供一个进货、销货的客户清单，正常往来的话，企业的流水应该是和这些客户交易，而代走的流水全是生面孔，与借款人之间没有任何资金往来。

摆账。代走流水是长时间地来回走，而摆账是一次性的，但是往往金额比较大，钱在账户上停一下接着转走。这种情况也容易识别，看对方的户名是不是企业的客户，它与这个客户之间有没有这么大的业务。有个企业在一笔贷款到期前账上多了1000多万元，对方也不是什么投资公司，而是一家当地比较有名的大企业。但是这家企业贷款好几年了，从来没有提过与这家公司有业务，而且企业的报表上自己做的销售收入就3000多万元，怎么会有1000多万元的货款？我们当时没有明白过来，贷款就收回再放了，但是这一次放了之后企业就再没还上。我们后来才了解到，这项业务就叫作"摆账"，而且出借资金的这家企业自己既有实体，也从事资金业务。

套现流水。现在办理信用卡很方便，办理POS机和收款二维码也很方便，企业老板办几张信用卡，每个月在自己的POS机上刷，可以增加几万元的流水，不需要外人帮忙，而且金额比较零散，完全能够以假乱真。这种情况有两种核实方法：一是看对方的户名，是否有大量老板及其家人名下的刷卡，有的话要从中剔除掉；二是看结算方式是否符合企业的真实情况，刷卡较多的一般是零售企业，面向个人消费者，其他行业没有这么高比例的刷卡交易。有一家生产聚乙烯波纹管的企业，对账单上每月刷卡交易100多万元，正常来说，这家企业生产的波纹管主要卖给市政工程企业，一般是电汇方式结算，而且金额比较整，怎么会有人拿着信用卡来提货？后来通过反复询问会计人员得知，企业的所有员工都办了信用卡，统一放在财务部门，每月由公司刷、公司还。

3.3 现金流分析

日均余额。日均余额是看清企业是否"真有钱"的核心，有的企业对账单交易量非常大，可是结存量非常小，都是当日进、当日出，每个季度活期账户结息只有几元钱，这不算有钱。日均余额相当于企业账面上的货币资金，通过这个数字，能够最直观地看清企业的偿债能力。首先，可以计算企业的现金含量。现金含量是指企业的全部资产中，现金所占的比重。资产的现金含量越高，则企业的财务弹性越大，发生损失的风险就越小。如果企业只是销售收入增长、资产规模增长，而现金流不增长，说明大量的现金被沉淀为应收账款和存货，这个时候，需要对企业亮起红灯。其次，可以计算企业的现金比率。现金比率 = 货币资金 ÷ 流动负债。现金比率越高，偿债能力越强。现金比率是考察企业偿债能力非常直观的一个指标，比如一家企业短期借款 100 万元，每月还息 1 万元，可是经常看到账面上的钱取到小数点以后，有时候连过夜的钱都没有，可见其财务捉襟见肘的程度。通常认为比较安全的指标是现金比率在 10% 左右，很少有借款的小微企业能达到这个水平。

交易量与销售额的匹配度。通过对客户流水交易量的筛选分析，将月度和年度数据与客户的月度和年度销售额进行对比，一般而言，两者的匹配度在 50%～100% 为正常，如果低于 50%，可能的原因有流水可能不是客户主账流水、客户的结算方式不是转账（如现金或承兑汇票）、销售款回笼周期过长（期间内资金回笼少）；如果过高，比如达到 200%，可能的原因有筛选不准确、低估销售额、存在其他生意和虚增交易流水。无论过高还是过低，都需要与客户进一步沟通，弄清真实原因，揭示其隐藏的风险因素。

现金流的变化。第一，现金流变少的情况。很多授信是循环授信的，尤其是以房产抵押的贷款，在授信期限内随借随还，中间审查的材料很少，其中，银行流水是一个必查材料。我们在很多不良贷款中发现，凡是最后倒闭的企业，无一例外都在最后一年出现了现金流枯竭的情况，原来对账单的流水能走2000万元，最后所有账户的对账单加起来也不过200万元，而且从交易对手来看，往往不是经营现金流，而是民间借贷等筹资现金流。每当这样的对账单出现的时候，往往这一次放款之后就很难回收了。尽管小微企业不能提供真实的现金流量表，但是依据对账单仍能真切地感受到其经营情况的变化。第二，现金流变多的情况。现金流也有变多的，即其对账单的交易明显地超过其销售收入，比如一家企业每月的贷方发生额约为100万元，但是有一段时间对账单的交易明显增加了，贷方发生额每月超过500万元，交易笔数多、交易金额大多是整数，与企业正常的销售回款有明显区别。后经过多方打听，我们了解到老板经营民间借贷，既吸收资金，也发放贷款，即经营现金流没有变化，但是投资现金流显著增加。这说明企业在非主业的投资加大，是一个非常危险的信号。

3.4 贷款资金流向

正所谓"把握住贷款的真实用途，信贷风险控制已经成功一半"。有的贷款因为第一次授信的时候没有发现真实的用途，在贷后管理中发现了，但是想收回来已经不可能了，只能迁就客户一次次地倒贷，几年下来就会形成一个沉重的负担。

市场上关于小微客户的风控技术层出不穷，其中部分风控理念认为信贷用途分析没有必要，有淡化小微企业贷款用途的观点。笔者认为，调查清楚初次贷款的用途非常重要，也就是第一次授信的资金流向。在受托支付中，严格审查交易对手、交易金额的真实性，在贷款发放后，认真检查信贷资金流向，确定钱到底用在了哪里，我们的风险在哪里。

3.5 还贷过桥资金

在电视剧《人民的名义》中，故事的一条主线就是大风厂的控制权，而这个导火索正是由一笔过桥贷款引燃的。

蔡成功的企业借的 5000 万元贷款马上到期，而蔡成功手头资金紧张，并没有能力还这笔钱。这时，银行提出的条件是：继续放贷可以，但要先把前面的贷款还回来，成功还款 6 天后，我们就放新的贷款。这意味着蔡成功只要能够有一笔钱"过桥"就没事了。5000 万元，6 天，蔡成功这时候想到了过桥资金，他怎能想到这一切只是一个圈套——高小琴的山水集团早就对蔡成功的股权垂涎不已。

接下来就简单了，高小琴假施援手，借给蔡成功过桥资金 5000 万元，以 6 天为借款期，日息千分之四，每天要还 20 万元的利息，共计 120 万元利息。蔡成功也以公司股权做了质押。6 天后，银行在高小琴的指使下突然变卦，说好的 8000 万元贷款不给发放。这样一来，蔡成功欠着的"过桥贷"就要变成长期的"高利贷"，这对蔡成功来说是还不起的。最后，法院根据质押协议，把蔡成功的股权判给了高小琴的山水集团。

电视剧中描绘的银行的形象并不好。问题的产生有各方面的原因。在实践当中，小微企业使用过桥资金还贷的情况十分普遍，甚至一些大企业也使用过桥资金。这里面，既有像《人民的名义》当中，银行成功找到"接盘侠"，也有银行自己"玩火自焚"的。

2012年8月，中国工商银行石家庄桥西支行员工岳树林和田洪涛在办理石家庄市悦坤煤炭贸易有限公司的贷款过程中，违反国家规定，没有认真细致进行核查，致使悦坤公司的王春生利用伪造的贷款资料，从桥西支行骗取贷款1200万元。

2013年6月，王春生从桥西支行贷的1200万元贷款即将到期，但无力偿还，经人介绍，他认识了民间资金贷款方霍环梅。当时，岳树林为了能将发放的1200万元贷款收回，隐瞒了悦坤煤炭贸易有限公司的实际经济情况，向霍环梅表示收回贷款后即可继续为王春生发放贷款。最终王春生从霍环梅处骗取了800万元用于偿还银行贷款，王春生将贷款还给桥西支行后，桥西支行不再继续为其发放贷款。

赞皇县人民法院做出一审判决，其中，岳树林犯合同诈骗罪、违法发放贷款罪，判处有期徒刑9年，并处罚金12万元；田洪涛犯违法发放贷款罪，判处有期徒刑5年，并处罚金2万元。岳树林帮助安素婷、王春生共同骗取霍环梅归还桥西支行的违法所得15 082 867.71元依法予以追缴，返还霍环梅。⊖

过桥资金的来源主要有三种：一是企业间的拆借，比较熟悉的企业之间还贷款的时候互相拆借一下，时间有长有短，金额有多有

⊖ 新浪网.全国首例违法放贷入刑案一审判决，职工获刑[OL]. http://news.sina.com.cn/sf/news/ajjj/2017-06-20-doc-ifyhfnqa4484174.shtml，2017-06-20.

少，一般需要付利息，相对来说，这种资金的价格不会太高，借款企业使用企业的资金风险也比较小，有一些"互助资金"的性质。二是专业投资公司的资金，即专门以拆借资金谋利的公司。资金的价格视信息的透明程度而定，即从事拆借资金的投资公司对这笔贷款有多大把握，如果出借方完全没有把握，那资金价格就要高一些。也有一些银行内部人员与外部人员串通，这是违反规定的。三是政府拆借的资金，这主要是针对大企业，政府设立过桥基金，其主要目的既是为了防止企业资金链断裂，也是为了防止银行收回贷款后不再续贷。

小微企业的资金十分紧张，如果这个月贷款到期，它至少要在一个月前就开始回笼资金，钱回到账上不再动用，如果市场行情不好，可能要贱价处理。这样因为回笼资金所损失的利润可能要超过3%，如果市场上过桥资金的价格低于这个水平，那么企业就会选择后者。当然，我们这里分析的是健康的、正常的企业，还有风险更高的，比如短债长投的，短期资金已经投到固定资产上了，即使给它一个月时间也变现不了，也不可能变现，这种情况更要依赖过桥资金。过桥资金的存在，让企业能够到期转贷，既帮助企业维持了信用，也帮助银行维护了资产质量。企业之所以敢用过桥资金，是因为确信银行能放贷下来，银行为了让企业去借过桥资金，也以种种行为让老板相信。

笔者曾遇到过一个案例，借款人就是因为借过桥资金而欠债跑路的，现在想起来仍有些让人唏嘘不已。借款人在我们银行有一笔180万元的贷款，以个人房产抵押，贷款到期后不能归还。在贷款催收中，我们发现借款人还款意愿非常强，也尽力想维持自己的信用，但是其公司经营每况愈下，确实没有还款能力。于是我们没有威逼，也没有起诉，而是帮借款人出主意、想办法，给她加油鼓劲，帮她走出困境。借款人三万五万地还，卖了货也还，收回欠款也还，还东拼西凑地去借，逾期半年后，贷款还了100万元了，我们感觉胜利在望。这个时候，我们在征信报告中发现，她在另外一家银行的280万元抵押贷款快到期了，于是就问她怎么还。借款人说，那家银行的客户经理向她保证了，只要还上，最多两天时间新贷款就能放下来，她出去借过桥资金。我听到这个吓了一跳，便十分诚恳地提醒她：据我们了解，这家银行最近在压缩小微信贷，只收不放，我们很多客户的钱都没放下来。再说，你的贷款已经逾期了，对方客户经理会看不到？我的建议是，贷款逾期没办法，实在不行就卖房，贵了卖不出去就便宜卖，总比欠下高利贷要好。当我说这些的时候，客户不以为然，她说和银行都说好了，绝对没问题。后来她居然真的借到了过桥资金把贷款还了，结果也如我们所预料，那家银行收回贷款就没有再发放。过了一个月，传来借款人和她的两个儿子跑路的消息，好几年也没听说借款人回来。

3.6 还款方案要与现金流吻合

大企业的现金流相对比较充沛，有沉淀资金用于还贷，并且筹资渠道比较广，相对来说，小微企业受上游供应商和下游客户的挤压，现金流比较紧张，有可能一笔钱没有回来，贷款就还不了。小微企业的还款方式要根据自身经营的特点量身定做。

还款频率与现金流吻合。在设计还款方式的时候，还款频率要与借款人的现金流相吻合，也就是说到了还款日期，正好他有钱。很多银行在做小额贷款的初期，为了降低风险，借鉴了国外小额贷款的经验，不论什么行业，还款方式统一设置为按月还本付息（等额本金或等额本息），这种还款方式对于现金流比较充裕的行业（零售业、服务业）和以工资性收入为还款来源的借款人是合适的，但对于季节性现金流的则十分不合适，有可能人为制造出信贷风险。

笔者做过一笔房屋抵押贷款，借款人是做装饰工程的，接了一单大工程，以自己的房子抵押，借款40万元，按照当时统一的文件制度规定，还款方式设置为按月等额本金，期限3年。还了几个月之后，也就是钱用完了之后，借款人的贷款就出现了逾期。她也不是故意拖欠，就是对方的工程款结不下来。她手头的积蓄都投到工程上了，现在已经周转不动了。每次我们打电话催，借款人（女）都哭哭啼啼，说自己一直在追着对方要，也找了很多老乡、熟人，但是一分钱没要回来。贷款逾期时间越来越长，超过了1年，在我们准备起诉的时候，借款人要回来一部分，还了10万元，之后很长时间没有再还。过了一段时间，借款人自己卖了房子，还掉了贷款。再到后来，工程款要回来了，她又买了一套新房子。分析这笔贷款，主要问题是还款方式设置得不合理，如果设计成按月付息、按年还本，她只需要贷款到期的时候周转一下，或许就不至于卖房。

贷款期限要与现金流相吻合。 对于季节性的贷款需求，设置贷款期限的时候，也不一定是整年、整月，什么时间资金回笼了，到期日就应该设置在什么时间。比如笔者做过一批棉花收购加工企业的贷款，开工季节是从每年中秋节到来年春节，其他时间几乎不开工，完全是季节性的。在设置贷款期限的时候，有的设置为3月底到期，资金不用了就全还上，既节省客户的利息开支，又降低了贷款风险。有的客户经理应客户要求，把贷款期限设置为一年，即10月放的10月到期，结果有人在资金回笼之后没用来还款，又把钱借出去了，想赚个利差，结果很多人放"飞"了。如果我们站在客户角度考虑，肯定是钱不用了就还上，省得给银行交利息，我们的贷款都是设置为循环额度，用的时候可以马上支取，但是在实际操作中，有这种想法的人少之又少，绝大部分客户都是想尽量长时间地占用资金。为了避免资金被挪用，最后的办法就是直接把贷款到期日设定好。

Chapter 4 第 4 章

天　时

中国人做事讲究"天时、地利、人和",贷款发放也必须考虑时间、地点、人物三个要素。天时是时间要素,主要是指企业所面临的行业机遇,对银行来说就是行业分析;地利是空间要素,企业投资的地点要合适;人和即是企业家的人品和能力。虽然孟子说"天时不如地利,地利不如人和",但是在贷款中,应当是天时最重要,其次是地利,最后是人和。因为贷款是寻找成功概率高的人,如果时间和空间要素都不具备,单纯靠个人能力成功非常困难。曾有人戏谑说,放贷款的人就像阴阳先生,"算卦、相面、看风水",这当然是封建迷信的东西,我们要从科学的角度来分析如何识别风险。西方商业银行在长期的经营实践中,总结出信贷风险"5C"原则,即借款人品质(character)、借款人能力(capacity)、资本(capital)、抵押(collateral)、经营环境条件(condition),除去资本和抵押,非财务要素中主要是借款人品质、借款人能力、经营环境条件,用中国人的思维方式也就是"天时、地利、人和"。

4.1 天象：行业分析的作用

> 虽有智慧，不如乘势；虽有镃基，不如待时。
>
> ——《孟子》

4.1.1 时势造英雄

网上流传着一个故事：一个北京人，1984年为了圆出国梦，卖了鼓楼大街一套四合院的房子，凑了30万元，背井离乡到意大利淘金……风餐露宿，冒着大雪送外卖，夜半学外语，……辛苦节俭，如今已两鬓苍苍，30年后，终于攒下100万欧元（约人民币768万元），打算回国养老享受荣华！一回北京，发现当年卖掉的四合院现中介挂牌8000万元，刹那间崩溃了……或许，人一生多半是瞎忙……

有句话叫作"不能用战术上的勤奋，掩盖战略上的懒惰"，看不清大的形势，在微观层面做得再好也没用，方向错了，有可能南辕北辙。

任何人的成功都离不开当时的历史机遇，正所谓"时势造英雄""一个人的命运当然要靠自我奋斗，但是也要考虑历史的进程"。海尔总裁张瑞敏说，"只有时代的企业，没有成功的企业"，明星企业首先要感谢这个时代，海尔要感谢改革开放，阿里巴巴要感谢互联网浪潮，华为要感谢4G、5G时代。

经济形势好的时候，银行可以"躺着赚钱"，经济形势差的时候，又变成了"弱势群体"。股市中讲：离开了牛市，你什么都不是。

大多数人在股市中亏钱的原因很简单：他们以为人定胜天，过于自信，而从不择天时。牛市中抢钱一样的赚钱经历，以及熊市下偶尔逆势赚钱的案例，让他们误以为那是自己的能力，以为完全凭自己就能赚钱。在银行业蓬勃发展的"黄金十年"里，银行业的规模和利润大幅增长，国内的很多银行都进入了"世界1000家大银行"之列，很多人误以为自己的经营管理能力足够强大了。可是到了经济不景气的时候，很多银行有两三成的贷款成为不良贷款，有的行长感叹：即使随便找个人闭着眼睛放贷款，也不至于到这个程度！

银行经营的是风险，"风险"这个词语最早来源于行船，行船最怕遇到风浪，风浪大了会出危险，这就是风险，但是行船没有风也不行。在海上行船，必须有驾驭风浪的能力。银行经营的是风险，没有风险不行，没有风险就没有了收益，回避一种风险会产生另外一种风险；但是风险太大了也不行，银行承受不起，要稳健经营。所以说银行不能回避风险，只能控制风险。

怎么驾驭风险呢？最大的风险就是行业风险。雷军说过，当大风刮起来的时候，猪都能上天。他说的这个"风"就是行业趋势。可是雷军只说了前半句，没说后半句，当这个风停了怎么办？事实上雷军已经用行动给出了答案：小米2018年上市后股价就一路下跌，这从某个角度说明企业当时卖了个好价钱。"会买的是徒弟，会卖的才是师傅"，在投资的时候，就得想到什么时候离场。做信贷跟行船一样，要乘风破浪，借助于风，借助于行业趋势把效益做上来，但是也要在风向变换之前及时调整风险取向，把贷款收回来。银行在这方面犯了错误，行情好的时候舍不得收，行情差的时候收不回来，造成了最后的尴尬局面。

有的时候很多信贷人员总是低头拉车，不会抬头看路，在细枝末节上抠得很细,但是对于大方向把握不清楚。比如前些年钢厂很火爆,效益很好,老钢厂扩产,新钢厂投产,银行加大了信贷投入。但是行业的发展方向怎么样?这个行业有可能一直这么火下去吗?财务报表只能反映过去,预测不了未来,而银行的风险偏偏就是在未来,要把握未来的走势,必须掌握行业趋势。再比如说,给一批服装批发市场的商户放贷款,它贷款干什么?整个行业已经没有增长了,行业已经完全饱和了,甚至在走向衰退,它贷出钱来干什么用?

靠天吃饭不是赌,银行要学会观察天象,能未雨绸缪,会做天气预报。这里最大的天就是宏观经济形势和中观行业状况。财富都来自天赐——天时所赐,你需要做的就是足够有耐心地等待,等待上天赐予的最合适时间入场,以及在必要的时间果断离场——如果说在贷款经营中真的有所谓的个人能力,那么,"知进退"是唯一的能力,其实这也是人生的唯一真谛,顺应天时,天人合一。

4.1.2 行业分析的作用

有人说行业分析没有用,只要看好单个企业就够了。其实这是一种"一叶障目,不见泰山"的做法,不谋全局,不足以谋一域。对经济整体走势的分析属于宏观层次,对单个企业的分析属于微观层次,而对行业的分析则是介于宏观和微观之间的中观层次。行业分析使整体的风险管理具有了可操作性,又跳出了单个客户风险管理带来的局限性。信贷作为一个经营风险的行业,在很大程度上要靠天吃饭,宏观形势和行业走势就是信贷的"天"。同时,隔行如隔山,不能用一个行业的标准去衡量另一个行业,就像不能以一个科学家的标准去评判艺人。不掌握行业分析的方法,眼光就不会深远,就不能洞悉企业的风险和行业的发展趋势。

（1）**判断行业发展趋势，提前预警风险**。各行各业都不一样，但有一个总的规律是一致的：每个行业都有盛极而衰的时候，兴盛的时候一哄而上，衰败的时候一哄而散，我们就是要准确地把握市场的热度，确定贷款的投放和收回时机。当遇到了行业繁荣期、行业成长期，市场的迅速增长掩盖了企业的所有问题，银行在这个阶段授信风险最小，因此需要尽一切可能抓住这样的行业机遇。但是当行业进入下行期、进入成熟期之后，企业经营的难度和风险都会加大，银行需要根据行业形势的变化"见风使舵"，及时调整授信政策，加强风险控制手段并制定相应的客户准入门槛。小微企业贷款因为金额小、户数多，如果单户管理，成本太高，所以必须进行批量管理，小微企业集群化的生存方式也适合批量管理，而行业风险就是批量管理的最主要内容。

投资大师索罗斯说过两句话，一句是"洞察行业先机，见人所未见，是最大的秘诀"，另一句是"凡事总有盛极而衰的时候，大好之后便是大坏。重要的是认清趋势转变不可避免。要点在于找出转折点"。前一句指的是发现行业机会，后一句指的是规避行业风险。当然，要想做得好，就要先人一步，眼光要比别人超前，无论进入时机还是退出时机。但大多数人，无论投资者还是银行，往往眼光落后一些，往往是在行业最繁荣、泡沫最大的时候充当"接盘侠"。

（2）**制定信贷政策，确定营销方向**。根据行业生命周期的不同，处于成长期的行业中可以多做一些贷款户，降低客户准入标准；对于处于衰退期的行业，则要提高客户准入标准，只做少量好企业的贷款。根据行业指引，还可以精准选择客户。比如对医院授信，主要选择三甲医院；对教育行业授信，主要选择重点学校。

小微企业贷款单户操作成本比较高，要想降低成本，必须进行批量化操作,而以行业为标准是批量开发的主要方式。行业选准了,贷款放得多、收得回,行业选不准,则放得越多损失越大,甚至出现难以抽身的行业性风险。很多银行的批量开发出了问题,不是因为批量开发的思路不对,而是因为没做好行业分析,选择的行业不对,预警不到位,退出不及时。真正把行业研究透了,则既可以产生效益,又能防范风险。

(3)**建立财务分析标准,确立对个体企业的衡量标准。**在信贷财务分析的实践中,我们有"行业分析先于报表分析"⊖的惯例,这是因为财务分析先要有一个标准,否则即使计算出财务指标,也无法衡量其好坏。标准包括经验标准、历史标准和行业标准。不同行业的资产分布状态不一样,盈利能力不一样,债务承受能力也不一样,这些都会在会计报表和财务指标上有所反映。尤其是企业的盈利水平,因为信贷人员很难对企业的成本情况彻底了解,利润指标很容易被企业操纵,所以判断企业的盈利情况,在很多情况下要靠行业比对。"大河有水小河满,大河无水小河干"。行业就是大河,企业就是小河,行业景气与否直接决定企业盈利与否。单纯看一张报表并不能发现问题,"没有对比就没有伤害",必须把同行业的报表放在一起看才行。比如在刘姝威公开发表的关于蓝田股份会计报表的研究推理中,我们就发现应用了很多行业分析的方法。

2000年蓝田股份的主营产品是农副水产品和饮料。2000年蓝田股份的"货币资金"和"现金及现金等价物净增加额",以及流动比率、速动比率、净营运资金和现金流动负债比率均位于"A07渔业"上市公司的同业最低水平,其中,流动比率

⊖ 崔宏.财务报表阅读与信贷分析实务[M].北京:机械工业出版社,2014:30.

和速动比率分别低于"A07渔业"上市公司同业平均值的大约1/5和1/11。这说明，在"A07渔业"上市公司中，蓝田股份的现金流量是最短缺的，短期偿债能力是最低的。2000年蓝田股份的流动比率、速动比率和现金流动负债比率均处于"C0食品、饮料"上市公司的同业最低水平，分别低于同业平均值的1/2、1/5和1/3。这说明，在"C0食品、饮料"上市公司中，蓝田股份的现金流量是最短缺的，偿还短期债务能力是最低的。

　　蓝田股份的农副水产品生产基地位于湖北省洪湖市，公司生产区是一个几十万亩的天然水产种养场。武昌鱼公司位于湖北省鄂州市，距洪湖的直线距离为200公里左右，其主营业务是淡水鱼类及其他水产品养殖，其应收账款回收期是577天，是蓝田股份应收账款回收期的95倍；但是其水产品收入只是蓝田股份水产品收入的8%。洞庭水殖位于湖南省常德市，距洪湖的直线距离为200公里左右，其主营产品是淡水鱼及特种水产品，其产销量在湖南省位于前列，其应收账款回收期是178天，是蓝田股份应收账款回收期的30倍，这相当于给予客户178天赊销期；但是其水产品收入只是蓝田股份的4%。在方圆200公里以内，武昌鱼公司和洞庭水殖与蓝田股份的淡水产品收入出现了巨大的差距。⊖

4.1.3　信贷行业分析的特殊性

　　行业分析这门技术，在管理咨询、证券投资和银行信贷行业都

⊖　搜狐网．蓝田之谜 [OL]. http://www.sohu.com/a/220783320_482133，2018-02-03.

有所应用。这三个领域的行业分析有共同之处，也各有侧重点。相比较而言，银行信贷业在行业分析方面做得最差，大量行业研究成果和研究方法都是在其他两个领域产生的。当信贷出现行业性风险的时候，银行普遍显现出前瞻性不足。

管理咨询行业的侧重点在于寻找企业发展战略。通过分析标杆企业，准确把握行业的发展趋势，为企业的发展战略和资源整合提供依据，从而提升企业的管理水平，改善企业的经营状况。

证券投资行业的侧重点在于寻找投资机会。通过行业分析，分析师可以发现近期增长最快的行业，这些行业内的龙头公司如果没有被高估，显然就是未来投资的理想品种。此外，还可以通过行业分析发现目前没有被市场认识，但是在未来相当长的一段时间里能够保持高速、稳步增长的行业，这就是可以考虑长期投资的行业。

银行信贷行业分析的侧重点在于风险分析。信贷银行分析的内容很广泛，既要分析行业的发展前景、寻找市场机会，又要分析标杆企业、评估企业的管理水平和盈利水平，但是归根到底，银行的行业分析只有一个落脚点：风险。银行的核心在于经营风险，具有很强的防守性，而证券行业则是以进攻性为主。同样是夕阳产业，对于证券投资行业来说，大不了市盈率低一些，但流通股股票还能卖掉，可是对于银行来说，有可能投入的资产很难收回。

4.1.4 行业信贷风险管理需要澄清的误区

（1）**行业风险管理不等于简单地控制行业信贷投放**。目前，对于行业信贷风险管理存在着这样一种理解，即行业信贷风险管理的目的就是要压缩某个行业的信贷投放。这是一种简单粗暴的方法，授信政策最怕"一刀切"。风险管理的目标是获得收益，希望能在风险与收益中达成一种平衡,在承受合理风险的前提下争取收益最大化。"一刀切"的政策既切掉了风险,也切掉了收益,甚至可能因为操作不慎引发更大的风险。

(2)**行业信贷退出不等于行业内客户的全部退出**。对于风险高的行业加大退出力度是防范信贷风险的有效手段,是根据形势变化对以往信贷投向政策的调整。但是,行业信贷退出并不等于行业内部客户的全部退出。实际上,行业风险管理中也流行这样一句话:"没有夕阳的行业,只有夕阳的企业。"英国的纺织工业从工业革命时期兴起,历经200余年,到现在仍占有重要地位,最高端的纺织面料仍属于"英国制造"。行业退出也是"进"与"退"的有机结合,"进"的是具有明显竞争优势的企业,"退"的是存在竞争劣势的企业,具体企业的授信还需要结合企业的品质和管理、财务和现金流状况来判定。需要有保有压,区别对待,强调行业内部细分。比如,有的银行对钢铁行业"一刀切",整体退出行业,甚至要求企业的名称和经营范围内不能有"钢"字、"铁"字,可是经过大浪淘沙之后,仍旧有很多企业生存下来,而且效益还不错。还有的银行在钢铁行业复苏之后,仍然对钢铁行业采取限制政策,不允许介入,白白错失了很多市场机会。

(3)**信贷退出客户不等于信贷业务的完全退出**。在有效防范风险的前提下,可以进行将风险较高的、长期的信贷产品转向风险较低的、短期的信贷产品的策略性调整,做到信贷产品"进"与"退"的有机结合。在我国信贷市场竞争更趋激烈的条件下,通过行业分析增强对客户信贷风险的把握能力,是商业银行信贷业务精细化管理的重要内容。

做好行业分析会非常辛苦,俗话说"隔行如隔山",信贷人员了解一个个行业，就像跨越一座座大山，对行业的各个方面都要学习。有道是"外行看热闹，内行看门道"，眼里有什么才能看到什么。官员看新闻，能洞察政策风向；企业家看新闻，能发现市场商机；小学生看新闻，则看不出什么门道来，因为他没有这方面的知识结构。自己不是个内行，到企业去考察，只能是去走马观花地看热闹。信贷专家必须是个行业专家，行业分析是信贷人员必须掌握的一项业务技能，而且行业分析还不是一劳永逸，因为行业的情况每一天都在变化，想要准确把握行业的脉搏，就要每一天都关注行业动态。

4.2 信贷周期：寒来暑往

> 祸兮福之所倚，福兮祸之所伏。
>
> ——老子

经济周期是经济学的必学内容，也是信贷风险研究的首要课题，我们以前虽然都听说过经济危机，但是对于危机的理解从未如此深刻，直到亲身体验过。所有经济学家、所有行业研究员都在试图预测经济拐点，但是很遗憾，在美国次贷危机爆发之前，没有几个人站出来说经济危机就要到了。作为一名银行从业人员，职业生涯中至少要经历一轮经济周期，运气好的在经济繁荣期进入银行，就会拿到远远高于社会平均工资的收入，如果不巧，在经济衰退期进入了银行，可能会有生不逢时的感觉。如果再碰巧遇上了几笔不良贷款，更是跌入万丈深渊。搞不懂经济周期，就无法坦然地面对这一切。在上行期间，实体经济繁荣，投资旺盛，银行信贷投放容易。但考验风控水平的不是在上行期间会不会放贷款，而是能居安思危，可以判断周期拐点，在上行期间就制定退出政策，而且还能安全脱身。

经济周期是怎么形成的？银行又在经济周期中扮演什么角色？我们以非常具有代表性的上海钢贸行业授信风险案例为切入点，从局部来分析整体。

4.2.1 上海钢贸行业案例反思

上海钢贸行业授信是银行业应该铭记的一个典型案例。据报道，这场危机所引发的坏账高达数百亿元人民币，造成许多银行行长离岗"催债"，同时，它给上海金融圈造成的隐痛人们还没有忘却。据媒体报道，自2011年起，上海钢贸行业因债务问题有超过10人自杀、300多人入狱、700多人被通缉，导致的坏账规模近100亿美元。产能过剩、经济危机、四万亿救市、"骗贷"……钢贸信贷风波上演了一场无视规则、资金挪用、疯狂逐利的闹剧。繁华过后，潮水退去，钢贸商、银行、托盘国企、担保公司、仓储中介，这些昔日的"弄潮儿"，最后满盘皆输，难有赢家。⊖

不仅上海如此，其他各地的钢贸行业结果也大同小异，银行凡是沾上"钢"字的，很难全身而退。2012年上海的钢贸危机爆发后，江苏无锡的钢贸危机紧跟着发生；2014年，佛山乐从又爆发了钢贸危机，虽然晚了两年，但总归是没跑掉。银行在钢贸行业上所犯的错误具有很强的代表性，其他周期性行业的特征，和钢贸行业几乎完全一致，只不过钢贸行业的泡沫吹得大、破得快，各项特征更明显。

结合国内2009～2019年螺纹钢期货的价格走势（见图4-1），

⊖ 搜狐财经.钢贸行业大洗牌全纪录：多人自杀、三百人入狱、数百亿坏账[OL]. http://business.sohu.com/20160523/n450900454.shtml, 2016-05-23.

我们就基本可以理解银行在同一时期授信政策变化的原因。从价格的转折点来看，可以分为三个阶段：第一阶段是泡沫的形成阶段。从 2009 年到 2011 年 11 月，螺纹钢的价格一路上涨，从每吨 3500 多元一路上涨到最高点 5108 元，不到两年时间涨幅超过 50%。钢材价格上涨的原因有两个：一是市场需求拉动，在"四万亿计划"的刺激之下，房地产、基础设施领域的投资增加，市场对钢材的需求猛涨，钢贸商成为最大的受益者。二是资金的大量涌入，上海各家银行无一例外地介入钢贸行业"抢钱"，用尽了各种方法为钢贸商加杠杆，贷款担保方式除了传统的抵押、保证之外，又创新出联保、担保公司保证、市场管理方保证。其中饱受诟病的是存货质押方式，银行自认为这种方式的变现能力最强、风险最小，但因为操作环节的问题，形成的损失反而最大。这一时间，银行信贷相对宽松，"四万亿计划"中就有"取消对商业银行的信贷规模限制，合理扩大信贷规模"的政策。

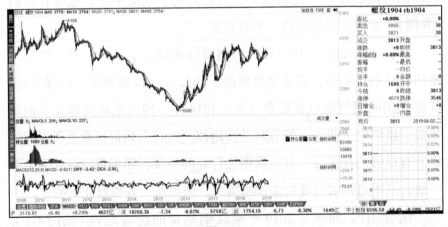

图 4-1

第二阶段是泡沫的破裂阶段，物极必反的规律第一次发生作用。

各家银行近乎疯狂地追捧钢贸行业，终于引起了监管部门的注意。2011年上海市银监局的一份调研显示：截至2011年6月末，上海用于质押的螺纹钢总量为103.45万吨，是螺纹钢社会库存的2.79倍，说明银行在贷前对抵押品的检查和管理存在很大问题。2011年11月2日，上海市银监局向各家银行下发了《关于钢贸行业授信风险提示的通知》，要求对钢贸行业授信进行自查、整改。以此为拐点，螺纹钢的价格一路下跌，最低跌到2015年末的每吨1600元。这段时间钢材价格下跌也有两个方面原因：一是钢材行业本身供过于求，钢贸商打起了价格战；二是银行看到行业利润下滑、钢贸商不务正业，再加上监管部门的风险提示，开始从钢贸行业抽贷、压贷，资金被抽离。银行有个永远改不掉的习惯——"晴天送伞，雨天收回"，在市场行情好的时候，主动抢着给企业送贷款，在行情差的时候，又赶紧往回收贷款。这一特征在股市中叫"追涨杀跌"，是金融行业无法走出的宿命。银行抽贷、压贷导致最不健康的企业先倒掉，这些企业通常具有杠杆率较高、市场高点囤货、多元化投资等特点。但市场受到的影响远不止于此，倒闭就像瘟疫一样，顺着担保链蔓延，大量同行业企业倒闭。这时候，银行惜贷、惧贷，谈钢色变，很多名称里面带"钢"字的企业开始改名，否则银行贷款就会断掉。

第三阶段是钢材价格报复性上涨，物极必反的规律再次发生作用。尽管经济没有复苏，但行业先复苏了。《史记·货殖列传》中讲"贵上极则反贱，贱下极则反贵"，本来大家以为钢材行业短时间内难有起色，没想到钢材价格恢复得这么快。在供给侧改革的作用下，两年时间价格翻番，价格基本恢复到历史高位，每吨超过4000元。如果能按范蠡讲的"贵出如粪土，贱取如珠玉"，在价格低位的时候囤点货，那真的可以大发一笔。钢材价格反弹不是需求增加了，而是供给减少了。这里面既有天津渤海钢铁这样的国有企业因破产而退出市场的原因,也有一批安全、环保不达标的小钢厂被关停的原因。大宗商品行业如煤炭、电解铝、水泥、纸浆等,也都经历了这一触底反弹的过程。这一结果令很多人始料未及,在经济总体深不见底的大背景下,大宗商品行业居然提前复苏了。其实,最终的结果是对银行有利的,这些行业的企业都是银行的授信大户,救它们就是救银行。《菜根谭》中有句话:"天之机缄不测,抑而伸、伸而抑,皆是播弄英雄、颠倒豪杰处。君子只是逆来顺受、居安思危,天亦无所用其伎俩矣。"面对经济形势波动,应对策略就是"居安思危,逆来顺受",矛盾的两方面总是互相转化。

4.2.2 经济周期的形成

经济周期一般是指经济活动沿着经济发展的总体趋势所经历的有规律的扩张和收缩,把它分为繁荣、衰退、萧条和复苏四个阶段。当繁荣已经充分发展成熟,萧条马上就到来了(见图4-2)。

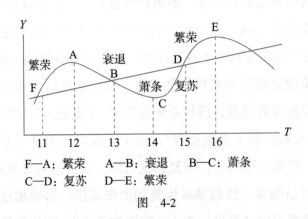

F—A:繁荣　　A—B:衰退　　B—C:萧条
C—D:复苏　　D—E:繁荣

图 4-2

在解释经济周期的原因时,早期的新古典经济学家把焦点放在货币因素上。康德拉季耶夫认为，资本过度投入导致经济波动，过度投资会导致市场供给过多，然后便是衰退，直到有新的技术发明带来新一轮投资的井喷。英国经济学家霍特里认为，经济波动完全是由银行体系交替地扩张和紧缩信用造成的，尤其是短期利率起着重要的作用。也就是说，导致经济波动的原因很简单，就是以银行为主的金融体系在起作用，每个银行从业人员都是经济波动的制造者。

上面二人找出了经济波动的表层原因，熊彼特则找出了经济波动的根本原因，他认为创新是经济周期性波动的原因，他提出，创新是生产要素的一种"新组合"，新兴产业的发展意味着对资本、原材料、服务以及新的配套产品等多方面的需求的增加，因此这种派生需求会普遍溢出到其他产业之中。最终，创新造成的重要影响逐渐耗尽，同时老企业因成本上升与竞争加剧而被迫退出，又会带来过度投资的苦恼。

熊彼特认为，经济萧条期也是创新的时期。在萧条阶段，有大量的失业人口、堆积如山的原材料、许多选择闲置的机器与厂房设备等，这些因素构成了低廉的生产成本，以及比正常情况低得多的利率水平。对于企业家而言，这种状况非常理想，他们只要把这些生产要素按照有利可图的新方式组合在一起进行生产，就可以开辟出新的市场。因此，困难时期会有更多的创新出现，这不仅能够引发一个地区的兴旺，更会带来普遍的繁荣。

对于经济的波动，康德拉季耶夫发现了结果，而霍特里和熊彼特则找到了原因，实际上这两个原因也是完全重合的：当创新因素出现的时候，需要大量资本的投入，银行会自然而然地扩张信用、加大投放，这两点也促成了经济的繁荣。当创新因素衰退的时候，没有资本需求，经济增长也就放缓。这说明，金融和实体经济应该是同一频率的，实体经济的发展必然能带来金融的发展，实体经济是"皮"，金融行业是"毛"，金融依托于实体，实体经济的繁荣必然会带来金融的繁荣，如果实体不景气，而金融景气，这是不正常的，说明资金脱离实体空转，会产生金融泡沫，"皮之不存，毛将焉附"。在经济不景气时，信贷资金需求不旺盛，这是一个正常的经济规律，但银行为了提高收益加大贷款营销的力度，这就很容易导致信贷的投放脱离实体经济，在实体经济没有新的增长点、没有创新因素出现的情况下，贷款投放的增加只能加大风险。

图4-2中的这条康氏波浪线，也可以用中国的太极图来解释。中国人习惯用阴阳来解释世界，事物可以分为阴阳两面，繁荣、成长代表着阳，萧条、衰退则代表着阴，阴阳是矛盾的两个方面，既互相对立，又互相依存、互相转化，阴阳的变化构成了世界的运动。在太极图中，两条阴阳鱼鱼头和鱼尾相接，表示阴阳互根、互用，阳气渐消的同时阴气渐长，阴气渐消的同时阳气渐长。阴阳的消长是不可分离的，是循环不已的。㊀也就是说，世界在一刻不停地变化，从繁荣到萧条，又从萧条到繁荣，繁荣当中蕴藏着萧条，萧条当中也蕴含着繁荣。由微而著，至极必反，这是天地自然变化的大规律。《易经·丰》中讲："日中则昃，月盈则食，天地盈虚，与时消息，而况于人乎？"人要遵循天道，做到天人合一。老子云："祸兮福之所倚，福兮祸之所伏"，乐极生悲、盛极而衰、物极必反，矛盾的两方面会互相转化。经济的繁荣刺激了信贷过度投放，也导致经济泡沫产生，最后又产生经济危机。但是到了萧条期也不用太过

㊀ 张其成. 张其成全解周易 [M]. 北京：华夏出版社，2017：49-50.

悲观，还有"否极泰来"这一规律，往往会绝处逢生、苦尽甘来。信贷要预测未来，不是看现在如何繁荣、如何萧条，而是要判断明年、后年会怎样，我们所要遵循的规律之一就是"物极必反"，要有风险意识、忧患意识。

康氏波浪线和太极图对于我们的人生也有重要启示。在个人理财方面，人的一生至少要经历一轮经济周期，把握周期的趋势，对于我们配置个人资产至关重要。在经济繁荣的时候，手里要持有资产，这时候房产、股票的增值要远远高于银行利率；但是当发现经济已经到顶的时候，要敢于把资产变成现金。不能在该满仓的时候空仓，也不要在该空仓的时候满仓。把握好经济周期，获得的财产性收益不会低于获得的工资性收入。在个人工作生活方面，阴阳互相转化的太极图也具有重要的意义。在人生得意的时候，千万要小心谨慎，要"不忘初心、砥砺前行"，不能太"飘"了，否则灾祸就会到来。相反，在人生低谷的时候，要奋发图强，不能沉沦。曾国藩人生最困难的时候是他初练湘勇、屡遭败仗的时候，这时候他的人生信条是"打落牙齿和血吞"，要"明强"，要"屡败屡战"；相反，在人生最得意的时候，他却选择了急流勇退，"千秋邈矣独留我，百战归来再读书"。

繁荣期的特征

- 企业资金需求旺盛，信贷市场供需两旺。
- 固定资产投资旺盛，短贷长投比较普遍。
- 为了占领市场份额，信贷政策十分宽松。
- 利率走低。
- 产品创新加快，新产品层出不穷。

- 过度授信现象普遍存在，一家比一家给的额度高。
- 银行利润持续增加，员工整体收入不断攀升。尤其是业绩好的客户经理，几乎遇到了 20 年一遇的人生巅峰。
- 银行市场条线处于主导地位，风险条线处于次要地位。
- 不良贷款很少出现，出现风险是偶然。
- 企业之间互信机制良好，敢于互相担保。
- 大宗商品、房地产价格暴涨，国家不断出台调控政策。钢材价格上涨，煤炭价格上涨，油价上涨，房地产更是"涨声"一片。
- 银行加紧扩张，不断增加机构数量。

唐朝诗人杜荀鹤有首诗："泾溪石险人兢慎，终岁不闻倾覆人。却是平流无石处，时时闻说有沉沦。"到了风险大暴露的时候才发现，风险的种子就是在这个时期播下的。

衰退期的特征

- 产能过剩的苗头开始出现，重复投资的情形仍然存在，仍有大批新企业进入某个行业。
- 经营最不稳健的一批企业倒闭。
- 抗风险能力较差的中小微型企业倒闭。
- 偶尔有一户出现风险，能被迅速化解，社会信用体系仍然存在。
- 企业资金需求强烈，价格承受能力极强，银行的利润达到顶峰。
- 对于不好的企业，反应较快的银行开始压缩，银行开始抽贷、压贷。

- 资金价格不断上升，主要表现在民间借贷和贴现利率上升，大量实体资金涌入民间借贷领域。

大形势已经变了，但大多数银行没有从繁荣期中走出来，仍然沉浸在繁荣期的快速增长中。因为银行处于产业链的最上游，对市场的反应也是最迟缓的。实体企业出现危机的时候，正是对资金最渴求的时候，而且对利率定价不在乎。

萧条期的特征

- 企业大量贷款违约，出现行业性、地区性风险。
- 银行惜贷、惧贷，新增贷款几乎没有。
- 信用环境坍塌，企业之间互不信任，不愿提供担保。
- 银行已经被企业"绑架"，贷款想抽已抽不回。
- 大量企业破产、倒闭、跑路。
- 抗风险能力较强的大企业也出现贷款逾期情况。
- 逃废债现象比较普遍。
- 客户经理忙于清收，风险条线占据主导。
- 员工整体收入下滑，离职率升高。
- 企业投资意愿降低，固定资产投资大幅减少。
- 资产价格下跌，处置变现困难。

在形势好的时候，银行舍不得退，真到了形势差的时候，银行想退已经退不出来了。

复苏期的特征

"草木才零落，便露萌颖于根底；时序虽凝寒，终回阳气于飞灰。肃杀之中，生生之意常为之主，即是可以见天地之心。"萧条当中蕴含着新的生机，经济运行和大自然的变化是一样的，寒冬过后就是春天。最绝望的时候也是希望产生的时候。

- 出现了新的生产力，引起了新的市场需求。
- 一批企业被淘汰后，存活下来的企业效益较好。
- 企业的投资愿望增加，贷款需求忽然多起来。
- 贷款审批仍然比较谨慎。
- 很多行业银行不敢贸然进入，小心翼翼。

因为新产业的出现导致了对原材料需求的增长，从而使整个经济步入复苏。

4.2.3 行业的周期性分类

按照行业的景气程度与经济总体形势的吻合度，我们可以把行业分为周期性行业、非周期性行业和逆周期性行业，其中，前两者是最常见的。授信资产和各个行业整体上的分布，直接决定了一家银行的经营状况。比如，河北唐山以钢铁为主导产业，经济总量居全省第二，陕西榆林以煤炭为主导产业，经济总量也是全省第二。在经济形势好的时候，两地的银行在全省的排名基本都是数一数二，而当经济不景气的时候，两地银行的经营效益在全省的排名位居倒数第一第二。相反，在经济不景气的时候，经济发展相对落后的农业地区，排名反而相对靠前。合理地分配各类行业的授信资产，是抵御经济不景气的有效策略。

周期性行业。周期性行业是指周期性波动的行业。周期性行业的企业一般都是明星企业，在经济景气的时候，它们是赚钱明星，比如前几年的中石油、中石化；在经济不景气的时候，它们是赔钱明星，比如东北特钢、天津钢铁。寒暑交替，斗转星移，风云变幻。

周期性行业包括三个环节，上游是煤炭、矿产、石油等初级品采掘业，中游是冶金、化工、水泥、玻璃、电力等原材料的生产加工业，下游是工业机械、造船、重型卡车、工程机械等装备制造业。从轻重工业划分上看，这些行业主要属于重工业，为国民经济提供生产资料，为国民经济各部门提供原材料、能源动力、技术装备等生产资料。从生产资料的需求上看，这些行业基本属于资金密集型行业。周期性行业在银行的授信客户里面数量最多，在经济景气时，如果客户经理要做业务的话，那就选准"矿脉"，从这些行业下手。

非周期性行业。周期性行业四季分明，寒暑交替，而有的行业四季不是很分明，温差不大，这就是非周期性行业。非周期性行业是指受宏观经济影响较小的行业，主要集中在涉及居民消费领域的"衣食住行"行业，如种植业和养殖业、零售贸易、食品饮料、餐饮旅游、纺织服装、日用化工、家用家居等。不管经济好与坏，人总会生病，总要吃饭，总要穿衣服，尤其是一些中低端消费品、生活必需品，所以这些行业受宏观经济的影响相对较小。小微企业也主要分布在这些行业，小微信贷能够经受经济下行的压力，也得益于这些行业本身的非周期性。在经济不景气时，江浙地区的小微信贷做得如火如荼，主要是当地的小微企业主要集中于轻工业。

这些行业具有以下几个特点：第一，门槛低，竞争激烈；第二，没有规模效应，规模大并不是主要的竞争优势；第三，资金不是最主要的生产要素。比如餐饮是一个劳动密集型行业，互联网主要是技术密集型行业。这些行业没有规模效应，没有必须扩张的压力，所以对于资金的需求不是很强烈。"四万亿计划"出台之后，信贷资金投向仍然是资金密集型产业，最终成为过剩产能。因为除了这些行业之外，其他消费品行业很难吸收这么多资金。只要没有金融资产的大量注入，就不会形成金融泡沫。行业单纯地依靠自身积累发展，不会形成大起大落。

另外，教育、医疗、水务、燃气、电信、机场、公路、港口这些公用事业也属于非周期性行业，但是市场化投资较少，以政府投资为主，不属于小微企业的范畴。在经济不景气时，PPP项目也成了大银行炙手可热的信贷项目。

逆周期性行业。所谓逆周期性行业，是指这个行业的景气程度正好与经济周期相反，经济形势整体向好的时候，它表现不好，经济形势差的时候，它的表现反而很好。从整体来说，放纵逃避类的商品，都是经济越不景气销量越好。首先是烟酒，接着是化妆品。营养不够，化妆来凑，经济越不好，人们越需要信心，所以暖色调的化妆品卖得更好，如口红、粉底等。还有娱乐业，喜剧片票房会更好，超短裙销路会更好。大家以为经济低迷了，消费会趋向保守，其实不是，人在经济上获得的快乐减少，自然会寻找其他乐子帮自己撑下去，这是一种心理平衡。

逆周期性行业的特点可以用"口红效应"来概括。"口红效应"是指因经济萧条而导致口红热卖的一种有趣的经济现象，在经济不景气时，口红的销量反而会直线上升。这是因为，人们认为口红是一种比较廉价的奢侈品，在经济不景气的情况下，人们仍然会有强烈的消费欲望，所以会转而购买比较廉价的奢侈品。口红作为一种"廉价的非必要之物"，可以对消费者起到一种"安慰"的作用。在2008年的世界性经济金融危机中，口红和面膜的销量大幅度上升，全球几大化妆品巨头的销售额证实了这一观点。

电影业也是"口红效应"的体现。萧条的20世纪二三十年代，正是好莱坞电影腾飞的时期。在 2008 年经济危机之后，中国电影产业进入了欣欣向荣的时代。2008 年，国内电影总票房为 43 亿元，当时已经有人高呼"电影业的奇迹"了。《人民日报》评论，中国电影将迎来黄金十年。⊖ 果不其然，到了 2018 年，中国电影总票房由 43.41 亿元涨至 600 亿元，增长了约 13 倍。⊜ 尽管不断创造高票房的导演很多是演员出身，如果论专业性的话，不一定比张艺谋、陈凯歌、冯小刚强，但他们生逢其时，躬逢其盛，遇到了这个好时代。

农产品周期。有的农产品也具有周期性，比如猪肉，差不多三四年一个周期，猪肉价格上涨，然后生猪存栏量就会增加，供应的过剩又会导致价格下跌，接着养猪出现亏损，生猪存栏量又减少，猪肉供不应求，又导致价格上涨，也是一个周而复始的过程。猪肉价格的波动和大宗商品的波动是一个原理，都是价格导致的供需不平衡。但是猪肉价格的走势是独立的，不像大宗商品、原材料行业一样同涨同跌。按照本节的划分方法，农业仍属于非周期性行业。

尽管农产品的周期性和经济周期不一致，而且受自然因素的影响，但两者控制风险的原理是一样的，即"物极必反"。在价格高的时候，往往是风险大的时候，不要一味追涨，在价格低的时候看准机遇，正是投资的良机。笔者的一个客户有一年以每斤 3 元的价格囤了几十吨蒜，可是第二年行业不断下跌，一直跌到每吨几毛钱，最后赔钱出局。有一个养鱼的客户，奉行"逆向操作"，没有因为市场波动受到大的损失，什么鱼滞销、赔钱养什么鱼，什么鱼非常赚

⊖ 人民网．中国电影迎来黄金十年，2008 年电影票房猛升到 43 亿 [OL]. http://media.people.com.cn/GB/40606/9474560.html，2009-06-15.

⊜ 新浪网．2018 年中国电影票房突破 600 亿，你贡献了多少 [OL]. http://news.sina.com.cn/c/zj/2019-01-05/doc-ihqhqcis3203814.shtml，2019-01-04.

钱反而降低库存，鲤鱼价格高、鲫鱼价格低的时候他养鲫鱼，而鲫鱼价格高、鲤鱼价格低的时候，他又开始养鲤鱼。

4.2.4 怎样防范周期性行业风险

因为银行的主要资产集中于周期性行业，当经济形势下滑的时候，资产质量随之下滑，所以银行也具有周期性。只不过银行的这种周期与实体经济的周期波频并不完全一致，它具有滞后性，企业现金流紧张的时候，恰恰是银行效益最好的时候。

银行有没有可能走出这种周期性波动？经济的周期性波动是个规律，任何人都摆脱不了，任何一个国家的央行行长都想把这条曲线捋直了，经济学家也在研究，但是最后的结果无非是让振幅小一些，变成直线是不可能的。为什么所有人都走不出这座"五行山"呢？老子说："天之道，损有余而补不足。人之道则不然，损不足以奉有余。"天道是物极必反，削峰填谷，人道则是"马太效应"，强者更强，弱者更弱。两者的运行路线不一样，尽管都知道，就是走不出。如果以金融心理学来解释就是，从众心理广泛存在于银行信贷的各个条线，别的银行都做的时候我为什么不做？别的银行不批的时候我怎么敢批？正是这种从众心理造成了一哄而上、一哄而散的周期性波动。

整个银行走不出周期性，但是理论上个人能走出。只有个体才有决策能力，集体本身不能行动，只有集体里面的人才能行动。即使只是为了自己职业生涯的圆满，也必须走出周期性波动，一旦踩上一颗雷，岗位就有可能受影响。

怎样判断拐点的来临？西方有个"擦鞋匠理论"，我们可以改造成中国版本的"大妈理论"：当中国大妈也觉察到某个生意能赚钱的时候,这个行业就已经到了最疯狂的时刻,这时就该退了。当证券公司的交易大厅里坐满了大爷、大妈的时候,这就是股市最疯狂的时刻了;当大妈抢购黄金首饰的时候,这就是金价到顶点了。"大妈"和"擦鞋匠"一样,代指文化水平不高、信息比较闭塞的人。金融行业赚的是信息不透明的钱,当信息获得能力最差的人也感知到赚钱的机会的时候,赚钱的机会也就没有了,赔钱的概率大大增加。有些人觉得这一理论在很多情况下不准确,这主要是因为参照物选错了,他选的对象还不是标准的"大妈"。当我们听到一个人在传播某个信息的时候,分析一下了解这个信息的人处于什么层级,来判断市场的温度。比如说贵州茅台股票涨疯了,如果是整天炒股票的老股民传达出来的,这个市场还是比较理性的;如果是不炒股票、只是对财经新闻比较关注的人传达出来的,这个市场已经升温,这个时候有一定的风险;如果一个既不炒股票也不关注财经新闻的人,只是听别人说贵州茅台股票上涨了,也要开户去买这只股票,说明这个市场已经过热了,这个时候风险就比较大了。

1. 经济景气时的风险策略

(1) **抑制放贷冲动**。当所有人都疯狂的时候,你必须保持冷静。2010年前后,是银行效益比较好的时候,很多年轻的客户经理放贷款很猛,收入也很高。老客户经理提醒他们:"现在放贷款这么猛,得注意风险。"年轻客户经理说道:"你说的是三五年之后可能会死,如果现在不放贷款,我立马就得死。"其实老客户经理的提醒一点没错,一语成谶,放贷最猛的一批人都不同程度出了风险,风险出多了之后就葬送了一个年轻人的前程。所以我们要理性对待发展指标,不要盲目攀比,"老要张狂少要稳"。工商银行前董事长姜建清说:

"干银行就像跑马拉松一样,不能只盯着 100 米、1000 米、10 000 米,不要期待这时候的掌声响起。往往企盼这样短暂成绩和荣誉的选手是跑不到终点的。"㊀一个银行人,如果一直从事这个行业,在他的职业生涯当中至少要经历一轮经济周期,虽然不能凭一己之力避免银行形成多少损失,但是至少要在危机当中保全自己。索罗斯说:"萧条可能会突然降临,尤其是在抵押物的清偿价值下降引起了信贷突然压缩之后,其危险程度令人为之色变。既然恐慌一旦开始就难以遏制,最好的办法还是在扩张期就采取预防措施。"《菜根谭》中讲:"老来疾病,都是壮时招的;衰后罪孽,都是盛时造的。故持盈履满,君子尤兢兢焉。"

(2)避免行业过度集中,避免同行业互保,坚持两条腿走路。有的银行在周期性行业繁荣的时候,眼里只盯着周期性行业,因为这些行业上业绩快,足够吃饱饭,就放弃了其他行业,放弃了其他业务。比如只做对公不做零售,只做钢铁不做其他行业,结果到了行业进入衰退的时候,不良贷款大爆发,又没有其他板块作为支撑,导致单位绩效和员工收入直线下滑,冰火两重天。有的地方产业比较集中,其他行业的担保人不好找,多是同行业互保,在行业下行的时候,借款人和担保人一损俱损,行业性的风险又逐渐演变为地区性的风险。

有的银行在经济繁荣期成立事业部,对一些重资产的周期性行业进行专业化经营,比如能源、冶金等,当时都是盈利大户。可是到了经济衰退期,这些行业一片低迷,企业大量倒闭,事业部也自身难保。可见,金融的逐利性质决定了,即使专业化经营也未必能

㊀ 洪偌馨,李静瑕.一代银行家姜建清谢幕[J].中国中小企业,2016(07).

控制住风险，有时更是"不识庐山真面目，只缘身在此山中"，因为自己全部的资产、利润来源都集中在这些行业，不是看不到风险，而是不愿看到、不想看到风险。

对于一家支行、一个客户经理来说，使自己的授信行业适度分散，也是抵御风险的有效选择。当然，这样会增加自己的管理成本，同时涉及多个行业，要比单纯管理一个行业复杂一些，"天下没有免费的午餐"，任何事情都有代价，这种代价要比当危机袭来全军覆没要小得多。对于一些非周期性的零售、服务、医药行业，可以作为长期合作客户。

（3）**识别高负债、高财务杠杆的客户**。在经济热潮退出之后，我们发现，淘汰的往往是在经济过热的时候加杠杆最厉害的那一批，而那些资产负债率比较低的企业，完全能够经受住经济下行的考验，冬天再冷也能度过。回首当初在信贷政策宽松的时候营销客户，有的企业来者不拒，给钱就要，想尽办法贷款，有的企业则很保守，宁可不贷款，也不乱和别人担保，当时我们感觉这种客户对资金需求不强烈，对价格又比较在意，银行还得求着它们，有些人不愿意开发这样的客户。最后发现，只有这些保守客户才是最安全的。周期性行业的企业往往在加杠杆和去杠杆之间来回折腾，如果一步走错，将万劫不复。

（4）**及时预警，有进有退**。中国有几句俗语："本小利微，本大利宽""豆腐店做一朝，不如肉店一刀"，企业要想发大财，银行要想迅速做大规模，还是要做重资产、资金密集型行业。但是收益周围肯定有风险相伴，怎样才能火中取栗，不被这些行业所伤呢？周期性行业不是不能做，而是要有进有退，在放的时候就要想好什么时间收。索罗斯有句话："世界经济史是一部基于假象和谎言的连续剧。

要获得财富，做法就是认清其假象，投入其中，然后在假象被公众认识之前退出游戏。"这句话有三层含义，第一层是，首先要承认经济史就是一部泡沫史，即使是实业也充满了泡沫。带着这个想法入戏，我们就不会陷得太深。回想一下这些年我们经历的光伏、风电、互联网、新三板、全民创业，哪一个不带有泡沫成分？第二层是，我们不能回避泡沫，明明知道是火坑，还要往里跳。只要身处金融，只要处在经济大环境当中，就不可能避免泡沫。大家都想买房，难道房地产没有泡沫？往往没有泡沫就没有财富的迅速增值，我们必须投身泡沫。第三层是，投身泡沫并不等于和泡沫一起玉石俱焚，要赶在泡沫破灭之前离场，这是最难做到的。

（5）**对于小型金融机构来说，做小不做大。**如果小型金融机构真是把自身定位在"支农支小"上，不会出现大的风险，因为农业和小微企业基本都是非周期性行业。这类贷款客户本身规模较小，资金需求量也不大，不像大企业那样会出现剧烈波动。对于小型金融机构来说，宁可做小行业里面的大公司，也不做大行业里面的小公司。怕就怕小银行做一些小房地产商、小钢厂、小矿山、小煤窑、小化工，但大的企业已经被大银行以低价拿走了，它只能做小的。这类企业看似贷款金额不小，实则竞争力不强，抗风险能力差，稍有点风吹草动就扛不住。有的小贷公司，本身规模不大，背弃了当初小额贷款的初衷，把钱借给大公司，放的时候很轻松，收的时候很难。甚至有的P2P平台，几个亿的规模，三下五除二就全部放给了房地产企业，只要有一户还不了，平台马上崩盘。小机构做"大客户"，赚得起赔不起，大银行能消化，它消化不了。在经历过信贷危机之后，很多小型银行觉醒过来，做小不做大，户均贷款金额一降再降，这可以视为对前期错误的一种矫正。

2. 经济不景气时的风险策略

有句话叫作"最差的贷款都是最好的时候放的",相反,最好的贷款可能是最差的时候放的。在经济不景气时,各家银行放贷相对比较谨慎,资产价格也不会被炒得很高。同时,企业经历了前期大量企业破产倒闭的洗礼,投资也会比较谨慎。相对来说,在经济不景气时扩张风险比较小。

(1)**发展非周期性行业**。招商银行前董事长马蔚华先生曾说过"不做对公业务,今天没饭吃;但不做零售业务,明天没饭吃",现在看来,这句话相当有远见。在经济景气时,零售业务上业绩太慢,很多人理解不了这句话,有大客户为什么还要做小客户?所以大多数银行都是把战略重点放到公司业务上,零售业务只是一个点缀。当到了经济不景气时,大家才发现,零售贷款业务最大的作用是能抵御经济衰退,个人贷款才是最优质的资产!

可是当大家都明白这个道理的时候,又一股脑儿地都去做非周期性行业,都去做政府平台、消费贷,结果同样导致授信过度。银行不去总结过去犯过的错误,还没有从周期性行业中拨出腿来,又一窝蜂地涌向政府融资平台、教育、医疗这些非周期行业。对待任何行业、任何产品,各家银行几乎都是一样的姿势———一哄而上,然后一哄而散。整个市场做什么产品都是一阵风,这阵风吹过去,一片狼藉,只留下一堆坏账慢慢处理。说做中小企业,各家银行都成立了中小企业经营中心,没过几年,不良贷款大爆发;说做小微企业,各家银行又都纷纷推出一模一样的产品,没过几年,大部分客户经理都"阵亡"了。经营性贷款不好做,又开始转战消费金融市场,各种各样的薪资贷额度大得吓人。遗憾的是,银行前脚还没有从这些授信过度的行业中拨出腿来,后脚又陷入了对非周期性行业的过度授信。"秦人不暇自哀,而后人哀之;后人哀之而不鉴之,亦使后人而复哀后人也。"

(2)**在周期性行业中寻找优质企业**。银行要想发展,离不开周期性行业。也有人说"无零售不稳,无对公不富""做零售吃饭,做对公吃好",经济不景气时,既是淘汰的时候,也是并购的时候。增量没有,但是存量会发生整合。大量倒闭企业等待并购重组,如果有足够的资金,此时可以买到很多便宜资产。但是很多银行前期因为周期性行业出风险,一直对这些行业采取谨慎、禁入的政策,反而错过了很多市场时机。到了经济不景气的时候,如果能慧眼识珠,周期性行业里面也有很多好企业,往往是谁的现金流足谁能存活下来,谁的负债率低谁能存活下来。"年年有储存,荒年不慌人"。"稳健经营"不是一句虚话,企业要稳健经营,活得长比长得大更重要。

《菜根谭》中讲:"衰飒的景象就在盛满中,发生的机械即在零落内。故君子居安宜操一心以虑患,处变当坚百忍以图成。"经济萌发的迹象就在萧条之中,所以这个时候要坚忍不拔,熬过寒冬,即将迎来春天。

4.3 行业生命周期:盛极而衰

> 时来天地皆同力,运去英雄不自由。
>
> ——罗隐

"打火机出现,火柴消失了;计算器出现,算盘消失了;CD出现,磁带消失了;手机出现,BP机消失了;数码相机出现,胶卷就没市场了;电商兴起,实体店生意萎缩了……智能手机、4G出现,回家不用电脑了……微信出现,短信没人发了!不是谁夺走谁的生意,而是人们更加懂得接受新事物!世界一直在变,你不主动改变,终究会被世界改变!没有人会一直在原处等你。你不改变就会被淘汰!"这是一段经常被引用的话,话本身说得一点也没错,没有哪个行业会永远兴盛下去。"三穷三富过到老",生意人的起起伏伏往往就是在一个个行业的兴衰中度过的。

随着行业的兴衰,企业也随之兴衰。50年前空调是高科技行业,现在是普通家电生产商,GE、西门子都曾经是这一领域称霸世界的品牌;30年前电脑是高科技行业,现在是普通电子产品生产商,IBM、SONY都曾经是这一领域称霸世界的品牌;十几年前苹果推出智能手机,到今天智能手机慢慢也变成了普通电子产品,诺基亚、摩托罗拉都曾经是这一领域称霸世界的品牌。在3G出现之前,华为也曾经濒临破产,但随着3G、4G大规模兴建,通信硬件厂商获得了新生。在大润发被阿里巴巴收购后,大润发董事长黄明端说:"赢了所有对手,却输给了时代""当时代抛弃我们的时候,连再见都不会说"。

如果说行业景气周期是"时代的浪潮",有起有伏,那么行业生命周期就是"历史的车轮",往往是一去不复返。一个行业能够起起伏伏,首先在于它的生命周期比较长,比如普通硅酸盐水泥自从100多年前被发明以来,技术方面一直没有大的变化,也没有更好的替代品,所以一路起伏却始终没有消失。有的行业则不然,它的运行轨迹不是一条波浪线,而是一条抛物线,衰退之后就永远不会再上来。

分析行业生命周期的作用在于,如果我们单纯看企业,从微观角度看是没有任何问题的,各方面都不错,但将视角拉伸到行业视角的时候，发现这个行业正在衰退，覆巢之下，安有完卵，行业不行了，大多数企业甚至全部企业都要被淘汰。单纯看企业而不看行业，就像"只顾低头拉车，不顾抬头看路"。新产品和新工艺代替老产品和老工艺，产品生命周期走到尽头，会导致企业倒闭。每一个企业都是存在于行业之中，企业的生存和发展，与行业的生存和发展密切相关。

4.3.1 行业生命周期

一个行业的生命和人的一样，包括初创期、成长期、成熟期和衰退期四个阶段（见图4-3），是一个由幼稚到成熟再到衰老的过程。行业所处的阶段不同，它的盈利能力、对资金的吸纳能力也不一样，行业选择是否正确，直接决定了整体的授信风险。比如，有的银行为了拓展小微信贷市场，选择一些服装、水产、小商品市场进行批量授信，当时只看到了行业的非周期性，却没有考虑行业所处的生命周期阶段。一般来说，大城市里面经营这些行业的商户现在平均经营年限超过15年，行业已经到了成熟阶段，近年来增长缓慢。处于这个生命周期的行业没有太多资金需求，但是看到银行贷款政策这么宽松，还是有很多人贷款，但是最终真正应用到经营中的少，大部分投入到了其他行业，成为改行转型的资本金，更多的人则是投入到了民间借贷领域，最后赔得一塌糊涂。还有的把信贷资金投入到衰退期产业中，比如小型纺织厂。近年来纺织企业大量地向越南、印度转移，国内纺织企业普遍亏损，这个趋势是不可逆转的，最终大多数小纺织厂的命运就是倒闭。反观银行又快又好的发展时期，都是抓住了行业上升期，信贷资金的投入既支持了实体经济，银行自身又获得了利润。比如2004年的时候，笔者审查了一个

"中国财富陶瓷城"的商铺按揭项目，当时感觉规模体量这么大，招商可能会很困难，最后项目批了，现在来看项目无疑是十分成功的，目前陶瓷城已经建设到第6期，已成为中国北方最大的瓷砖一级批发市场。回想一下，项目之所以成功，主要得益于这十几年来房地产市场的迅猛增长，对瓷砖的需求也不断增长，这是大形势、大背景，然后才是市场招商运作的成功。

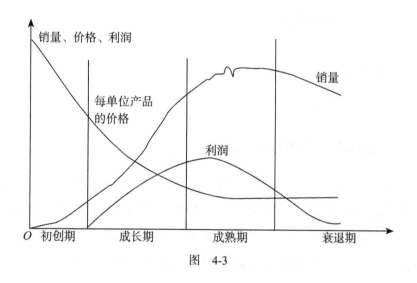

图 4-3

1. 初创期：大雾中奔跑

初创期指产品从设计、投产直到投入市场进入测试的阶段。此时产品品种少，顾客对产品还不了解，除少数追求新奇的顾客外，几乎无人实际购买该产品。生产者为了扩大销路，不得不投入大量的促销费用，对产品进行宣传推广。该阶段由于生产技术方面的限制，产品生产批量小、制造成本高、广告费用大、产品销售价格偏高、销售量极为有限，企业通常不能获利，反而可能亏损。

初创期的特点如下。

- 技术不确定。
- 战略不确定。
- 成本高，但是会急剧降低。
- 缺乏完善的社会协作体系。
- 没有行业标准。
- 萌芽公司不断出现。
- 客户是首次购买。
- 对资本的需求较大。
- 行业发展具有风险性。

2.成长期：大风起来，猪都能上天

当企业度过初创期，销售取得成功之后，便进入了成长期。成长期是指产品通过试销效果良好，购买者逐渐接受该产品，产品在市场上站住脚并且打开了销路。这是需求增长阶段，需求量和销售额迅速上升。生产成本大幅度下降，利润迅速增长。与此同时，竞争者看到有利可图，将纷纷进入市场参与竞争。

阻碍行业发展的因素如下。

- 无力取得原材料或零部件。
- 原材料价格在短期内迅速攀升。
- 缺乏基础设施。
- 产品的质量不稳定。
- 成本偏高。
- 很难获得监管部门批准。

如果选择在成长期进入，意味着较低的进入壁垒，行业门槛还不高，都有立足之地。当然，任何事物都有两个方面，成长期也不是绝对的利好，也意味着高风险，比如配套产业不成熟、产品质量不稳定、行业政策不明朗等。任何行业都有这么一个野蛮生长的过程，比如互联网金融行业，借着监管的真空、借着"互联网+"的国家战略，一时间国内出现上万家P2P平台。随着监管政策的健全，行业也慢慢走向规范和成熟。

3. 成熟期：一半海水，一半火焰

产品经过成长期之后，随着购买产品的人数增多，市场需求趋于饱和。此时，产品普及并日趋标准化，成本低而产量大。成长期结束后，竞争环境彻底改变。成熟期的特点包括以下几个。

（1）市场个位增长、零增长或将成常态，高速增长的日子一去不返。成熟行业已经基本规范，法律法规的漏洞基本完善，生产和销售渠道基本无潜力可挖。比如在中国汽车快速成长的黄金时期，很多自主品牌企业创造了奇迹。奇瑞、比亚迪、长城、长安都有过年销量翻一番的增长速度。这些企业快速增长，首先是得益于市场增长的红利，其次才是自身竞争力的提升。在市场成熟期，我们才能看到浮华背后的真相。

（2）技术日渐成熟，利润越来越低。以化工产品为例，产品刚面世的时候，只有一家企业知道生产工艺和配方，能够获取高额利润，但是没有不透风的墙，生产工艺和配方总会被别人学会，于是市场上就有了第二家、第三家，竞争对手越来越多，价格也越来越低。例如著名的"知识产权第一案"——鑫富药业诉新发药业一案，围绕的产品就是维生素B5（D-泛酸钙）的生产工艺。鑫富药业曾是这个

行业的龙头老大，后来新发药业掌握了生产技术，从 2007 年开始生产，并在 6 年后以年产量 8000 吨跃居该行业的世界第一。随着新发药业的崛起，鑫富药业陷入困境，2013 年被合肥亿帆药业收购重组。

（3）市场的集中度越来越高，行业格局两极分化。在这种行业竞争中，没有实力和技术落后的企业纷纷落马，剩下的都是行业的佼佼者，所以竞争形势很严峻。一些能力较强的一线厂商势必会脱颖而出，成为这个行业的领军厂商。比如空调行业，在 2000 年的时候，全国约有 400 个空调品牌。到 2008 年，已有 300 多个品牌退市，高路华、东洋、金松、迎燕、乐华、江南、彩星、万家乐、森宝、夏芝、澳柯玛……这些曾经耳熟能详的品牌，在一轮又一轮的淘汰中消失不见了。到 2018 年，格力、美的、海尔三家的市场占有率达到 73%，其他品牌的占有率越来越低。

（4）产品多样化、业务多元化。一是产品在本行业内延伸，挖掘未被发现的细分市场，二是直接转投其他行业，进行多元化发展。原有业务的投资边际收益较低，所以企业更可能将资源投向预期投资边际收益较高的领域。

（5）企业之间的竞争已经达到了白热化。企业经营的压力来自成本的增加和利润不断被摊薄，企业之间的竞争已经转化为企业间综合实力的竞争，彼此都在拼最后的一点力量，谁能坚持到最后，谁就是生存者。就像是过河自保，如何能够撑住活下去，保证微利便是赢家。

4. 衰退期

产业衰退是客观的必然，是产业发展过程和产业兴衰的最后一个阶段。产业衰退就是创新能力不足，它导致了该产业竞争力的下降。随着科技的发展以及消费习惯的改变等，产品的销售量和利润持续下降，产品在市场上已经"人老珠黄"，不能适应市场需求，市场上已经有其他性能更好、价格更低的"新贵"，足以满足消费者的需求。此时成本较高的企业就会由于无利可图而陆续停止生产，该类产品的生命周期也就陆续结束，以致最后完全撤出市场。此处的衰退不包含经济周期的影响，即某个产品的销售一直呈绝对下降的趋势，没有反复。衰退期具有以下特点。

（1）全行业生产能力明显过剩，或生产成本过高，产品销售困难，开工严重不足。

（2）全行业效益很低，甚至全行业亏损。由于生产能力严重过剩，企业之间竞争激烈，企业为了生存下去，不惜采取低价竞争手段，致使在相当一部分企业停产或半停产的同时，产品有销路、能够维持正常生产的企业也因产品价格低而处在收益率很低的境地，使全行业长期处在微利甚至亏损状态。

（3）生产的产品是传统产品，产品需求增长率下降较快，其产业所提供的产值占 GDP 的比重呈下降或者加速下降的趋势，因而新进入企业不断减少，原有厂商不断退出。

（4）资金投入减少，优秀人才流失，产品技术含量低。低收益率使这些行业难以吸收新的投资，但是要进行结构调整，却需要大量的投资。

（5）退出困难，长期处在"过度竞争"状况。"过度竞争"使许多企业处于低利润率甚至负利润率的状态，但由于存在各种困难，这些企业并不从这个行业中退出，使全行业低利润率或负利润率的状态持续下去。即使公司运营不佳，也无法退出产业，成为僵尸企业。

行业衰退主要有以下三种原因。

（1）技术替代型衰退。行业的生命周期本质上就是因为科技进步引起的新老更替，有了更先进的技术，原来的产品或行业遭到了淘汰。一些长寿行业往往是科学技术起作用很小的行业。随着网络媒体的发展，纸媒（报纸、杂志）进入衰退期。同样，印刷品少了，再加上无纸化办公的推广，对文化纸（铜版纸、双胶纸、新闻纸）的需求也少了，2016年国内新闻纸总产量较2015年下降23.4%，2017年同比下降18.1%，2018年同比下降9.8%，虽然纸的价格有所上涨（受益于供给侧改革），但是无法从根本上改变行业整体下滑的趋势。

（2）效率型衰退。由于效率低下的比较劣势而引起的产业衰退，主要是产业转移，这个产业不是在地球上消失了，而是因为别的地方比较优势更强，转移到其他地方去了。比如因为新疆大规模推广采棉机，棉花种植、采摘成本较低，其他地区不具备新疆这样的自然条件，种棉花的连续赔钱，棉花种植面积越来越少，当地的棉花加工企业就无棉可用。很多山东、湖南的轧花厂成片倒闭或是开工不足，几年前花几百万元购置的设备成为一堆废铁。

（3）资源型衰退。俗语说"靠山吃山，靠水吃水"，所依赖的自然资源没有了，行业不可避免地衰退。全国有很多资源枯竭型城市，资源开采没了，城市就衰落了，产业凋零，人口迁移。这种行业衰退是地区性行业衰退，而不是行业整体性的。

VCD 行业生命周期⊖

1992～1994年，初创期——先烈万燕

1992年12月，姜万勐和孙燕生通力合作，姜万勐投资57

⊖ 淘豆网.VCD行业生命周期简介 [OL]. https://www.taodocs.com/p-242152354.html，2019-05-08.

万美元，终于使世界上第一台家用 VCD 机在实验室诞生。随后，双方共同投资 1700 万美元成立"万燕公司"。万燕的前期开发投入 1600 万美元，为使人们认识 VCD 又投入广告费 2000 万元人民币，倾其所有财力，开发出一套成型技术，创造了一个市场，确立了独一无二的品牌。在 1994 年，万燕销出 2 万台，独霸 VCD 天下。一个市场从无到有的开发，万燕在研发和广告上的投入将近 2000 万美元，作为民营企业，无从融资，面对开发出来的市场，却只能拱手让给后来者。在技术上，万燕发明了 VCD 机，却没有申请专利，产品上市后被国内外的公司纷纷仿制，当 VCD 行业群雄并起时，姜万勐已无力拼争。万燕 VCD 从"先驱"成为"先烈"，市场份额从 100% 跌到 2%，直至被美菱集团兼并。

1994～1996 年，成长期——群雄并起

就在万燕逐渐走衰之际，深谙市场秘诀的广东人群起摘桃子。VCD 组装厂如雨后春笋般蓬勃于珠江三角洲，家庭作坊遍地开花。从 1996 年开始，中国的 VCD 市场每年以数倍的速度增长，销量从 1995 年的 60 万台猛增到 600 多万台。此时的 VCD 市场处在成长期，各企业不断地建立品牌形象，催生出了爱多、步步高、新科等国内知名品牌。全国的销售网点也不断扩大，并且价格不断下降，产品的质量也在不断提高，品种也不断增多，同时各商家不断细分市场，以求更多的市场份额。

1997～1998 年，成熟期——激烈竞争

1997 年是 VCD 行业竞争的激烈时期，同时也是新产品的开发期，随着竞争的加剧，DVD 开始导入。1998 年国内 VCD

的销量达到 1400 万台，但是利润不断下降。从新闻联播到天气预报一刻千金的广告位置，竟有 6 家 VCD 企业的广告，标王由爱多以 2.1 亿元夺得，超亿元的是清一色的 VCD 企业，总广告金额在 7 亿元以上。爱多出其不意地掀起了降价狂潮，在中央台夺标后一个月，首次将价格降至 2000 元以下，这种降价突袭着实让同行瞠目结舌，在半年的时间里降价达 40%。1999 年，VCD 的发展到达顶峰，国内 VCD 厂家大增，大量翻版机出现，给 VCD 品牌机带来了严重的冲击，同时加速了 DVD 的导入。

面对这个生机勃勃的市场，一些跨国公司迅速调整了自己的战略。据悉东芝公司修改了自己的软件，以生产适合中国国情的纠错能力强的 VCD 机；飞利浦公司研制出了 1000 元左右的 VCD，要与国产机一争高低；韩国三星、大宇等公司也准备以低价格的新产品大举进攻中国市场，占领中国 60% 的市场份额。中国虽是 VCD 生产大国，但不是强国，VCD 的主要元件如解码芯片等全部依赖进口。中国厂商实际遇到的挑战是外商对这一市场的联合封锁，其目的是垄断中国市场。中国 VCD 行业的发展受到了严重的威胁与挑战。

1998 年以后，衰退期——逐步退出历史舞台

1998 年底，国内市场出现了供大于求和产品急待升级的危机。1999 年，各主要生产厂家不约而同地开始大规模降价，普通单碟机的价格纷纷跌破人民币 800 元一台。行业平均利润大幅降低，企业出现亏损，不少知名企业陷入困境，代表性的是爱多出现危机。2002 年，索尼、飞利浦、松下等公司要求中国 DVD 产业支付专利费，新科几乎因此烟消云散。2004 年 11 月，乐视网成立，掀开中国视频网站序幕，2005年上半年土豆网、56.com和激动网相继上线。2006年，优酷网、酷6网成立。至此，VCD彻底退出市场。

4.3.2 行业生命阶段的区分标准

区分行业的生命周期有两个方法：一是客观性的、可量化的财务分析法，二是主观性的、不可量化的非财务分析法。财务分析法主要是成本、销量、利润三个主指标。在初创期，产品销量低、成本高，是亏损经营的；在成长期，销量增长、成本降低，利润迅速增长；到了成熟期，各项指标达到顶点；到了衰退期，销量降低、成本降不下来，利润越来越低。除了财务标准之外，还有主观性的标准。主观性标准就是不依赖于财务数据的有无，也不管财务数量的真假，依靠自己直观的行业感受，来判断行业的生命周期（见表4-1）。

4.3.3 对于不同生命周期行业的差异化授信政策

1. 初创期

对于初创期的行业，商业银行显然不适合介入，因为它们首先就不满足贷款的第一个条件——没有盈利能力，还处于"烧钱"阶段。初创期的行业是风投最喜欢的投资标的，前期风险大，潜在收益也大，他们负责"从零到一"，商业银行负责"从一到万"。

尽管我们先不介入初创期的行业，但是也要加强对初创期行业的关注。一方面，初创期行业只要进入成长期，那就是银行的目标客户，先到先得；另一方面，经济要走出低谷，要再度走向繁荣，必须依靠新的产业。经济不会过了一段时间自然而然就复苏，必须有新的创新、新的生产力产生，才会带动经济的再度繁荣。

表 4-1

阶段因素	初创期	成长期	成熟期	衰退期
市场发展	缓慢	迅速	与GDP的增长速度相当	需求下降，市场萎缩
增长速度	需求只被现有产品满足一小部分，增长潜力难以预料	需求已被满足一大部分，需求上限开始清晰	增长潜力已很好确定	增长潜力明显有限
顾客稳定性	顾客以很少的信任试用新产品	有一定信任，顾客试用不同的产品，尚未形成品牌忠诚	已形成品牌，顾客购买倾向。新进入者很难获得高额利润	极稳定，顾客很少有寻求其他供应者的动机
产品种类	产品种类单一	产品系列迅速扩展	扩展减慢或停止	不盈利产品逐渐退出，产品品种减少
技术的作用	技术是重要的角色	前期，产品技术至关重要；后期，生产工艺技术更为重要	生产工艺和材料替换是重点。可以用新技术使该行业延伸	技术完全成熟、稳定，易于掌握
产品技术	高度的产品创新；尚未产生主导性的设计	主导性的产品设计已经出现；强调产品多样性	小的、渐进的革新，基本围绕节省成本、提高效益展开	产品很少改变
生产技术	强调柔性制造，主导产品出现以前，工艺都不固定	随着主导性产品设计的出现，生产工艺开始专门化	强调效率，尤其是通过自动化手段	很少或没有工艺改变
定价模式	价格高且易变	随着成本下降和竞争加剧，价格迅速下降	价格随生产力允许的成本下降、很慢	价格低且稳定

营销	营销目标是"革新者"和"尝鲜者",主要是唤起欲望	侧重建立品牌形象	调整促销策略以适应不同的细分市场	主要依靠惯性维持市场
竞争者的数量	较少	在先入者高边际利润的吸引下,竞争者数量增多,到成长期后期达到最多	竞争力较强的企业已建立稳定地位,并购和弱竞争者被淘汰,行业进一步集中	新进入者已很少,且日不受欢迎。竞争者继续减少
市场份额	不稳定。市场份额反映企业家的眼光和把握机会的能力	稳定性增加。少数竞争者以强有力的态势出现	少数企业常会控制整个行业的绝大部分	或是集中在极少数竞争对手中,或是由于市场细分化或市场地区化而分散
竞争程度	有限竞争。企业的眼光主要放在产品改进上而不是竞争	市场的迅速增长掩盖了竞争	为了生存,竞争达到顶峰	随着新格局的形成,倾向于低度竞争
进入与退出	进入容易。进入障碍主要是技术,资金和对未知的担心	较困难。市场力量已经产生,但不是很强。如果没有对立性竞争,是进入的好时机	市场已"瓜分"完毕,市场领导者地位已确立,新进入者要从别人那儿"抢生意"。企业内开始分化,有立和"补缺"的企业发生动摇	因为市场萎缩,很少有新进入者,行业内企业纷纷退出,只留下一些大企业和"补缺"的小企业
投资需求	逐渐地投资以支持新的产品	为支持增长,资金需求达到高峰	为保存生存能力,仍需要再投资	很少投资,甚至变卖部分资产以"榨取"现金
财务状况	启动成本高,需要大量现金投入,回本无保障	销售增长带来利润,但大部分利润用于再投资	稳定的销售带来利润,再投资减少,形成现金来源	利润下降,现金流很少(可能是正,也可能是负)

2. 成长期

（1）在授信额度上适度扩大。因为行业在不断增长，企业数量越来越多，对资金的需求量越来越大，银行资金投入这些行业所产生的效益、带来的价值最高。在这种情况下，银行做到了与行业共同成长，既有利于社会，自身也获取了可观的收益。

（2）在担保方式上放宽条件。适当地采用弱担保方式，一是因为这个时期企业的经营风险较小，二是客观条件的限制，处于成长期的行业四处用钱，所积累的固定资产较少。

（3）在客户选择上可以扩大客户群体范围。这个时期行业门槛较低，但是大家都有赚钱的机会，"大风起来了，猪都能上天"。

3. 成熟期

成熟期的一个重要问题就是企业经营会出现两极分化，好的更好，差的要被淘汰掉。成熟期尽管不像成长期那样日新月异、一天一个变化，但是仍然有很多创新因素在驱动，仍然有很多企业在不断成长。

在授信政策方面，成熟期与成长期不一样，需要及时调整。

（1）在行业授信总量上，不再扩大。因为行业已经饱和，吸纳不了太多资金，并且行业的盈利能力达到最高峰，正常资金需求比较少。

（2）在担保方式上，以强担保为主。原因有两方面：一是行业风险加大，这时候"二八定律"开始起作用，市场上80%的企业要被淘汰，逐渐进入寡头时代。二是经过成长期的积累之后，很多企业积累了一些固定资产，具备了提供抵押担保的能力。

（3）在客户群体选择上，以有竞争优势的老企业为主。这个时期门槛已经比较高了，市场基本被有品牌、有技术、有销售渠道的老企业占据，新企业的机会比较少。

4. 衰退期

站在企业的角度，面对产业的衰退，最广为接受的是"收割"战略，也就是说，逐步减少投资，最大限度地从该业务中榨取现金流，直到完全撤资。企业是这个态度，银行更要先人一步，预见发展趋势。对待衰退期的产业，不能观望，不能彷徨，就是要快跑。有的行业衰退的速度非常快，仅仅几年的时间就在硝烟弥漫之时轰然崩塌，一两年的工夫企业就会倒闭一大部分。"当断不断，反受其乱"，当发现行业有衰退迹象的时候，就要毫不犹豫地退出，不能有丝毫留恋。到了我们最后清收的时候，如果这个行业还有希望，资产还能够处置变现，如果行业到了生命周期的最后阶段，这才是最让人绝望的——资产卖不掉，机器设备往往是废铁一堆。

对行业生命周期的分析，要注意以下几个方面。

（1）**行业生命周期分析要具体到行业最小细分子行业**。许多人在进行行业生命周期分析时，往往把一个大的行业作为分析对象，比如以整体服装行业为分析对象，这样分析出来的结果往往是不准确的，既不能反映各细分行业的发展趋势，也不能反映各细分行业的竞争格局，必须深入到具体的每一个细分行业，才能发现趋势和风险。比如在饮料行业发展初期，一个想做茶饮料的企业，必须以茶饮料细分行业为分析对象，如果以整个软饮料行业为分析对象，由于有可口可乐和百事可乐两大软饮料集团在，行业明显处于成熟期（两大寡头集团），分析出来的结果一定是其他企业没有机会，而康师傅、统一、汇源、王老吉、六个核桃等优秀企业不以整个饮料行业为分析对象，而是以每一个具体细分行业为分析对象，先后细分出了茶饮料、果汁饮料等品类。

（2）**成长越快的行业往往成熟和衰退得越快**。"来时容易去时快"，有的行业一夜之间兴起，也会一夜之间衰退。尤其是中国的资本市场逐渐成熟，在资本的作用下，很多行业的生命周期越来越短暂。很多行业到了中国，只要有搞头，大家一哄而上，三下五除二把本来需要十几年走的路三五年就走完了。比如共享单车行业，2017年被称为我国的"共享元年"，共享单车平台和用户的数量等都呈现井喷式增长，大量资本涌入这个行业，一夜之间五颜六色的共享单车铺满大江南北、大街小巷。结果一年没到头就有6个单车品牌倒闭，到2018年，市场上的品牌所剩无几。行业成长快，说明行业壁垒不高，对手容易模仿，一旦大量资金进入，会迅速地导致产能过剩，将行业的生命周期快速走完。

（3）**行业生命周期本质上是技术的生命周期**。一个行业从兴起到衰退的过程背后实际上是技术和产品的更迭过程，当新技术仍然属于这个行业，带来的是行业的一次升级，当新技术不属于这个行业，则旧行业逐渐衰退直至消亡。以电视行业为例，彩电取代黑白电视、液晶电视取代CRT电视的过程都是产业内部的升级，其中黑白电视、CRT电视和液晶电视都经历了初创、成长、成熟和衰退四个过程。录音机行业经历了初创、成长、成熟阶段以后，只剩下日本的索尼、松下和爱华三个企业，当数码播放技术兴起时，MP3逐渐取代了传统的卡带式和CD机，录音机行业从此消亡。对于核心竞争力不在技术领域的部分产业来说，它们可以长期存在下去，只有成熟期，没有衰退期。可口可乐和百事可乐都可谓是百年老店，但是它们的核心竞争力不在技术领域，而在营销领域，因此它们可以通过营销手段使产品保持永远年轻。所以越是以技术为驱动的行业，其产品更迭越快，行业生命周期越短暂。

（4）**高科技企业真的好吗？** 尽管很多人追捧高科技企业，但是它实际上并不是银行理想的目标客户。原因有两个：第一，科学技术的专业性比较强，不要说银行人员是外行人，即使行业内的人也判断不出下一步的发展趋势。凡是以科技题材为包装的企业，都更需要瞪大眼睛，防止被忽悠，比如纳米技术、量子技术、膜技术、石墨烯等。第二，科学技术发展日新月异，很容易更新迭代，生命周期相对短暂，依靠科学技术很难有长久的竞争力。"股神"巴菲特所选的股票主要是传统行业的，业务简单到你我都能明白，因为这些行业的竞争优势是可以随着每天的工作而累积的，比如可口可乐的品牌价值、保险公司的客户数量。科技公司有一个很大的问题：不知道自己什么时候就被什么人干掉了。IBM想不到一个大学辍学生会把自己的根基倾覆，比尔·盖茨也没法预测微软会被苹果和谷歌用五年时间就给颠覆了，谷歌则让Facebook在眼皮底下崛起了……巴菲特的研究其实很深刻，他意识到了科技业没有永续的竞争优势。

行业生命周期并不是对所有行业都适用，也有一些例外情况，要具体分析。

（1）不是所有行业都有生命周期。一个产品如果没有替代品，就不会衰退，比如钢铁、水泥现在还是最质优价廉的材料，所以市场有起伏，但没有衰退，市场的变化是一条波浪线，而不是抛物线。农产品市场也是如此，只要没有替代品出现，就会一直延续下去。

（2）许多产业可能"衰而不亡"。世界各国产业结构演进的历史表明，进入衰退期的许多传统产业，虽然在国民经济中所占的比重在不断下降，但对这些产业产品的需求不会完全消失，因而这些产业的比重不会下降到零，具有明显的"衰而不亡"的特征，真正完全"消失"或"死亡"的产业并不多见。比如英国的纺织产业和汽车产业，虽然近几十年不断衰退，但仍保留高端产品，在世界行业版图中占据一席之地。

（3）衰退产业可能"起死回生"。由于科学技术的进步和消费结构的变化，有些进入衰退期的产业可以进行改造和武装、降低成本、提高质量、改进性能、增加花色品种，重新焕发"青春"，增强生命力，再次显示出产业成长期甚至成熟期的特征。比如自行车曾因共享单车火了一阵，传统的鼓风机也因为长得像"小猪佩奇"火了一段时间。在质优价廉的石英手表出现之后，价格昂贵的机械手表应该衰退了，但是厂家在手表的计时功能之外又赋予它奢侈品功能，所以机械手表的生命周期又得以延续。

4.4 产业政策："借东风"

在寻找新兴行业的时候，很多人一看到是"政府扶持产业"，于是就毫不犹豫地加大信贷支持。的确，很多产业在初创阶段需要政策的扶持，银行也要根据产业政策的引导服务大局，但是并不是说政策支持了风险就小，产业政策有成功的，也有不成功的，其中的风险仍然不可忽视。

诸葛亮在隆冬季节借来了"东风"，"人力"有的时候可以改变"天时"。在中国，最大的"人力"莫过于政府这只"有形的手"，所以我们可以把产业扶持政策比作"东风"。借来的东风在一定的时间会发生作用，当这阵风刮起的时候，我们往往会误以为春天来了，但它不会改变大环境，没过多久，天气就会恢复它本来的样子。我们对待产业政策，一定要注意它的时效性，在短时间之内，它能够带动一波投资热潮，但是从长期来看，产业政策的作用会逐渐消退，未必能真正推动产业的进步。2005年以后，以政策扶持的光伏、风电为代表的新能源行业，在一段时间内一直是银行十分喜爱的、炙手可热的项目，但是风潮过后，大量企业破产倒闭，银行损失惨重。2009年，国务院曾陆续出台十个重点产业调整和振兴规划，后来里面的钢铁、水泥、电解铝、平板玻璃、船舶等行业都被划入产能过剩行业。产业扶持政策本身没有错，它能够引导资源投入很多战略产业，但是也有可能导致资源过度集中，最后出现产能过剩，很难达到一个完全的平衡。

产业政策分为很多层次，大到国家的产业政策，小到县乡的产业政策，都会影响到一个产业、一家企业的发展。笔者到过很多地方，很多政策扶持产业最后都是草草收场，银行和投资者损失很大。有的乡镇扶持种绿化苗木，搞一个"万亩计划"，要求银行提供贷款，结果种出来卖不掉，农民只好砍了苗木当柴烧；有的搞"万头奶牛计划"，号召农户养奶牛，结果3万多元买的奶牛养了2年只值1万多元，事后形成的不良贷款非常难清收。在个体方面，有的地方搞招商引资，招来的企业来了就要求政府协调贷款，结果银行贷完款后企业就倒闭了，留下一堆破设备；有的地方扶持农业龙头企业，采取"公司＋农户"的方式，要求农民贷款入股，结果核心龙头企业倒闭了，银行贷款要都没有地方要；有的地方政府拔苗助长，给企业制定不合实际的目标，要求企业"大干快上"，结果超出企业的管理能力而投资失败。有了政策的支持，以为是多了一层保障，是一个利好消息，殊不知，在大多数情况下，政府对经济的过度干预扰乱了资源的自动配置，可能会产生相反的结果。无论是一个行业，还是一家企业，一旦被当作"朝阳产业""明星企业"来扶持，如果企业家不能保持清醒的头脑，很有可能犯冒进的错误。

4.4.1 产业政策为什么会失败

2016年11月，著名经济学家林毅夫、张维迎在北京大学围绕产业政策展开面对面的辩论。林毅夫、张维迎两人此次观点交锋，不仅引起学界的广泛关注，还演变成了一场关于产业政策理论与实践问题的大讨论，在很大程度上是因为切中了当下经济体制改革的核心问题：处理好政府和市场的关系，使市场在资源配置中起决定性作用和更好地发挥政府的作用。

张维迎说，产业政策自20世纪80年代以来，在中国失败的例子比比皆是，成功的例子凤毛麟角。"中国经济持续存在的结构失调、产能过剩，哪一个不是产业政策主导的结果？"张维迎认为，产业政策之所以失败，是由于人类认知能力的限制和激励机制的扭曲。"一个是人类的无知，一个是人类的无耻。"

首先是人类的认知能力有限制，张维迎对拥护产业政策的人提出的假设（技术进步和新产业可以预见）进行了批驳。"创新过程充满了不确定性，没有统计规律可循。我们没有办法预先制定一条通往特定目标的路径，我们既不知道目标在哪里，也不知道道路在哪里，人们对创新和产业发展的分析都是'事后诸葛亮'。"张维迎说，目前主导世界的产业——互联网、新能源、生物制药等，30年前人们一个也没有预测出来，今天也不可能预测出30年后的事情。"产业决策是集中决策，是一场豪赌。它将每个人犯错的概率累积到一起,加大了集体出错的概率。成功的可能性很小,失败的可能性巨大。"

产业政策意味着什么?意味着我们要把有限的资源(人力的、物质的)投在政府选定的优先目标上,这实际上是一种豪赌,连盲人摸象也谈不上。不能想象政府官员对未来技术和产业的判断比企业家更敏锐,当然,我知道一些政府官员确实很有企业家精神,但总体来讲政府官员要比企业家在创新方面更为迟钝。

当政府官员认识到某种技术的重要性的时候,这种技术基本上已经过时了,比如说20世纪90年代中国电视机厂家只搞组装,没有核心技术——彩色显像管,所以政府花数十亿美元进口了几十条彩色显像管生产线,结果显像管生产线还没装配好的时候,技术就过时了,因为我们进入了数字时代,显像管完全被淘汰了。

能不能靠专家制定产业政策呢?也不行,因为专家虽然可能有硬知识,但没有创新所必须的企业家的敏锐性和软知识。如果依靠专家的话就面临一个问题,就是少数服从多数,但是多数专家认为正确的东西很可能是完全错误的。就像我刚才举的思科公司的例子,如果找73个人一起投票的话,72个人投反对票,只有一个人投赞成票,这个项目肯定得不到支持。所以说专家也是不可靠的,更何况有些专家说某个技术重要,其实是为了多得到科研经费。

靠企业家制定产业政策又如何呢?我想也不成,因为有资格被邀请参与政策制定的企业家一定是已经成功的企业家,但过去的成功不代表未来的成功,对经济发展产生重要影响的创新通常来自名不见经传的创业者,而不是功成名就的商界领袖。不妨设想一下,1990年如果美国政府组织一个产业政策委员会,由比尔·盖茨任主席,互联网时代就不会这么快到来,因为比尔·盖茨当时根本不看好互联网,只看好PC。

张维迎认为,产业政策失败的第二个原因,是人类的"无耻"。"产业政策对不同产业、不同企业在市场准入、税收和补贴、融资和信贷、土地优惠、进出口许可等方面的区别对待,创造出权力租金,这必然导致企业家与政府官员的寻租行为。"张维迎表示,一项特定产业政策的出台,与其说是科学和认知的结果,不如说是利益博弈的结果。得到政策扶植的往往不是真正具有创新精神的企业家,而是套利者和寻租者。"新能源汽车骗补就是一个典型的例子,大笔从政府拿钱的企业并没有做出像样的创新来。"

政府官员的激励和企业家很不一样,企业家试错,失败了损失是自己的,成功了收益也是自己的。但政府官员做事成功了没有与此对应的货币收益,失败了反倒可能要承担一定的职业风险(尽管并不总是如此)。

所以政府官员考虑更多的是怎么回避个人责任。回避个人责任的一个办法就是听取专家的意见,这样任何政策出问题以后都可以说事先征求过专家的意见,官员自己当然就没有责任,至少情有可原。可以说,听取专家意见已成为政府官员推卸责任的一个重要的原因。

第二个办法就是"忠实"执行上级政府的政策,中央号召做什么我就做什么;或者"跟风",别人(其他地区)做什么我就做什么,比如别人做动漫,我也做动漫,别人做太阳能,我也做太阳能。这样即使最后失败了，大家都失败了，又不是我一个人失败了，我个人当然也就没有责任。光伏产业的情况就是这样，中央决定发展光伏产业，全国都这么搞，我也这么搞，各地都这么搞，最后就搞成这样子。⊖

有的时候，政策对市场前景的判断是不准确的，产业政策出台的时机与市场节奏恰恰相反。2008年，山西省针对省内煤炭工业"多、小、散、低"的发展格局，计划以政府为主导，以大中型企业为主体，来运作煤炭资源整合、煤炭企业重组。当时山西大同的6000大卡煤炭的价格超过1000元/吨，为历史最高。2009年3月，这一计划被付诸实施，很多私营小矿主含着眼泪、拿着现金离开山西。2012年3月，山西省宣布煤炭资源整合结束。谁知，山西煤炭刚刚整合完，煤炭价格就一路下跌。从2012年到2016年上半年，大同煤炭从每吨800多元降到400多元，价格跌去一半，政府选定的企业实际是在最高位接的盘。在煤炭价格下跌的背景之下，曾经"7000万嫁女"轰动一时的煤老板、参与资源整合的民营企业山西联盛集团，在2013年底爆发债务危机，金融负债近300亿元。2015年3月，联盛集团进入破产重整程序。试想一下，当初企业和银行谁不是想在政策的支持之下大干一场？谁曾想产业政策出台的时机恰恰是市场的拐点。

4.4.2 三种产业政策

政府的扶持政策包括三个方面，第一个从宏观方面，是产业扶

⊖ 中新网. 林毅夫VS张维迎：一场产业政策的"世纪之辩"[OL]. http://www.chinanews.com/cj/2016/11-15/8062957.shtml，2016-11-15.

持政策，这种政策既有中央政策，也有各级政府的地方政策；第二个，招商引资企业，政府在土地、税收、贷款方面提供支持；第三个，从微观方面，就是重点扶持企业。

1. 政策扶持产业

我们以光伏行业为例，光伏行业本身是个好行业，但是因为很多政策的误导，很多企业投资失败，银行在这个行业上损失惨重。短短几年时间，光伏行业出现了几次过山车式的大翻转，政策使一个新兴产业过度竞争，未老先衰。

- 2003 年，英利、无锡尚德相继投产，成为中国第一批现代意义的光伏组件生产企业。
- 2004 年，德国出台光伏并网政策，中国光伏组件出口激增。
- 2005 年，国家《可再生能源法》通过，鼓励风能、太阳能等非化石能源的开发和利用。2007 年《可再生能源中长期发展规划》出台，提出到 2020 年光伏总装机容量实现 2000 兆瓦。
- 2008～2009 年，受多晶硅行业暴利驱使，盲目建设加码，导致多晶硅规划产能远远高于实际市场需求，多晶硅市场价格也出现剧烈下滑，从最高 400 美元 / 千克下降至 2009 年的 40 美元 / 千克，国家也将多晶硅产业列为过剩产业进行宏观调控。
- 为了消化过剩产能，2009 年国家开始实施"金太阳"工程，对并网光伏发电项目给予 50% 或以上的投资补助。
- 到 2011 年，太阳能电池的产量达到 21.17 吉瓦，但是有一半多产能过剩，光伏行业进入寒冬。2011 年统计的我国光伏企业为 262 家，2012 年已经降至 112 家。

- 进入2012年,全球多晶硅产能超过40万吨,而实际产量和需求量仅为23.6万吨和23万吨,远低于产能水平。
- 2013年3月,全国最大的光伏企业无锡尚德向无锡法院申请破产重整,12家银行申报债权76亿元,最后清偿率为31.55%。
- 2014年10月,全国第二大光伏企业江西赛维LDK提出破产申请,14家银行共有贷款271亿元。

现在中国已成全球最大的光伏生产国和使用国,但如果没有政府补贴,绝大多数光伏企业仍然无法自负盈亏。今天国内的光伏行业在国际上看似取得了一定的地位,这是以极大的产能过剩为代价。这里值得一提的是,无锡尚德、赛维LDK都是红极一时的明星企业,当地政府都给予了极大的支持。"来时容易去时快",一个产业兴起有多快,往往衰落就有多快。

2. 政府扶持企业

为了发展经济,一些地方政府不遗余力地扶持企业做大做强,"今年做到行业前三名,明年税收过亿,后年上市",这里也不乏拔苗助长式的。此类的经典案例当属巨人集团。这个案例吴晓波先生在《大败局》中有细致的描述,史玉柱本人也有深刻的反思。1992年,在事业之巅的史玉柱要建造巨人大厦,最初打算盖38层,在政府的各项政策的支持下改成了70层。巨人大厦的投资预算从2亿元陡增到12亿元,而同时巨人集团的其他产业又出现了问题,现金流并没有像当初设想的一样持续增长,最后出现资金链断裂。⊖

⊖ 吴晓波.大败局[M].杭州:浙江人民出版社,2007:29.

政府为了加快企业成长,想把它呵护在温室当中,不让它去经历风浪,甚至用激素把它催"肥",这种企业就像生物一样,它是没有抗病害能力的。企业发展能快则快,当慢则慢,尽力而为,量力而行。社会的确需要催生出速生林,但不能拔苗助长,只能倍加呵护;社会的持续发展更需要对渐进成长的参天大树致以敬意,它们注重培育根基、强壮树干,以顶风抗旱、基业长青。

3. 扶持招商引资企业

有些地方工业基础比较差,为了发展经济,有可能把外地一些已经日落西山的夕阳产业当作宝贝吸引来投资。这些企业无论到哪里,都是缺乏竞争力的,西部地区的土地、税收上可能有优惠,但是上下游配套费用要比东部地区高得多,整体算起来成本反而更高。有一家铸造厂从江苏迁到陕西,铸造车间搬过去了,但是配套的模具制作、车床加工仍然要发到江苏去做,生产周期长了、物流费用多了,反而不如在江苏的时候效益好。政府为了鼓励招商引资,除了土地和税收优惠,还要协调贷款,有些投资的外商就显得动机不纯了,把低价拿到的土地高价评估,从银行贷出款来,然后把钱投到其他地方去,这些投资的企业就纯粹成了一个融资的工具,目的就是从银行圈钱。

所以,对待产业政策,银行一定要小心。宁可选冷门行业,也不去选热门行业,赶时髦、凑热闹的导向只会让银行跌入深渊。同时,要掌握好贷款回收的时机,当行业在政策引导下出现过热的时候,一定要急流勇退,当所有人都疯狂的时候,必须保持冷静。

Chapter 5 第 5 章

地　利

5.1　地区供应链

> 龙不离海，虎不离山。
>
> ——俗语

笔者有一年考察了一家山东的煤焦油加工企业，当时看企业的生产规模不算小，投资上亿元，装置也很先进，环评、安评都有，在当地同行业中算是佼佼者了。但是建成之后还没投产就倒闭了，崭新锃亮的装置一直没有启动，贷款还不上。这家企业倒闭后我一直很纳闷，迟迟没找到其中的原因：这么先进的企业为什么一直不投产？几年后笔者到陕西榆林上课的时候，搞清了煤焦油的产业链后才恍然大悟：山东出产汽柴油，首先是山东的运输车将柴油从山东炼厂运到陕北煤矿，然后回程装上煤焦油，在山东加工。依靠着这样"捎货"形成的产业链，山东出现了十几家小规模煤焦油加工厂。可是没过几年陕北的煤化工产业就发展了起来，煤老板实力大，投资的规模和设备的先进性也远超山东的小炼厂。煤焦油就地加工，这样就没有原材料运回山东了，山东的煤焦油加工产业供应链被切断了，企业无法开工也就理所当然了。后来上课也遇到一个类似的案例：某企业是一家选矿厂，但是上游矿山因环保治理而关停了，企业也就出了问题。这说明风险不光是企业内部产生的，也会因为供应链而传导。

有的时候，我们单纯考察企业个体没有任何问题，企业本身净资产比较多，技术也比较先进，但是忽视了企业所处的产业链，没有从地理位置分析企业的竞争优势。笔者在各地上课，遇到很多招商引资企业失败的案例，有些招商引资已经不是单打独斗了，而是现在比较流行的"产业招商""集群招商"，单纯看企业的话，在当地都属于先进制造业，可是放眼全国市场，明显竞争力不足。在江苏淮安，笔者去过一个汽摩配产业园，投资者都是浙江的，有80多家企业，但是最后只有不到十家还活着，且惨淡经营、负债累累。究其原因，单个企业虽然可以转移，但是产业链没有转移过来，节省的成本抵不过增加的费用：机床的某个部件坏了，找遍当地没有零配件，只能停工从浙江邮寄，工人窝了工，还耽误了交货时间；某种生产原料短缺，不能就近采购，还是只能停工从浙江发货；某个工序费时耗力利润低，想就近找小厂外包，但居然找不到可承接的小作坊。很多企业入驻后交货不及时，合同经常出现违约，生意也日渐冷清。所以，小微企业不能单纯看企业本身，还要着眼全局，看当地有没有配套的产业链。一般来说，在当地形成产业链的，授信风险较小，如果当地是孤零零的一家企业，而其他地方形成了产业集群和产业链,那么当地的这家"独狼"企业很难存活。

5.1.1 工业区位理论

1909年,德国经济学家阿尔弗雷德·韦伯在其《工业区位论》一书中,首次系统地论述了工业区位理论。他认为,运输成本和工资是决定工业区位的主要因素。韦伯理论的中心思想是区位因子决定生产场所,要将企业吸引到生产成本最低、节约费用最多的地点。[○] 韦伯将区位因子分成适用于所有工业部门的一般区位因子和只适用于某些特定工业的特殊区位因子,如湿度对纺织工业、易腐性对食品工业。经过反复推导,确定三个一般区位因子:原料和燃料、运费、工资。他将成本最低的区位选择过程分为三个阶段:第一阶段,由运费指向形成地理空间中的基本工业区位格局。第二阶段,劳动力成本指向,可以使在运费指向所决定的基本工业区位格局发生第一次偏移。第三阶段,集聚指向,可以使运费指向与劳动费指向所决定的基本工业区位格局再次偏移。

(1)运费指向。韦伯研究了原料指数(即原料重量与制品单位重量之比)与运费的关系。从而得出运输区位法则的一般规律:原料指数>1时,生产地多设于原料产地;原料指数<1时,生产地多设于消费区;原料指数近似为1时,生产地设于原料地和消费地皆可。比如原来国内炼油厂主要建在油田附近,兰州石化靠近玉门油田,独山子石化靠近新疆油田,齐鲁石化靠近胜利油田。但是当中国的石油能源结构变成以进口为主的时候,新的炼厂则建在港口附

○ 杨万钟. 地理经济学导论[M]. 上海:华东师范大学出版社,1999:134.

近，比如山东地炼产业集群依托青岛港、浙石化依托舟山港、恒力石化依托大连港。钢厂也是同样的趋势，首钢搬到唐山（有唐山港），济钢由济南搬到日照（有日照港）。

（2）劳动力成本指向。低廉的劳动力成本，可以将生产区位从运费最低的地点吸引到劳动力成本最低的地点。韦伯探讨了劳动费的地理差异如何影响区位变化，即区位从运费最低地点移向劳动费最低地点的条件。原则上只有当单位产品工资节约额大于运费增加额时，工厂才能从运费最低点移向劳动供给地。以笔记本电脑为例，重庆是全球最大的笔记本电脑生产基地，目前全球每售出3台电脑就有1台重庆造。重庆的这个地位原本是苏州的，主要原因在于笔记本电脑产业已经从技术密集型转变为劳动密集型产业，重庆在劳动力方面具有竞争优势。富士康的部分厂区从广东迁到郑州，也是顺应这一潮流。

（3）集聚指向。集聚是使产业发生转移的终极力量，当集聚节约额比运费（或劳动力成本）指向带来的生产费用节约额大时，多出的运费和劳动力成本可以通过集聚摊薄便会产生集聚，同类型的企业集中在一起，就会形成产业集群。有些地方，人口并不密集，交通也不方便，比如浙江温州，地处山区，人口密度没有平原地区大，也不在交通要道上，以前的交通并不算方便，反而在低压电器、服装鞋帽、打火机、阀门等领域形成了在世界范围内具有竞争力的产业集群。

企业投资往往是在运费、工资以及税收、土地等生产要素之间做平衡，看看整体算下来当地的成本是否比其他地方低。比如新疆某地投资建设一个电解铝厂，虽然产品运到内地运费增加了，但是新疆的煤炭便宜，企业有自备电厂，仍然具有成本优势。这三个指向往往是依次递进的，先是运费指向，然后流向劳动力成本更低的地方，最终是集聚指向，也就是说集聚指向是终极力量。这也就是我们观察到的为什么很多招商引资企业最终战胜不了产业集聚地。比如有一家生产电动自行车的企业在陕西投资，它的目标也不是放眼全国，而是瞄准西北五省区，要做西北地区最大的电动自行车企业，其优势就是运费更便宜、劳动力更便宜。但是实际上对于电动自行车这个成熟产业来说，配件生产需要大量产业链企业协同，天津、江苏已经形成了完整的产业集群和产业链，几乎没有给其他地方留机会，所以陕西的企业描绘得再天花乱坠，也无法改变这个规律。

5.1.2 产业链

现在的商业竞争已经不单单是企业之间的竞争，而是上升到产业链之间的竞争。小微企业依托于核心大企业，大企业也离不开配套的小微企业。一家核心企业能带动起一批供应链企业，同时，它也离不开供应链企业。正常来说，两者应该是互相依存、休戚与共的关系（但是在实践当中，往往是核心企业压榨供应商，这也是双方地位不平等造成的）。

2018年，液化天然气运输船（LNG船）市场呈现爆发式增长，全球LNG船新船订单量共计76艘，其中韩国船企接获了66艘，占比近87%；剩余10艘由中国、日本和新加坡船企接获。韩国船企在LNG船市场上"一枝独秀"，得益于健全的配套体系。LNG船配套需要的特种材料和机电设备，如聚氨酯泡沫板、不锈钢波纹板、玻璃棉、刚性绝缘、柔性绝缘等液舱围护系统组件，特种的低温阀件，低温管绝缘材料，双燃料发动机，低温气体压缩机，再液化装置等方面，韩国都形成了本土配套能力。这也使韩国LNG船配套设备的运输成本低、交付期短，因为相关配套企业可以提供随叫随到的安装和调试服务，韩国船企建造LNG船既可以享受到优惠的采购价格，又可获得快速配送和无缝对接的服务支持。反观我国在LNG船配套所需的特种材料和机电设备等，国产配套能力非常弱，配套企业屈指可数，且行业毫无体系可言，尤其是在交付期长的双燃料发动机、低温阀、低温气体压缩机等关键机电设备配套方面，配套能力严重不足。沪东中华建造的LNG船国产化设备配套率不足25%，大量的机电设备、低温材料都只能从欧美、韩国、日本进口，价格高、订货周期长，调试服务饱受欧洲众多假期的掣肘，现场施工遇到材料、零部件增补问题，只能陷入漫长的等待，导致生产时断时续，效率难以提升，不仅延长了造船周期，更严重制约了我国船企LNG船竞争能力的提升。⊖

产业链的配套可以提高企业的库存周转率，对提升财务指标起到无形的作用。日本丰田做到了"零库存管理"，国内很多车企也想学，但是学不来。我们来看一下日本丰田公司所处的地区，对于它为什么能做到零库存管理就一目了然了：丰田公司位于日本爱知县，爱知县面积为5153平方千米，拥有一个集零部件制造和汽车组装于一体的综合性汽车产业集群，有共计14座汽车制造厂，其中6座为组装厂，8座为零部件生产厂。这里聚集了全球最大的汽车厂商丰田公司、丰田参股的大型汽车零部件制造商电装公司，以及三菱、铃木和大众集团等其他主要汽车厂商的若干工厂，目前日本生产的汽车零部件一半左右出自爱知县。也就是说，丰田的供应链都处于方

⊖ 中华航运网. 大型LNG船中国今年还是0订单 [OL]. http://info.chineseshipping.com.cn/cninfo/News/201809/t20180907_1309340.shtml, 2018-09-07.

圆几十公里之内，一个小时左右的车程，这样的地理位置对于丰田来说几乎可以做到随叫随到，不用有太多的原材料备货。同样，特斯拉选择在上海建厂，也是因为江浙沪地区是中国机电产业最密集、最发达的地区，而且上海有港口优势，无论是采购还是销售，运费成本都比较低。

考察一家工业企业的时候，我们首先要看当地企业和同行业相比，有没有产业链优势，有时需要放眼全国，有时需要放眼全球。产业链完善的，竞争力相对较强。但产业刚刚兴起的时候，肯定做不到有完善的产业链。对于银行来说，在产业链的形成与完善过程中，银行可以顺势介入，支持产业的发展。这种弥补产业链短板的授信可以降低企业的成本，不会导致产能过剩，是风险比较小的一种拓展业务的方式。比如一些农业地区大量种植某种农作物，然后成立一个大型批发市场就是顺理成章的。有的地区有大型批发市场，然后在周边成立很多加工企业也是低风险的。随着产业的进化，分工会越来越细，越来越专业化，企业不断地把一些生产流程外包出去，产业链会延伸得越来越长。既分工，又合作，形成了一种成本最低的产业链生态环境。除非像华为一样，有些原材料稀缺，容易被人卡脖子，出于战略考虑，企业需要建立自己的供应链作为"备胎"。一般企业的原材料供应商非常多，那企业就没有必要自己搞产业链延伸。

1990年，义乌小商品市场的成交额跃居全国各大专业市场之首。在市场发展取得巨大成功的同时，义乌开始实施"以商促工""贸工联动"战略，引导商业资本向工业扩展，构建了与专业市场紧密联动的工业产业体系。从1995年开始，义乌的小商品市场开始有了坚实的产业支撑，由一个纯中介市场变成了产地市场。本地生产作为源源不断的上游活水，成为支持低成本竞争的重要因素。目前义乌形成了针织袜业、饰品、拉链、玩具等一批极具竞争力的优势行业，市场的凝聚力和辐射力使周边的产品不断向义乌集聚，永康的五金、浦江的水晶、嵊州的领带、诸暨的袜业、温州的眼镜和鞋业、黄岩的塑料制品，已成为义乌市场的主打产品。⊖

5.1.3 产业集群

在产业链的形成过程中，往往一家核心企业还拉动不了配套的供应链，还需要一批核心企业。例如韩国的 LNG 船厂也不是一家，而是现代重工、三星重工、大宇造船三大巨头，爱知县的整车厂包括丰田、三菱、铃木等。对处于核心的小微企业来说，一家企业的采购量太小，更是需要一大批企业才能拉动供应链，通过数量的扩大来降低成本，所以制造业的小微企业主要以产业集群形式存在。在产业布局当中，往往是产业链与产业集群同时存在，既有产业链的业态，也有产业集群的业态，以产业集群来拉动产业链。例如浙江余姚的塑料市场，早在 1993 年，"塑料原料一条街"就聚集了 100 多家经营户，年销售额 8 亿元，已经形成了一个颇具规模的产业集群；经过 20 多年的发展，产业链又进一步延伸，沿着塑料原料发展到塑料机械、塑料配料、塑料模具等领域。大企业可以"独木成林"，一家企业就可以养活一批供应商，而小微企业就必须"抱团取暖"，通过产业集群来养活产业链。

⊖ 义乌政府网．"无中生有"[OL].http://www.yw.gov.cn/zjyw/03/ywkf/2006/jjrb/200803/t20080318 2828831 2.html，2008-03-18.

一般说来，产业集群形成后，将可以通过多种途径，如降低成本、刺激创新、提高效率、加剧竞争等，提升整个区域的竞争能力，并形成一种集群竞争力。这种新的竞争力是集群外企业所无法拥有的，在其他条件相同的条件下，集群将比非集群更具有竞争力。产业集群也是一种共享经济，将很多成本分摊开。集群加剧了竞争，竞争是产业获得核心竞争力的重要动力。竞争不仅仅表现在对市场的争夺上，还表现在合作上。

在一些规模优势不明显、分散度比较高的轻工行业，小微企业主要是以产业集群的形式存在的，竞争是集群与集群之间的竞争。比如广东家具与四川家具、江浙的纺织品与山东的纺织品，没有融入产业集群的企业竞争力就非常弱。放贷款就是寻找大概率成功的事件，哪些企业容易成功，信贷资金就优先流到哪里。就一个地区来说，要寻找当地具有竞争优势的特色产业，尽量排除一些"独狼"式的企业。产业集群比较发达的地方，被称作"中国××之乡"的地方，往往是经济比较发达的地方，也是银行经营得比较好的地方。江浙一些地区形成了"一村一品、一镇一业"的产业格局，地方支柱产业十分突出，周围的人都是从事同一行业，谁都懂得一些行业信息，银行人员整天耳濡目染，用不了多长时间就成了行业专家，对这个行业的风险把握度比较高，利于"批量开发"和"标准化作业"的开展，既能节省成本又能控制风险。经济落后的地区，往往是没有特色产业的地区，甚至连农业的土特产也没有，银行的授信行业十分分散，单个企业缺乏抗风险能力，银行缺乏对行业的深刻了解。

在产业集群的发展壮大过程中，银行可以顺势介入。在比较分散的产业环境中，形成集群是提升企业整体竞争优势的不二法门。

笔者到过几个淘宝村，产业发展好，信贷资金需求十分旺盛。实际上淘宝村的形成就是一个小型产业集聚的过程。在一个村或几个村的范围内，围绕一个小产品、依托淘宝平台，形成了产业链和产业集群。

5.1.4 产业转移

产业集群也不是形成了之后就固定不变，而是会不断地转移，转移到成本更低的地方，是一个动态的过程。笔者在2010年前后做了一批棉花加工企业的贷款，当时很多企业申请贷款用于更换400型棉花打包机。但是贷款发放后没几年，大多数企业都倒闭了，几十家加工企业所剩无几，银行贷款损失惨重。同样，到湖南常德上课的时候，当地一家银行的情形也是一样，在棉花加工企业身上吃了大亏。究其原因，从2012年开始，新疆开始推广采棉机，采收成本大幅降低，于是这几年国内的棉花种植区域迅速转移到了新疆，山东的棉花种植面积也大幅减少。种植棉花的少了，自然收棉花、加工棉花的也少了，棉花加工厂就没了生意。国内产棉区，除了新疆具有使用采棉机的自然条件之外，其他地区都不具备。这个转移过程的时间非常短，就是三两年时间。棉花种植、加工产业的转移本质上就是机械化代替了人力。

我国东部沿海地区产业向中西部地区转移步伐加快，对于西部来说，可以积极地承接产业转移。比如，世界笔记本电脑的制造中心从苏州转移到了重庆，富士康的一部分厂区也从深圳搬到了郑州。在建筑陶瓷行业，很多广东企业将厂区搬到江西、湖南、广西等地。所以一个行业究竟是朝阳产业还是夕阳产业要因地而论，在有的地方是夕阳产业，在另一些地方却是朝阳产业。

产业转移不光转向国内，也会转向国外。这几年国内大量的服装、制鞋、纺织等劳动密集型企业转到越南、巴基斯坦、孟加拉国以及非洲等地，因为这里的用工成本比国内低得多。这是一个不可逆转的趋势，在改革开放初期，我们的这些产业也是从欧美、日韩转移过来的，现在我们的经济要转型升级、腾笼换鸟，低端的加工制造业转移出去势在必行。看到国内很多地区的纺织、服装企业仍然在坚持，只能说是苟延残喘，被淘汰只是时间的问题，银行应当尽早从这些企业抽身。

在2001年的某个汽车高峰论坛上，李书福大谈通用、福特一定会关门大吉的观点。他说："未来的十年或二十年，通用一定会破产，不是它经营得不好，而是全球经济的发展规律决定了美国将成为汽车行业的沙漠。"当时，台下坐着的通用、福特代表面有愠色，有的甚至愤而离去。⊖ "老的消亡，新的壮大，这是事物发展的客观规律。""中国自主品牌汽车工业一定会崛起，金融海啸就是中国汽车的发展良机。"⊜

1886年，德国人卡尔·本茨设计出世界上第一辆以汽油为动力的四冲程发动机汽车，另一名德国人戴姆勒进一步改进了四冲程发动机，把汽车推向工业性生产，接着欧洲陆续出现了奔驰、标致、奥斯汀、罗孚、菲亚特等生产汽车的公司。到1890年，欧洲年产汽车达6000辆，成为世界汽车工业的核心。

第一次转移，从欧洲转移到美国。19世纪末，由于欧洲生产的汽车讲究豪华、工艺精细、价格昂贵、需求有限，从而限制

⊖ 浙商网.天方夜谭拉开帷幕[OL]. http://biz.zjol.com.cn/05biz/system/2011/03/22/017380907.shtml，2011-03-22.

⊜ 黄少华.李书福：金融海啸是中国汽车的发展良机[N].中国青年报，2008-11-13.

了汽车工业的进一步发展，而此时美国经济已达到较高水平，工业生产处于世界前列，钢铁、石化等工业均有较大发展，科学管理理论的提出极大地提高了生产效率。1908年，福特汽车公司推出的T型车采用了当时的先进技术，而且价格便宜，从此美国出现了汽车普及高潮，推进了汽车工业的快速发展。从20世纪初到20世纪中叶的半个世纪里，美国主宰了世界汽车工业，其汽车产量占世界汽车产量的80%以上。

第二次转移从美国转移到欧洲。第二次世界大战后，欧洲经济得到了恢复和发展，家庭收入成倍增长，被战火压抑的消费品需求迅速爆发出来，欧洲汽车工业既有美国式的大规模生产的特征，又有欧洲式多品种、高技术的趋势。1950年，欧洲汽车产量达到200万辆，到1966年汽车产量超过北美，成为世界第二个汽车工业发展中心。

第三次转移从欧洲转移到日本。日本人对世界汽车工业的最大贡献就是开创了精益生产方式。1960年，当美国与欧洲的汽车工业激烈竞争时，日本推行了终身雇用制及全面质量管理（TQC），促进了劳动者与管理者之间的相互信任，提高了人员素质，调动了积极因素，使工业发展出现了飞跃。特别是汽车工业，出现了有名的丰田生产方式，从而在生产组织管理上出现了突破，生产出高质量、低消耗、廉价精巧的汽车并畅销全世界。1961年，日本汽车产量超过意大利，跃居世界第五位；1965年，超过法国居第四位；1966年，超过英国升为第三位；1968年追上德国居世界第二位。

第四次转移从发达国家转移到发展中国家。20世纪80年代，韩国汽车工业利用学习、消化国外生产技术和实现主要技术的国产化，使其汽车工业飞速发展。

中国汽车工业协会发布的数据显示，2016年自主品牌乘用车年销量首次突破1000万辆大关，市场占有率超过45%。自主品牌产销量迅猛增长，日益成为中国汽车工业不容忽视的一支新生力量。

随着国内制造业的转移，有人也惊呼"谁会成为下一个'世界工厂'"，担心中国的世界工厂地位会被取代。这一点仍要从产业链上分析，产业链比较短的企业是可以转移出去的，比如服装来料加工，但是产业链比较长的高端制造业，是很难转移走的，就像日本、德国的很多高端制造业一直没有转移到中国，在很多工业领域，二者的地位仍不可撼动，所以中国的产业也未必能转移出去，也就是国内企业到国外投资未必会成功，它需要完善的产业链、便利的交通运输条件、高素质的产业工人，同时具备这些条件的地区并不多。从汽车产业的发展历史来看，尽管汽车的产能发生了转移，但是转移的都是中低端的产能，高端的产能仍然会因为文化、品牌、技术等方面的原因留在当地。比如英国作为工业革命的发源地，到现在汽车产业所剩无几，但是仍保留了劳斯莱斯、宾利等豪华车品牌。起步越晚，所能占据的产业越低端，韩国车档次不如日本，日本不如美国，美国不如欧洲，基本就是这么一个规律。所以对于产业转出地来说，比如经济发展起步较早的广东、浙江，不会整个产业都转移，仍然会保留很多高端产品。

5.2 城市商圈

对于制造业来说，需要考察产业链，而对于商业和服务业来说，则需要考察商圈，也就是店铺所在地段的商业氛围。很多大城市已经"退二进三"，几乎没有了制造业，小微企业的主要业态就是商业和服务业。要拓展城市业务，必须研究商圈。店铺的选址如何，几乎决定了它的利润如何、命运如何。所以我们在考察企业的时候，不光要看投资多少，也要看它的地段怎样、预期的客流量如何。

笔者做过一家蛋糕公司的贷款，档次和价格不是特别高。为了提升品牌形象，它把旗舰店开在市区最繁华的地段，隔壁就是星巴克，面积近500平方米，仅每年的房租就100万元，每天的各项费用至少3000元。开业之后，店铺的客流量和营业额根本无法支撑起高额的开支，经营不到一年就关门了。有一家经营珠宝玉石的公司，按照它的客群定位，应当选择好一点的地段，但是老板选择了一个社区周边的底商，周围是饭店、理发店、小超市等普通居民服务业，店铺的气场与周围环境格格不入，尽管房租成本低，但是一点人气也没有，没过多长时间也关门了。

5.2.1 商户业态

商户按照经营业态，可以分为市场商户和沿街商户，市场商户规模大、户数多、行业集中，有管理方管理，在营销的时候比较好切入。这些年银行大量开发小微商户，这类商户也成为贷款投放的重点。沿街商户行业分散，没有统一的管理方，批量化营销难度较大。

沿街商户又分为老街区商户和新街区商户，一般老街区商户经营时间较长，业态比较传统，相对资金需求量较小；而新业态、新店铺主要开在新街区，比如宠物店、零售店、婴幼儿用品店，开业时间较短，资金需求量较大。

市场商户可以分为批发商户和零售商户。批发商户的业务辐射范围有大有小，有的面向全国，有的只覆盖县域。零售商户则只覆盖周边社区。

按照经营种类，商户可以分为经营生产资料的商户和经营生活资料的商户。经营生产资料的商户受经济波动影响比较大，比如钢材、化工产品、工程机械等。经营生活资料的商户受经济波动影响相对较小，比如服装、水产、茶叶等产品。

5.2.2 中心地（商圈）理论

德国城市地理学家克里斯·泰勒提出了中心地理论，他认为，一个区域发展必须要有自己的核心，拥有若干个大小不同的城镇。每个城镇都位于其服务区域的中央，被称为"中心地"。⊖中心地是个学术术语，换成银行使用的术语，叫作"商圈"，即人口和商业比较集中的地区。民生银行一开始在拓展小微企业的时候，也是以城市商圈为业务单元拓展业务，后来被其他银行效仿。例如北京市可以分为大小 40 个商圈，商圈大小取决于商业业态和功能聚集程度。商圈的定位也不一定完全一样，既有单一业态形成单一商圈，比如专业市场，也有多业态、多商业功能的集聚形成多层次的商圈。商圈的种类包括商业区、住宅区、文教区、办公区和混合区等，不同种类商圈的消费群体不一样，商户的行业分布也不一样。

1. 中心地等级

中心地提供的商品和服务的种类有高低等级之分，根据中心商

⊖ 杨万钟. 地理经济学导论 [M]. 上海：华东师范大学出版社，1999：196.

品服务范围的大小可分为高级中心地和低级中心地。在一个区域内，高级中心地只有一个，次一级的中心地较多，等级越低的中心地，数目越多，规模越小（见图5-1）。相同等级的中心地和服务范围是彼此独立和排斥的。不同等级的中心地提供不同种类的服务，高等级的中心地不仅能够提供与其级别相对应的商品和服务，还能提供比它级别低的中心地的商品和服务。

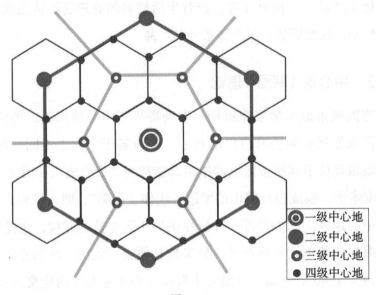

图 5-1

具有高级中心地职能布局的中心地为高级中心地，反之为低级中心地。低级中心地的特点是：数量多，分布广，服务范围小，提供的商品和服务档次低、种类少。高级中心地的特点是：数量少，服务范围广，提供的商品和服务种类多。两者之间还存在一些中级中心地，其供应的商品和服务范围介于两者之间。居民的日常生活用品基本在低级中心地就可以买到，但要购买高级商品或高档次服务必须到中级或高级中心地。不同规模等级的中心地之间的分布秩序和空间结构是中心地理论研究的中心课题。所以店铺的定位要与它选址的等级相匹配，如果想覆盖大区域，必须选择等级比较高的中心地，否则没有足够的客流量。如果一家店铺只想覆盖几个社区，应该选择等级比较低的中心地，否则房租成本会过高。我们在考察商户经营情况的时候，要看商铺自身的定位与它的选址是否吻合。

2. 门槛人口

中心地为供给某种商品，而必须达到的最小限度的需要量，称为门槛人口，即中心地商品的下限。零售商店的销售活动通常都有一定的地理界限，一般指以该店所在地点为中心，沿着一定的方向和距离扩展，吸引顾客的辐射范围。比如学校对面有一家面馆，如果它正常运营，一天需要支付房租、水电气的费用等合计150元，原材料费用100元，工人薪酬150元。假定每碗面条8元，且消费者一人每次购买一碗，这家面馆的门槛人口就是50人。当服务人口大于门槛人口时，经营者能够盈利；当服务人口小于门槛人口时，经营者出现亏损；当服务人口等于门槛人口时，经营者保本。比如开一家便利店，就要分析一个多大规模的社区可以养活一个多大营业面积的店面。我们发现，同样一家标准化的连锁餐馆，营业面积相同，在一线城市顾客盈门，除了排队等候就是翻台，而在三线城市开的时候，则是门前冷落鞍马稀。虽然它们提供的产品和服务是一致的，但是经营效益有天壤之别。所以我们发现，大城市除了房价高一点，其他物价反而比小城市低，其主要原因是大量的客流摊薄了它的经营成本。一些个性化很强的专卖店，在大城市有支撑它生存的客户群体，在小城市则没有足够的人数。许多国际著名的奢侈品品牌只在少数一线城市设立专柜，因为中小城市无法支撑起它的市场需求。因此，我们在分析一家店铺的经营前景时，要看当地有没有足够的人口支撑、店铺所在地段的辐射范围。

5.2.3 店铺选址

前些年线下实体店一下子被互联网冲击得七荤八素的，这两年大家逐渐反应过来了，这其实不过就是一个获客成本的问题。当互联网流量红利逐渐消退，当网上的获客成本越来越高，接近甚至超过了线下实体店的时候，实体店也迎来了复苏的迹象。同时经过这几年的大浪淘沙，那些适合做实体店的业态和品牌在残酷的竞争中存活下来，实体店也可以通过线上引流来提升客流量。大家发现，人终究还是需要走出家门进行社交和娱乐活动的，线下实体店在服务体验和用户触达方面有着线上不可比拟的优势。

传统实体店铺的劣势在于，辐射面比较窄，流量有明显的天花板。互联网适合卖标准化的东西，实体店适合做需要强体验的服务业。大家都在说实体店房租贵，开实体店亏本的主要原因在于没有足够的有效流量。老板为一个店铺付出的租金，实际是流量费用＋场地费用，店铺的地址需要精准地获得他所期望的客流量。比如把补习班开在学校周边，把烟酒店开在高档社区门口，把咖啡厅开在写字楼下面，把寿衣店开在医院旁边，都是最大限度精准获客的方式。但是如果选错了地段，虽然店铺租金可能会很高，但是与你要卖的产品的流量不匹配，仍然是无效流量，白白付了房租。所以开店并不是地段越贵越好，关键是店铺的目标客户能否与它周边的商业氛围相吻合。

5.3 地区信用环境

> 橘生淮南则为橘，生于淮北则为枳，叶徒相似，其实味不同。所以然者何？水土异也。
>
> ——《晏子春秋》

在贷款催收中我们发现，很多人不还款并不是缺乏还款能力，而是看到别人不还钱，他也不还钱，这是由于信用环境恶化而导致的成片违约。信用环境就好比土壤，有的地方信用环境好，土壤比较肥沃，我们把贷款放出去能连本带息收回来；而有的地方信用环境差，以赖账为荣，以还钱为耻，土壤贫瘠，环境恶劣，种上东西连种子都收不回来。当考察一笔贷款的时候，单纯看这一个主体是没有问题的，可最终受环境影响他不还款了，所以信用环境也是我们考察的一个重要因素。

企业家投资要看"投资软环境"，即营商环境，银行放贷款，要看信用环境。阿里巴巴在谈到为什么选址在杭州时说："北京喜欢国有企业，上海喜欢外资企业，在北京和上海我们什么都不是，要是回杭州，我们就是当地的'独生子女'。"一个企业的发展离不开它所在的环境，企业投资要先会"看风水"，看哪一块土壤更适合生存和发展。放贷款要分析周转的环境，既要看当地的产业环境，也要考虑当地的人文环境。有人认为一个人干坏事是坏，但是一群人干坏事就不算坏事，"人多壮胆""人多无罪""法不责众"，一个传染一个，整个地区的大环境就发生了变化。环境可以改变人，环境可以塑造人，"近朱者赤，近墨者黑"。如果当地都讲信用，那么不讲信用的会被人看不起，会被人耻笑，这样即使缺乏还款能力的人也会努力还款；如果当地都不讲信用，那讲信用的反而是异类，他要么被这个环境改变，变得不讲信用，要么不容于这个环境，离开这个地方发展。"孟母三迁"讲的是培养人的故事，培育企业也是同一个道理，资本都喜欢投资环境好的地区，银行喜欢信用环境好的地区。并不是一个企业好、抵押物也好，这笔贷款就一定没风险，企业虽然没有问题，但是当它周围的环境出了问题的时候，它也会有钱不还。失信往往与瘟疫一样，会扩散、会传染。瘟疫之所以能够引起传染，与当地的环境易于传播病毒有很大关系，如果防控得当，是不会造成大规模传染的。瘟疫能够流行，与各方面的不作为有很大的关系。

5.3.1 信用环境的重要性

投资环境与信用环境的恶化，必然导致经济发展的缓慢，这两者互为因果关系，形成恶性循环。近年来，东北三省的GDP增速在全国都处于下游水平，这就是投资环境恶化的直接结果。银行不敢投放贷款，企业不敢来投资，没有资金注入，一个地方的经济发展谈何容易。经济整体缺乏活力，企业效益不好，想还钱也没有钱，这样前期投放的贷款又可能形成损失。通常信用环境好的地方都是经济发达地区，大量的资金涌入必然会带来经济发展。即使企业并不算特别优秀，也会被注入的资金裹挟着往前发展；即使一两户企业出现问题，这笔贷款也会由担保人代偿。

说某个地方信用环境不好，往往带着一丝"地域歧视"的意思。只要一谈到"地域歧视"的话题，往往会招来骂声一片，因为这犯了以偏概全的错误，容易伤害到无辜的人，会招致大批无辜人的反对。但是即使这样，专业的信贷风险人员也不要轻易改变自己的看法。我们所说的信用环境不好，是指这里的违约概率高于其他地方，并不是指这里的人都会违约。违约概率高的地区就可以算作高风险地区，高风险地区就应该减少信贷投放。别的地方十个里有一个不还，这里十个里有三个不还，而且也无法判断这三个谁的可能性最大。多出来这两个会让你焦头烂额，管理这三个欠款户的难度，有时候比管理其他七户的难度还要大。

5.3.2 决定信用环境的两大要素

信用环境并不是我们凭空臆造出来的概念，也不是意气用事的报复性行动，它的形成有一定的科学道理。人的行为会受到别人多大程度的影响？西奥迪尼的畅销书《影响力》中揭示了使人产生自动、无意识顺从的几条原则。应用在贷款违约方面，最重要的是社会认同原则和权威原则。[⊖]

（1）**社会认同**。社会认同也叫作从众心理，同一种行为，做的人越多，越显得正确。比如买东西，导购说"这一款卖得非常好"，那我们也会不由自主地考虑一下是否买这一款，也不管别人为什么选这一款。尤其是在做出一个决定比较困难的时候，我们会更加倾向于根据他人的行为来判断自己怎么做才合适。"借钱容易还钱难"，当贷款到期，纠结于是否要还，自己拿不定主意的时候，别人的意见几乎就决定了自己的想法。当周围的很多人都欠钱不还的时候，自己欠钱不还就没有压力，就不会产生罪恶感、羞耻感。

（2）**权威**。权威也可以称作服从心理。在很多情况下，只要有正统的权威说了话，其他本来应该考虑的事情就变得不相关了。在权威的命令下，成年人几乎愿意干任何事情。也就是说，要形成大面积贷款违约，绝不是几个无足轻重的人带的头，而是一些重量

⊖ 罗伯特 B 西奥迪尼. 影响力 [M]. 北京：北京联合出版公司，2016.

级人物当"带头大哥",比如当地比较有影响力的大企业、商会的领导人物,村里的村干部,或者当地的政府官员,"村看村,户看户,群众看干部",这些关键人物才是真正的传染源,才是真正的害群之马。一个地区的大型企业、龙头企业是否讲信用,也会起到引导作用。很多企业倒闭不是单个倒闭,而是成片倒闭,其中一个原因就是其他企业看到龙头企业破产后钱不用还了,而资金早已通过各种方式转移了出去,在算经济账上并不吃亏,而且从心理上讲,龙头企业都倒闭了,我倒闭也不丢人。无论从哪个方面看,违约成本都非常低。

一个地区的信用环境建设,政府起到至关重要的作用。政府的权威地位高于任何企业,也高于银行,所以政府的导向很重要。如果一个地区出现企业逃废债的苗头,政府比较重视的话,对于银行遏制资产质量下滑能起到中流砥柱的作用。但是如果政府起反作用,银行没有任何办法。有的地方政府比较重视地区信用环境,督促企业还贷,帮助企业协调资金,甚至动用国家机器维护金融秩序,打击逃废债务的行为。某地有一家国有企业破产,当地政府彻查企业内部的腐败问题,包括银行违规放贷问题,抓了一大批人,几年之内没有企业敢为了逃废债务而破产。有的地方则是政府给企业撑腰,明目张胆地逃废债,搞假破产,消极执行。银行真正感受到了"人为刀俎,我为鱼肉"是什么滋味。这种都是只顾眼前利益,不顾长远利益的表现。地区信用环境恶化了,银行不敢来放贷款,地区经济就失去了活力。

5.3.3 信用环境的变化

(1)物极必反。大家都选择往信用环境好的地方投放贷款,结果势必造成信贷过度投放。本来企业需要 500 万元就够了，或者它的偿债能力只有 500 万元，老板的驾驭能力也只有 500 万元，但是银行迷信当地的信用环境好，都到这个地方去抢占业务，各家银行互相竞争，结果一共投放了 2000 万元，最后生生地把企业"撑死"了。

对企业过度授信，不但对企业有不利影响，对当地的整个行业也会产生不利影响。过度授信加大了资产泡沫，也加剧了产能过剩，造成企业的大面积亏损，最终一大批企业倒闭。比如到某地，路边是一排排冷库，支行行长指着这些冷库说："只要推开门，没有不欠我们钱的，家家户户欠我们钱。"在十多年前，当地是有名的蔬菜种植乡镇，种菜的效益比较好，贷款户的信用度比较高。后来有人带头建蔬菜冷库，银行也加大信贷投放，一座冷库可以贷款 100 多万元，结果当地有钱的、没钱的都贷到了款，都建了冷库，短时间内就有 60 多座建成投产。可是当地的蔬菜种植面积就这么大，建了那么多冷库根本"吃不饱"，闲置率超过 60%，冷库普遍经营惨淡。于是又有人带头，开始不还贷款。十多年过去了，大部分冷库还在经营，但是没有人还贷款。"物极必反"，所以既要相信信用环境，又不可迷信信用环境。

（2）**信用环境的恶化是个逐渐的过程**。一个地方信用环境恶化，不是忽然有一天大家都不讲信用了，而是一个逐步恶化的过程。一开始的时候，往往是偶尔一两户出现问题，通常这种小规模的事情是可以补救的，但是随着问题越来越严重，最后无药可救，所有人都放弃了。例如，2015 年发生"上海当地银行拒绝给福建人贷款"的新闻事件。事情的缘由是福建钢贸商贷款事件。事实上，钢贸商也不是一步就到了这个程度，中间还有一些曲折。其中发生了两个标志性事件，第一个是在 2010 年，福建周宁的钢贸商缪氏兄弟挪用银行信贷资金炒期货，巨亏 2 亿多元。事发后，为了保持福建钢贸商的信誉，能够继续从银行融资，福建周宁商会出资约 5000 万元，再加上变卖缪氏兄弟钢材存货、担保公司拆借等，银行的贷款基本还上了。这件事的发生没有让银行警醒，而是周宁人抱团、讲信用的性格被夸大了。有的银行觉得周宁人没有任何问题，放贷反而更大胆，贷款规模迅速扩大。到 2013 年，另一个重要事件发生了，上海钢贸圈内数一数二的"大佬"肖家守和周华瑞的贷款出现违约，二人被多家银行诉讼。这两个人具备前面所讲的"权威"的影响力，此后就出现了"羊群效应"，大量钢贸商纷纷效仿，最终导致整个福建人的信用被毁掉。当这种层级的事件出现的时候，就标志着局势已经彻底失控，谁也无法控制了。大面积违约都是从一两户开始的，而且刚开始出问题的时候大家都想补救，可是最终问题太大，谁也救不了。从这个事件中，我们应该吸取一个教训："一叶知秋"，及时观察周围环境的变化，提前采取措施，而不是等到"无边落木萧萧下"的时候才意识到秋天来了。

（3）**信用环境有时候会改善，但最终往往还是会暴露本质**。在经济繁荣期，人们往往会忘记某个地区曾经的不良信用记录，出于金融逐利的本性，也会向这些地区发放贷款。但是"江山易改，禀性难移"，历史上不讲信用的，仍然会倾向于选择不讲信用。如果单纯看经济繁荣期这一个阶段，是看不出信用好坏的，繁荣的经济掩盖了所有问题。往往经济不景气的时候，才是考验企业信用如何的关键时期。

举一个远点的例子，非洲是国际上信用环境比较差的地区，很多中国投资者也蒙受过损失。2005 年，原"八国集团"（G8）免除了 14 个非洲国家总计 1000 多亿美元的债务。在此后的一段时间里，非洲大陆出现了强劲的经济增长势头（主要原因是矿产资源价格上涨），政府管理也在不断完善，这一现象被誉为"非洲崛起"。人们仿佛认为非洲的信用环境改善了，又开始向非洲国家发放贷款，到2013年，非洲国家发行的主权债券达到了110亿美元，比2012年增长了60亿美元。但是到2014年，随着国际原油价格从110美元跌到40美元，非洲的经济增长骤然停滞，然后跌入低谷。2018年5月，国际货币基金组织发布报告称，非洲地区约40%的低收入国家正处于债务困境或高风险状态。[⊖]看来，非洲国家赖账、债权人免除债务的情景又会再一次上演。"家贫出孝子，国难显忠臣""时穷节乃见"，信用好坏在经济繁荣的时候看不出来，在经济不景气、还款有一些困难的时候才能看出人的信用怎么样。

（4）**信用环境的修复是一个漫长的过程**。一个地区的信用环境崩溃之后，再修复起来难度很大，耗时长久。信用环境修复至少要具备两个方面的条件：一是历史违约贷款的清偿，二是新的贷款投放机遇。先还清历史欠账，再续写新的历史。只有收而没有放，还谈不上信用环境改善了。但是贷款投放必须有相应的产业作为支撑，没有产业的兴起，还是没有贷款投放的机遇。同时，没有新产业产生新的利润，也就没有能力还清历史欠账。

信用环境的恶化，不光是借款人的原因，也有银行自身的原因。在收贷款的时候，到一些村里，有的客户经理说，"这个村民风彪悍，赖账成风"，那这样的"信用村"为什么还要给它放贷款？没有金刚钻，不揽瓷器活，既然驾驭不了，就不要去招惹它。到一个贷户家里，父亲欠贷款，大儿子欠贷款，二儿子也欠贷款，这三笔贷

⊖ 搜狐网. 深度：非洲债务危机隐现，40%低收入国家处于高风险状态 [OL]. http://www.sohu.com/a/242123338_652073，2018-07-19.

款是在不同时间放的,这样一个"老赖之家",前面的没清,后面的为什么还要放?有的银行违规放贷盛行,到处是顶名、借名贷款,相关责任人问责处理也很轻,造成了大面积贷款违约,于是其他人竞相效仿,即使是真实的借贷关系也找找关系不还。甚至出现"劣币驱逐良币"的现象,条件好的客户不请客送礼就借不到钱,整个银行充斥着劣质客户,资产质量难以改善。"打铁还需自身硬",如果放贷过程中没有一点问题,即使有少量的钉子户,主体也是可以治理的,风气是可以扭转的。实际情况往往是内部管理不规范,"吃拿卡要"的情况比较多,放出去的款自己都不敢往回要,反而回过头来说是因为信用环境不好。

Chapter 6 第 6 章

人　和

6.1　企业家精神

> 不怕不识字，就怕不识人。
>
> ——俗语

大企业和小微企业不一样，大企业具有"企业人格"，比如中石化，无论谁当董事长，企业都会沿着自己的管理体制顺利地走下去。小微企业则不一样，"个人"特征更明显一些，老板的个人素质直接决定了企业的命运。所以，小微企业更侧重于对个人的考察。

6.1.1　银行是为企业家服务的

1870 年，德国人乔治·西门子创办了德意志银行，他定下的使命就是发掘企业家，为他们融资，并迫使他们实施有组织、有纪律的管理。熊彼特提出："银行家通过提供信用、向企业家贷款，正好就把资源放在企业家手中供其运用，这就是银行家所起的杠杆和桥梁作用。"银行家的使命，就是发现有潜质的企业家，把资金交到他们手里，让社会财富得到最优化的配置。企业家是直接进行资源配置创新的人，而银行家则是间接进行资源配置创新的人。

经济学家是最早研究"企业家"这个群体的人，企业家是所有生产要素里面最重要的一项。法国经济学家萨伊提出"生产三要素论"，他指出商品的价值是由劳动力、资本和土地这三个生产要素协同创造的，早期企业家理论的集大成者马歇尔又在萨伊的基础上加了一项——企业家，成为"生产四要素论"，劳动力、资本、土地等要素只有在具有企业家精神的人手中，才能在复杂多变的竞争环境中发展壮大起来，才会真正成为财富的源泉。企业家精神是支撑一家企业存在的精神力量，企业具备了企业家精神才能生存，当失去了企业家精神，企业就如同行尸走肉，应该被淘汰。

德鲁克认为，企业家（或企业家精神）与企业的规模和性质无关。无论是大企业还是小企业，无论是高科技企业还是非科技企业都可以有企业家，都可以具备企业家精神，所以即使是小老板，我们也可以称之为企业家。[⊖]

与大企业相比，小微企业仍有其自身的特点：第一，大企业的主体是企业，企业有独立的人格，小微企业的主体是个人，老板才是核心。一家大企业可以前后换好几任董事长，不影响企业的经营，但是小微企业完全系于个人。同样，如果大企业倒闭了，这笔贷款收回的希望就很渺茫了，小微企业倒闭了不要紧，只要老板人还在，贷款就有收回的可能。大企业的平均寿命要比小企业长，但是小微

⊖ 彼得·德鲁克. 创新与企业家精神[M]. 北京：机械工业出版社，2010.

企业的老板一生当中可以不断地创办企业。所以大企业的分析要落脚于企业，小微企业的分析要落脚于个人。第二，一般来说大企业都是从小微企业成长起来的，包括市值几千亿美元的阿里巴巴初创的时候也是只有十几个人的小公司。但是能成长为大公司的小公司终究是凤毛麟角，有的小公司经营了百十年也是个小公司。第三，从某些方面讲，大老板好干，小老板难当。企业大了，老板就有能力聘用别人来参与经营，如果一家公司的组织结构比较健全，那么老板只需要拍板做决策就可以了，但是小企业的老板往往身兼数职，总经理是他，销售经理是他，财务主管也是他，决策与实施都是一个人。小微企业虽然小，但是大公司有的问题，小公司一个不缺，哪怕是一个出租车司机，他也得想一想如何面对日益稀少的客人、怎么样能增加客流、怎么样确保安全行驶，战略、营销、组织、生产等问题一个不少。第四，银行做大公司客户的贷款，客户经理往往一年也见不到老板几次，接触的主要是财务老总，但是做小微企业的贷款，就可以与小老板们面对面地交流，倾听他们的创业故事，分析他们的性格，理解他们的难处和苦衷，这也是做小微企业的乐趣之一。

根据经济学家对企业家精神的研究成果，我们总结出普遍认可的三点：创新、冒险、敬业。这三点可以作为我们衡量一个老板是否具备企业家精神的标准，对于我们确定"什么才是好客户"能起到参照作用，老板的好与坏，不再是一个仁者见仁、智者见智的纯粹主观认识。

6.1.2　创新精神

创新是企业家精神的首要内涵，很多人具备其他要素，但如果不具有创新精神，就不能称之为企业家。经济学家熊彼特提出，企业家是从事"创造性破坏"的创新者,企业家的职能就是实现创新,银行信用就是专为以实现创新为目的的企业家而创设的货币资本。马云说"汽车诞生后,马车夫就没了生意",从创新角度上讲,马云应该比其他很多企业家伟大。创新的力度越大,颠覆性越强,企业就越有可能取得更大的成就。就像乔布斯说的,"活着就要改变世界",企业家的价值就是不断创新。在没有创新的情况下,经济只能处于一种"循环流转"的均衡状态,经济增长只是数量的变化,这种数量关系无论如何积累,本身并不能创造出具有质的飞跃的"经济发展"。比如在人类社会进入工业革命之前,几千年的文明只不过是不断重复过去的历史,生产力并没有大幅度的进步。在工业革命以后,企业家进行创新,"创造性"地破坏了经济循环的惯行轨道,推动经济结构从内部进行革命性的破坏,才有了经济发展。创新引起模仿,模仿打破垄断,刺激了大规模的投资,引起经济繁荣。当创新扩展到相当多的企业之后,盈利机会趋于消失,经济开始衰退,期待新的创新行为出现。在创新的驱动下,整个经济体系在繁荣、衰退、萧条和复苏四个阶段构成的周期性运动过程中前进。

德鲁克承继并发扬了熊彼特的观点,他提出企业家精神中最主要的是创新,创新是指"为客户创造出新的价值",而不是只要标新立异、开创一门生意就叫作创新,也就是说,创新的内容必须有市场,能满足客户需求。比如有些牛人非常厉害,自己在家用锤子、电焊造出一辆汽车,在汽车工业诞生100多年后的今天,这种"闭门造车"并没有价值。"创新是企业家特有的工具,他们凭借创新,将变化看作开创另一个企业或服务的机遇,创新可以成为一门学科,供人学习和实践,企业家必须有目的地寻找创新的来源,寻找预示成功创新机会的变化和征兆,他们还应该了解成功创新的原理,并加以应用。"德鲁克在《创新与企业家精神》一书中，总结了许多创新的方法，力图解开企业家创新的密码。

在信贷领域，出风险的企业并不是因为创新出了风险，而恰恰是企业家失去了创新精神，或者换个角度讲，企业刚诞生的时候还是引领潮流的，但自己没有跟上时代的步伐、与时俱进，慢慢地就被时代淘汰了。今天还是明星企业，过几天就破产倒闭，这都是正常的，现在好并不代表会一直好下去，要不断地适应时代的变化。有的企业产品老化，跟不上市场的节奏，慢慢失去了竞争力，企业效益越来越差，老板却总是回忆自己的辉煌过去，躲在功劳簿上睡大觉；有的企业投资随大流，看什么热门就投资什么，听别人说什么赚钱就投资什么，盲目跟风凑热闹，这种低水平重复建设失败的概率最大；有的企业学着别人的样子，整天喊着"颠覆"，实际上却没有什么实质性的创新之处，都是在照着葫芦画瓢；有的企业一窝蜂地涌进政策支持的"新兴产业"，整天都是互联网、新能源、半导体、集成电路、石墨烯、区块链，这些最时髦的词挂在嘴边，成为投资界的时尚达人。这些"伪创新"并不能创造新的生产力，白白浪费社会资源，给它们提供贷款形成损失是必然规律。即使是一家新公司，但如果只是以同等价格提供市场上已有的产品或服务，也并不算创新，因为它只是对别人已经创造出来的客户群进行瓜分，并没有创造新客户，这样的新公司注定会在市场萎缩的时候被边缘化。有的企业在行业最热的时候跟风进入这个行业，当行业变冷的时候，最先被淘汰的往往就是它们。

关于创新的错误认识

（1）**只有高科技才算创新。**很多人认为搞金融就要搞"科技金融"，一定要选有发明创新的科技成果转化企业，这是一个误区。德鲁克在《创新与企业家精神》一书中系统地讲述了如何进行创新，其中最大的亮点就是打破了"只有高科技才算创新"的神话。1974～1984年，受石油危机的影响，是美国经济"零增长"的时期，也是其经济停滞和衰退期，但是在这段时间，受战后"婴儿潮一代"的影响，美国却增加了2400万个工作岗位。实际上，从1965年起算的话，经济所提供的4000多万个工作岗位中，高科技企业所提供的岗位还不足五六百万个。

德鲁克列举了多个案例，说明高科技才能创新的观点并不符合实际。美国的中小成长型企业中，一半以上从事传统制造业，而不是高科技公司。20世纪80年代最具成长性的公司中只有1/4属于高科技行业，3/4是服务业和传统制造业。受投资家追捧的企业当中，不乏连锁餐厅、连锁理发店、女装公司和医疗保健机构。高科技企业的常见模式是闪耀登场、快速扩张、突然跌落，直至消失得无影无踪，在创新成功的概率及持久性方面，还不如传统行业。沃尔玛1972年在纽交所上市，在之后的25年中，它的市值翻了4900倍，这是今天的科技公司都难以做到的成绩。麦当劳没有发明任何新东西，但它通过应用管理概念和管理技巧使产品标准化，不仅大幅度提高了资源的产出，而且建立了新的市场和新的顾客群。集装箱这项创新同样没有什么科技含量，却彻底改变了世界的海运业。低科技也能创新，传统行业也能创新。传统行业创新的案例不在少数，所以我们要破除一种迷信，以为只有高科技才算创新。没有科技含量的社会创新或市场创新优于科技创新，不但更容易发现机会，而且工作周期更短，效益更大；而高科技方面的创新，时间跨度大，风险高，成功概率小。

（2）**创新风险大**。我们考察企业的时候，总是认为没见过的产品、商业模式充满了不确定性，风险肯定很大，这种看法也是不正确的。德鲁克打破了"创新充满了巨大的风险"的认识误区，企业家将资源从生产力和产出较低的领域转移到生产力和产出较高的领域，其中必然存在着失败的风险，但是，他们只要获得勉强的成功，就足以抵消在这一过程中可能遇到的风险。从理论上说，创新应该是风险最低，而非风险最高的方式。事实上，许多企业家型组织的平均成功率相当高，这足以驳倒企业家精神与创新的风险极高的普遍论调。"进攻是最好的防守"，创新风险最低，但我们往往认为因循守旧是最安全稳妥的经营方式，而这恰恰是风险最大的经营方式。

（3）**小微企业没有创新能力**。我们一般认为大企业才有研发能力，小微企业太低端，不具备创新能力，这也是错误的。克里斯坦森在《创新者的窘境》中提出，大企业并不是创新的主力，创新还要靠无数的小微企业。大企业总是宿命般地错失产业创新良机，进而在技术变革中被颠覆式创新者快速超越。柯达虽然在数字影像时代拥有先发的技术专利，但也不能自保；为什么微软是PC操作系统的霸主，却在移动端的操作市场中毫无作为？为什么诺基亚、摩托罗拉在智能手机时代来临之际而江山易主？

现在很多企业家还没有适应时代的变化，把发展思路转到创新突破上来，仍在沿用过去的办法"刻舟求剑"。经济学家许小年说："当下的中国经济不再供应短缺，变成过剩经济了，市场机会越来越难发现和捕捉。企业家很难从交易型转变为创新型，甚至很难转变为管理型的，他们还在习惯性地问股市年底多少点、房价还能再涨吗、政府政策会有什么机会，还在做交易套利的打算，而没有创新型企业家的思维。""中国经济进入了L形的轨道，中国的大多数企业也将经历 L 形发展轨道。在谷底不要单纯地熬，你也许可以熬过去，但当漫长的衰退结束时，你会发现自己与新的机会失之交臂。只有在经济不好时，企业才有压力转型升级，才会下决心告别传统经营模式，探讨、摸索新技术和新产品的开发。"㊀现在，就是要寻找具有创新精神的企业，而创新并不一定来自高新技术产业或大企业。

6.1.3 冒险精神

"老板"这个职业与其他职业不同，因为这份职业没那么容易辞职。老板，要么用一生的艰辛去坚持，要么用一贫如洗的破产来写辞职信。老板和员工的区别在于，员工只要工作就可以获得报酬，而老板工作了也不一定获得收益，还有可能把自己的钱都赔掉。银行厌恶风险，但是我们所面对的企业家就是一群冒险家。"企业家"这个词，从诞生的那一刻起，就被赋予了"冒险者"的身份。如果人们都不愿冒风险，那么就不会押上全部身家去借钱，银行也就没有生意可做。

为什么很多科学家既具有创新精神，也具有敬业精神，却当不了企业家呢？就像《三国演义》中的谋士，个个足智多谋、智商超群，却当不了枭雄，一辈子过着"为主谋天下，为自己谋三餐"的日子。差别只有一点，就是是否具有冒险精神。刘邦在沛县起兵的时候，之所以被推举为首领，不是因为他威望高，而是因为萧何和曹参怕起事失败后被诛杀九族。在社会剧烈变化阶段，最重要的不是砸锅卖铁、为孩子铺一条竞争的泥泞小路，而是有胆量去边缘市场发掘机会。

理查德·坎蒂隆和奈特两位经济学家，将企业家精神与风险或

㊀ 搜狐网.许小年最新演讲：创新和企业家精神——来自德鲁克的忠告 [OL]. http://m.sohu.com/a/115647376_479780，2016-10-09.

不确定性联系在一起。没有甘冒风险和承担风险的魄力，就不可能成为企业家。企业创新风险是二进制的，要么成功，要么失败，只能对冲不能交易，企业家没有第三条道路。美国3M公司有一个很有价值的口号："为了发现王子，你必须和无数个青蛙接吻。""亲吻青蛙"常常意味着冒险与失败，如果你不想犯错误，那么什么也别干。"黄金遍地走，单等有志人"，市场机会很多，就看你敢不敢冒风险。今天看起来功成名就的企业，它们创始人的生长环境、成长背景和创业机缘各不相同，但无一例外都是在条件极不成熟和外部环境极不明晰的情况下敢为人先，第一个跳出来吃螃蟹。

企业家虽然冒险，但他们并非赌徒，他们在有前瞻性地冒险，在别人看来可能是在冒险，可在他们看来，却是成竹在胸。就像跳伞运动员，愿意冒点险，但是在决定冒险时，他们会仔细而周全地计算风险的大小，并且尽一切可能让各种可能事件朝着有利于他们的方向发展。熊彼特说，企业家应具备对商机的预测能力。企业家应具有"尽管在当时不能肯定而以后则证明为正确的方式去观察事情的能力，以及尽管不能说明这样做所根据的原则，却能掌握主要的事实、抛弃非主要的事实的能力"，能抓住眼前的机会，挖掘出市场中存在的潜在利润。成功的企业家会精确计算自己的预期风险，小心翼翼。在有选择的情况下，他们通过让别人一起分担风险、规避风险或将风险最小化，来影响成功的概率。他们不会故意承担更多的风险，不会承担不必要的风险，当风险不可避免时，也不会羞涩地退缩。

"绝不打无准备之仗""打得赢就打，打不赢就走"，意思是"赢了再打"，不是开打了之后再想着怎样赢。"胜败乃兵家常事"是失败者自我安慰的话语，谁在战场上都是想取胜的。怎么才能增加胜算呢？《孙子兵法·计篇》说："夫未战而庙算胜者，得算多也；未战而庙算不胜者，得算少也。多算胜，少算不胜，而况于无算乎！"这里的庙算即指战役之前的战略分析。对于信贷人员来讲，只要企业家到银行来借钱，这就意味着冒险，并不是所有的冒险行为都值得支持，我们的价值在于凭借自己的风险识别能力，区分企业家究竟属于上述哪一种冒险，以此来判断风险程度的大小。一般来说，企业在上升阶段打的是"算定战"，蓬勃的市场就在眼前，需要不断筹措资金扩大规模，这个时候投资风险最小；企业到了稳定阶段打的是"舍命战"，面对不断增加的库存和不断降低的利润，需要借钱周转一下，和对手再拼一把，究竟能否取胜不能确定，风险程度高一些；企业到了衰退阶段打的是"糊涂战"，为了扭转江河日下的局面，最后借钱再赌一把，这个时候对市场已经失去了理智的判断，仓促应战，这种状态下做的决策胜算就很少了，几乎是注定要失败的。庙算和赌博的区别在于，投资是否尊重商业的基本规律，是否符合行业的发展趋势。

6.1.4 敬业精神

俗话说"勤是摇钱树，俭是聚宝盆"，"历览前贤国与家，成由勤俭败由奢"，勤、俭二字是考察借款人时必须考察的两个品质。实际上不光是"小富由勤，大富由天"，大富也靠勤劳，因为机遇总是垂青那些有准备的人。很多跻身财富多少强的企业家，身家已经有几百亿了，几辈子也花不完，可是仍在孜孜不倦地工作，有的已进入耄耋之年，仍然坚持在一线。这种敬业的精神，我们普通人似乎很难理解。被誉为中国台湾地区"经营之神"的台塑集团创始人王永庆，在过世的前一天下午，还亲自从中国台北到美国新泽西的公司与高层开会。这种层次的企业家显然不是为了赚钱,不是为了利己,也不会"小富即安",企业家是有自己的情怀的。企业家不是不劳而获的,他们的境界也与普通人不一样,有些企业家追求"死在办公室里",和追求"30岁退休"的人显然有很大不同。这个世界上,没有无缘无故的强大,也没有稀里糊涂的衰败。所有的高收入,背后都是玩命地付出和不懈地坚持,这也是为什么会有这样的现象:越厉害的人,反而越努力。

马克斯·韦伯在《新教伦理与资本主义精神》中写道:"这种需要人们不停地工作的事业,成为他们生活中不可或缺的组成部分。事实上,这是唯一可能的动机。但与此同时,从个人幸福的观点来看,它表述了这类生活是如此的不合理,在生活中,一个人为了他的事业才生存,而不是为了他的生存才经营事业。"货币只是成功的标志之一,对事业的忠诚和责任,才是企业家的"巅峰体验"和不竭动力。

小微企业主和大企业老板不一样,大企业可以通过授权完成工作,而小企业人员少、架构简单,很多时候老板必须事必躬亲。管理成本和用人成本低是小企业相对于大企业的优势。老板能否扑下身子干活,是否具有吃苦耐劳的精神,也是判断企业家能力的重要方面。当我们看到正在卸货、满手油污的老板不好意思与我们握手的时候,当我们看到老板为了给我们沏茶,自己把水桶从一楼扛到三楼的时候,心里充满了敬意。实践证明,给这些企业放贷款没有多大问题,老板辛辛苦苦赚钱,也是踏踏实实过日子。反而有些企业规模不大,老板的谱却很大。笔者见过一个公司,只有20个人,还要找一个职业经理人管着,老板年纪轻轻就当起了甩手掌柜,早上10点了,老板才慢腾腾地到店里查看一下,这些都是未富先懒的表现。

我们看到一些企业走向衰落，并不是因为市场衰退了，而是因为当初的创业者后来飘飘然了。有些企业在取得了小成功之后，老板不再是创业时那副全身心投入的状态，而是"春宵苦短日高起，从此君王不早朝"，整天喝酒打牌、贪图享乐、奢侈挥霍、纸醉金迷。真正有修为的企业家，哪怕是财富再多，也不会这样，这样做也守不住财。一旦老板出现了这些行为，往往是一个家庭、一家企业走向衰败的标志。在小微企业分布最广的零售业、服务业，没有什么科学技术可以创新，能够赚钱的最大秘密就是比别人多付出一些，比别人的服务做得好一点。我们到一家企业考察的时候，一位在厂里干了20多年的车间工人这样评价他的"少东家"："我们老板，一年365天，要在厂里干360天，除了年初一和年三十，几乎天天到厂里上班。不喝酒，不赌不嫖，我觉得他过得还不如我潇洒。"当听到这些评价的时候，我们心里有一些感动，服务于这样的企业家、与这样的企业家共同成长，才是我们价值的最大体现。

有的借款人是因为染上黄、赌、毒而丧失还款能力的。有这些不良嗜好的，不要说"企业家"精神，连作为一个"人"的基本素质都没有了，不要说去管理别人，连自己都管不住，陷入欲望深渊而无法自拔。个人能力有高有低，但是一旦染上这些恶习，人基本就废了。

总之，企业家精神是一家企业的灵魂，是维持一家企业存续的精神力量。当企业家精神旺盛的时候，企业充满了生机与活力；企业家精神逐渐衰退，就意味着企业越来越老了。企业的寿命不在于成立时间长短，而在于企业家精神是否一直发挥作用。一家企业在三个方面都可以得高分的时候，竞争力就非常强；如果仅在一两个方面做得好，竞争力就差一些；如果一个也不具备，那就将要被淘汰了。一个人，如果从事的工作具备这三个条件，也能获得高薪。一般来说，脑力劳动者的工作收入高于体力劳动者，因为这项工作需要更多的创新能力。一线市场人员的工资也会高于二线后台人员，因为一线市场人员的工作冒的风险比较大。同样，敬业的员工肯定要比不敬业的员工平均收入高。

6.2 企业生命周期

> 美人迟暮，英雄末路，都是世上最无可奈何的悲哀。
> ——古龙，《多情剑客无情剑》

2013年，国家工商总局发布《全国内资企业生存时间分析报告》，该报告分析了2000年以来新设立企业退出市场的情况，寿命在5年以内的接近六成。多数地区企业的生存危险期为第三年，企业成立后第三年的死亡率达到最高。企业规模越大，存活率越高，企业存活率与注册规模呈正比，大规模企业较小规模企业生存曲线更平稳。⊖

做企业的人，都想企业发展，都想企业长久，银行更希望自己的贷款客户长命百岁。但对于任何企业来讲，长期稳定地经营下去都是一件非常困难的事。小微企业的平均寿命非常短，银行做小微企业授信，其风险之大就可想而知了，这也决定了小微企业的贷款不能像大企业一样长期授信，需要适时退出。虽然小微企业授信可以把个人作为授信主体，但是一旦前一个企业经营失败了，老板在

⊖ 中国政府网. 工商总局近日发布全国内资企业生存时间分析报告 [OL]. http://www.gov.cn/gzdt/2013-07/30/content_2458145.htm, 2013-07-30.

背负巨额债务的情况下东山再起的难度非常大。

6.2.1 企业生命周期理论

美国管理学家伊查克·爱迪思是企业生命周期理论中最有代表性的人物之一，他从管理的角度，把企业生命周期分为十个阶段，即孕育期、婴儿期、学步期、青春期、盛年期、稳定期、贵族期、官僚化早期、官僚期、死亡期（见图6-1）。⊖发展到后来，很多学者又研究这一问题，逐渐演变成标准模型，把企业的生命周期分为初创、成长、成熟、衰退四个阶段。从信贷分析角度来讲，四阶段模型更简单明了。企业处于不同的成长阶段，标志着它的资金使用效率的变化，一家企业快速成长意味着资金使用效率最大化，一家企业衰退代表着资金使用效率的降低。

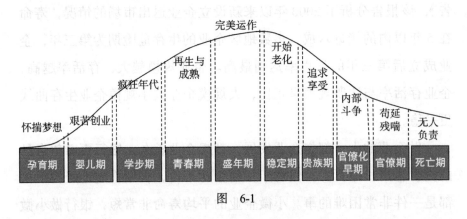

图 6-1

爱迪思画了一条像山峰轮廓的抛物线，虽说这条曲线理论上可以延续几十年甚至上百年，但实际上很多企业压根儿走不完这条抛物线，有的仅仅创立几年还在成长阶段就夭亡了。原因是，企业

⊖ 伊查克·爱迪思.企业生命周期[M].北京：华夏出版社，2004.

在成长中会遇到许多陷阱，没有跳过去。华尔街传奇基金经理彼得·林奇说："早期生龙活虎激情无限，但后来逐渐耗尽精力而慢慢衰老。企业不可能永远保持两位数的增长，早晚它们的增长动力会被耗尽。前几年可以像一飞冲天的雄鹰，后几年就像一只挖土钻洞的土拨鼠。"很少有企业能无疾无终，大多数企业在生命周期的各个阶段都会出问题，所以经营时间的长短并不是判断信贷风险的标准，并不一定经营时间越长风险就越小，关键是看企业所处的生命周期。

爱迪思的企业生命周期理论主要以大企业为研究对象，他所描述的很多特征，在组织结构比较健全的大中型企业上表现得比较明显，而对于组织结构不健全的小微企业来说，没有那么多部门，也没有那么多员工，管理相对简单，所以在内部管理方面，并没有像爱迪思描述的那么明显的特征。但是在基本脉络上，小企业和大企业是一致的，只是小企业的特征更多地体现在企业主个人身上。

财务分析领域也大量使用了企业生命周期的方法。不同阶段的企业呈现出不同的财务特征，也为企业分析财务问题、提出解决方案提供了一个清晰的轮廓。

6.2.2　企业变老的原因

（1）**商机的流逝**。商机主要指行业机遇，也就是行业生命周期。一般来说，小微企业的生命周期是和行业的生命周期一致的，当行业繁荣的时候，企业就腾飞了，当行业衰退的时候，企业也就衰退了。小微企业往往都是"各领风骚三五年"，因为赚钱的商机就只有三五年时间。除非小微企业建立起自己的"护城河"，能够长期地维持竞争优势，否则小微企业很难长寿。大多数企业都是在顺势而为，能够抓住多个行业机遇的企业非常少。

（2）**企业家精神的衰退**。经济学家熊彼特认为企业家是"经济增长的国王"，那么这位国王的表现也预示着一个王朝有兴衰。当一个国王励精图治、勤勉敬业的时候，这个王朝就会出现中兴景象；当一个国王骄奢淫逸、懒政怠政的时候，这个王朝就会走向衰败。企业家精神代表着企业的生命，它的消失便是企业的死亡。

（3）**企业适应不了环境的变化**。企业会不断成长、成熟，但是当企业走向成熟，在可控性增加的同时，也伴随着灵活性的下降。企业周围的经营环境瞬息万变，要求企业及时调整发展战略；企业所掌控的人力资源在变，要不断地对组织结构进行变革。当企业的变化跟不上环境变化的时候，就意味着企业变老了。很多百年企业之所以能活百年，要么是因为自己不断改变以适应环境，要么是因为环境变化太小，自己可以以不变应万变。环境变了，企业家没变，那么这个企业也会老化。一个创始人的性格，往往既是他成功的因素，也是他失败的因素。企业的成功是非常偶然的，得益于当时的市场环境恰好与创业者的性格天衣无缝地结合在一起。但是环境是不断变化的，而人的性格又很难改变，于是到最后人适应不了新环境，企业就面临着淘汰出局的问题。

（4）**团队具有生命周期**。1972年，管理学家格林纳提出了组织成长与发展的五阶段模型，他认为一个组织的成长大致可以分为创业、聚合、规范化、成熟、再发展或衰退五个阶段，每个阶段的最后都面临某种危机和管理问题，都要采用一定的管理策略解决这些危机以达到成长的目的。团队组建完成之后，经过一段时间的磨合，逐渐达到最佳状态，但不可能总保持这种巅峰状态，再到后来就出现了失落感，团队就分崩离析了。最后的结局往往是"人心散了，队伍不好带了"。举一个每个人都能遇到的例子，QQ群和微信群也有生命周期。我们一开始是怀着激动和兴奋的心情加入某个社群的，但加入了一段时间后，能提出热点问题的人越来越少，且群里时常充斥着"灌水""刷屏"、广告，甚至两个群友一言不合就演变成了争执，愤而退群。很多群，不出半年，大家就慢慢不再发言了，使之最终成了一个所谓的"死群"。

6.2.3 企业生命周期理论在授信方面的应用

企业生命周期理论创立的初衷是应用在管理咨询领域，通过对企业的情况进行诊断，判断企业所处的生命周期阶段，然后对症下药，帮助企业在组织结构和管理方面进行变革，迈过一道道坎，实现基业长青。这一理论对于授信的指导作用也非常大，授信就是判断企业的寿限，确定贷款的投放和收回时机，借助这一理论模型，信贷人员能够深层次地洞察企业的状况，通过观察企业老板的动态和企业内部的运作，来判断企业将来的走势，以求更准确地把握风险。利用企业生命周期理论，可以推断下面几个方面的重要信息。

（1）**分析贷款用途**。企业真实的资金用途有时候是个解不开的谜，要想判断钱究竟用在了哪里，需要我们从多个方面进行调查分析。几乎所有流动资金贷款的用途都是购货，但是真实的用途五花八门。尽管我们想控制住贷款用途，但实际上很难把握，即使受托支付是真实的，可是企业把自有资金投到了别的地方风险一样存在。企业生命周期这个工具可以帮助我们推算企业可能的投资方向。企业在不同的生命周期，现金流的紧张和宽裕程度不一样，投资的重点方向也不一样。

（2）**确定财务分析的重点**。企业的现金流变化和人的生命周期有相似之处，企业的成长期就像人刚刚工作的时候，收入不多，但是用钱的地方多，现金流高度紧张，产生一批"月光族"；企业的成熟期就像人届中年，工作能力和收入不断提高，现金流达到顶峰，不但还完了房贷，还有了积蓄；企业的衰退期就好比人退休之后的时光，现金流减少，有可能一场大病把所有积蓄花光，"田怕秋旱，人怕老穷"，这个时候借债是非常痛苦的事情。针对企业的不同发展阶段和贷款期限应选择不同的分析重点。在企业的初创阶段，重点分析收入增长和自由现金流量及各项非财务指标；成长阶段应重点分析收入增长、资产结构和财务弹性等指标；成熟阶段需要重点分析资产收益率、收入成本比、现金流量等指标；衰退阶段分析的重点主要集中在现金流量上。

（3）**分析可能存在的风险**。按照爱迪思的十阶段划分，每个阶段都是一道坎，都会产生新的问题，把这个阶段的问题解决了，才能走到生命周期的下一个阶段，就像螃蟹一样，不断地脱壳才能不断地成长。如果这个阶段的问题解决不了，生命就到此为止了。要判断企业的发展趋势，就要看老板是不是看到了这些问题、能不能解决这些问题。如果企业家的能力能达到各个生命周期阶段的要求，这个企业就可以一直走下去，直到最后衰老，如果企业家的能力达不到下一阶段的要求，那生命周期就到此为止。

（4）**确定贷款的退出时机**。企业处于不同的生命周期阶段，代表着资金运用效率的不同，银行要在资金运用效率高的时候介入，在资金利用效率变低的时候就该撤出了。一笔贷款在放的时候，就得先想好什么时候收，不能让信贷资金与企业"同归于尽"。股市上有三种类型的投资：短线的技术投资、中线的趋势投资以及长线的价值投资。相比较而言，短线技术派投资者更注重离场的问题，通常奉行的是快进快出的炒股策略，一旦技术图形走坏，即使亏损，也要进行止损离场；趋势投资者则往往在趋势形成初期介入，在趋势背离时离场；长线投资者则对投资企业的长期价值看好，在企业成长到预期的市值范围时离场。债权投资和股权投资的原理是一样的，都要根据投资对象的情况确定投资策略。企业处于成长期，发展前景不错，就可以做长线，多赚几年利息，企业如果到了衰退期，只能是短线交易，期限越短越好。

6.2.4 初创期：潜龙在渊

初创期的企业死亡率最高，这时候的企业生命力最差，抗风险能力也差。对于商业银行来说，这个阶段的风险显然无法承受，信贷资金不适合在这个阶段介入，但是初创期的企业可以作为目标客户来储备，待种子发了芽、小苗长成小树之后再介入。

初创期的企业失败率极高。国外有一种说法，企业在萌芽阶段最早期研发的资金来源于三个方面，号称FFF，意思分别是家人（family）、朋友（friend）和傻瓜（fool）。笔者曾进入某个创业园进行观察，第一年成立并入驻孵化器的企业，第二年剩下的不到十分之一，第三年几乎绝迹，创业园总是一天天换一拨拨的新人。无论创始人背景怎样强大，初创期的不确定性都很大。如果创始人对企业经营的所有方面都是陌生的，那么仅凭自己的满腔热情，不足以把团队和市场点燃。

一般银行的经营性贷款都有一个门槛——企业成立两年以上，这也是对初创期的最低要求。对于两年以下的企业，商业银行不适合介入，因为风险和收益严重不成比例，这个阶段的资金应该以自有资金投入，如果融资的话，应采用股权融资的方式，这个市场是属于风投的。但是对于数量庞大的小微企业来说，风投资金来源可望而不可求。创业最初的资金大多数来自创始人自己，再就是周边至亲至爱的人的赞助。

有的银行为了争夺客户，也把目光伸向初创期企业。很多银行推出了创业贷款，这种贷款一般是与政府合作，政府贴息或者承担一定的风险，具有一定的公益性质。这类贷款的金额普遍较小，只适合做小本生意。金额小的原因是创业贷款风险比较大，但即使创业失败，只要借款人具有劳动能力，依靠薪金收入也能把贷款还上，但是如果金额大，这笔贷款的金额对于一个普通人来说就是一个天文数字。

很多银行以项目贷款的方式扶持了一些处于初创期的企业，用土地或机器设备抵押，贷款期限一般较长。项目贷款通常限于母公司有比较强势的背景，这种企业不是纯粹意义上的初创期的企业。真正意义上的初创期企业，借款人也很难提供抵押物，如果成长潜力比较大，可以由政府背景的担保公司提供担保。

6.2.5 成长期：跃龙在渊

企业在经历艰难的初创阶段后，终于打开了市场，也宣告企业进入第二个阶段：成长期。

1. 财务方面的特征

成长期企业的现金需求远远超出其产生现金的能力，它们必须不断地扩充厂房、设备以迅速发展，达到生产的规模经济，否则等待它们的不是被兼并就是经营失败。

（1）企业的资产规模增长很快，收入增速也非常快。销售商品、提供劳务产生的现金流量逐年大幅增长。

（2）企业的经营活动现金流量净额往往是负数，由于企业的规模急速扩张,各种经营性支出激增。经营现金流满足不了企业成长的需要。

(3)为了抢占市场、"跑马圈地",企业有可能在初期是亏损的,到了成长期的中后期会实现盈利。企业的销售是在增长,却未必能产生利润。那些促销的折扣与奖励可以使销售直线上升却不产生利润。

(4)筹资活动现金净流量为正数。为了扩大市场份额,企业仍需要大量追加投资,而仅靠经营活动现金流量净额可能无法满足所需投资,必须筹集必要的外部资金作为补充。通过提高负债比率,发挥财务杠杆的作用,满足企业成长对资金的需求,筹资活动引入的现金流量仍相当巨大。

(5)企业的投资活动现金流出往往是巨大的负数,长期资产上的投入激增,推动企业快速发展,财务上往往实施比较积极的财务政策。

企业处在成长阶段,持续的增长可以"一俊遮百丑",很多问题都可以被掩盖,即虽然财务上表现得不够好,却丝毫不影响它筹资和还款。企业在成长期的初期往往是亏损的,为了抢占市场、抢占客户而牺牲利润,"赔本赚吆喝"的事情时有发生,经营现金流也是负的,但是只要老板有雄心壮志、员工有士气,这些困难都能克服。企业预期将来能赚到钱,投资者、债权人也认为将来能赚钱,那就可以先提前预支将来的钱。所以企业在最需要钱的时候,财务的真实情况并不好,等到财报非常"靓丽"的时候,就不是很缺钱了,有了足够的"造血机能",就不需要外部"输血"了。2014年,小米科技首次公开其财务数据,2013年营收265亿元,利润只有3.47亿元,利润率不到2%;总资产64.5亿元,总负债60.57亿元,所有者权益 3.95 亿元。如果不分析小米所处的生命周期阶段，任何一个人拿到这份报表都会认为这是一家即将破产的企业。对于成立只有三年的小米科技来说，度过了烧钱阶段，能够产生利润已经算不错了，如果利润太多反而不正常，说明这不是一家成长中的企业。

2. 成长期所需的能力：领导组织力

老板发现了赚钱的商机，而且已经开始赚到钱，剩下的就是组织人力、物力投入到生产经营当中。办企业不是一个人的战斗，企业发展光靠老板单干是不行的，"一个篱笆三个桩，一个好汉三个帮""本钱易得，伙计难寻"，企业家一定要具有网罗人才的能力，这种能力就是企业家的领导力。领导力是领导者凭借其个人素质的综合作用，对特定个人或组织所产生的人格凝聚力和感召力。企业家不可能成为一个"超人"，但应该努力成为"蜘蛛人"，要有非常强的"结网"能力和意识，要能笼络各方面的人才、客户和各种资源。

缺少人才是制约小微企业成长的一个重要因素，优秀的人才只喜欢到大企业和稳定的企业去，所以很多小微企业采取家族经营的方式也是没办法的事情。企业只有吸引到足够多的优秀人才，才能迈开发展的第一步。《演说家》2017 年的一期节目当中，一位点评嘉宾说"我公司的员工都不是名牌大学的"，演说者说："所以你们公司不是 500 强"。这两句话也深深地道出了小微企业的人才状况：没有一个名牌大学的毕业生愿意到一家名不见经传、朝不保夕的小微企业去工作。企业之所以经营失败，很多时候就是缺少人才。企业在扩张的时候，资金到位了，没有足够的人才来管理，导致这些资金产生不了效益，最终投资失败。在企业取得了一点成功之后，创业者之间出现了分歧，人心散了，队伍不好带了，企业就走下坡路了。

除了组织人之外，组织钱也是一项能力。有些企业前景不错，就是输在了资金链上，因为筹资没有跟上，导致满盘皆输。我们看到很多并不非常优秀的企业，获得了银行大规模的廉价资金，而很多不错的企业却求助于高成本的民间资金，不得不说，老板"找钱"的能力还是有差别的。

3. 成长期的授信风险

在成长期，企业的资金需求非常旺盛，方方面面都需要钱。企业需要扩大规模、开疆拓土、提高市场占有率，甚至为了"提升企业形象"，需要贷款买辆好车撑撑门面。此时企业自身产生的资源低于企业的成长需求，而且企业在成长期的整个阶段对资金的需求是持续的。到了成长阶段，企业面对群雄逐鹿的场面，必须不断超越，同时由于技术进步的加快和技术革新周期的缩短，加剧了企业间的竞争，企业要想发展就必须融资，以速度来抢占市场。

成长期正是企业"长身体"的时候，也是企业最需要资金的时候，按照正常的规律，银行信贷资金应该主要在这个阶段进入。成长期的企业资金需求旺盛，选择成长期的企业作为授信对象，银行可以与企业共同成长，但这时银行还需要防范企业的"增长陷阱"。很多著名企业的失败出现在成长期，吴晓波的《大败局》一书中讲的都是曾经名噪一时因为扩张过快而失败的案例，比如秦池、巨人、三株、托普、德隆等企业。就像青年人一样，容易藐视风险，而对成功寄予厚望，对获利的机会估计过高，对损失的可能估计过低。在成长期倒闭的公司，不是被"饿死"的，而被"撑死"的。刚从初创期的死亡线上爬上来，一下克制不住自己的欲望，投资太激进，没有做好抵御行业忽然的拐点和"黑天鹅"的准备，最终受到了冲动的惩罚。

（1）**多元化扩张**。多元化扩张是战略失误，在投资方向上出了问题。创始人获得了小小的成功之后，就感到自己无所不能，很喜欢挑战自己的极限，似乎每个机会都值得考虑，就会出现"初生牛犊不怕虎"的自大，把摊子铺得过大。创始人会觉得任何机会都要优先考虑，任何好处都舍不得丢弃，卷入太多相干和不相干的生意。

多元化的错误可以发生在企业的各个阶段，但是成长期的企业是最不应该犯这个错误的。企业的资源永远是有限的，这个时期老板应该集中精力办大事，先把主业搞好再说。但是这时候企业已经小有成就了，老板们往往也会对自己的能力产生过度自信，觉得这行能干好，那行也能干好，于是大肆举债扩张，进入其他陌生行业。再加上遇上经济环境好，哪个行业都可以赚钱，企业老板能守得住寂寞，但未必抵得住诱惑。企业在本行业内还没有积累起足够的行业经验与专业能力，就盲目地搞多元化经营，这种投资很可能变成"有毒资产"，消耗大、成本高、整合难，利润贡献几年均为负数，增量没有增利，反而侵蚀了存量资产的效益规模，最后把整个企业都给毁掉了。一些心气很高的企业老板，只会踩油门，应急时却找不到刹车，酿成了很多事故。

（2）**管理失控的扩张**。组织能力不足也会制约企业经营规模的扩大与业绩的提升。很多企业家不注重组织能力的提升，结果是随着经营规模的增大，质量问题、技术问题、服务问题成倍增加，反过来约束了规模的持续增大。成长期的管理失控都是因为发展太快而"内功"不足，企业积累跟不上企业成长的速度，重投资轻管理、重规模轻效益、重发展轻风险,最后导致"基础不牢,地动山摇"。

小微企业虽然人少,但是也需要管理。有一个小老板搞起重机吊装服务,只雇了一名司机,虽然经营多年,但是没赚到多少钱。其主要原因并不是活儿少,而是因为经常出事故,每年起重机作业时总会发生一起翻车事故,导致起重臂严重损坏,修车至少花费几万元,而且窝工。老板在管理过程中大大咧咧,雇用的司机也是走马灯似地换。

小微企业要想经营好,老板既不能事必躬亲,也不能当甩手掌柜;既需要授权,又需要控制;既要会用人,又要会管人。能同时兼顾到这两点很不容易,就像唐僧一样,既敢用曾经大闹天宫的泼猴,又得会念紧箍咒。实践中很少有小微企业家能够正确地对待能力不足的问题,即使企业失败了,老板也不承认是自己能力不足,"天亡我,非战之罪也",甚至有的老板得出"不借银行的钱就不会倒闭"这种结论。企业发展的过程同时也是一个质与量互动的过程,不能光追求规模而忽略发展质量,虚胖臃肿的企业不是健康的企业。企业不但要做大,更要做强、做活、做久,要不断进行新陈代谢、吐故纳新,不断从外界获得资源,并与企业内部的人、财、物、技术、信息等资源有机结合,最终消化吸收内化为企业的核心竞争力。

(3)**财务失衡的扩张**。企业扩张有的是自身积累不足,片面依靠银行借贷,通过高杠杆率进行投资。企业为了追逐规模利润目标而容忍了高负债的风险,成本不可控、盈利不确定,负债又不设警戒线,任意资产虚增,这种单一的资产规模成长路径充满了陷阱。那些倒下的企业,往往都是盲目扩张、拼命铺摊子、过度融资、滥用杠杆，摊子一旦铺得太大，资金就容易跟不上，如果此时银行抽贷、断贷，后果难以想象。

6.2.6 成熟期：飞龙在天

企业进入成熟期意味着进入盛年期和稳定期，这是企业生命周期中最理想的黄金时期。在这一时期，企业的灵活性和可控性达到平衡，既不过于幼稚也不老态龙钟，同时具备年轻和成熟、纪律和创新的双重优势。

成熟意味着收获，银行在成长期播下种子，到了这个时期就该往回收了，这是一个十分正常的逻辑。成熟期的企业就像一个盛产期的奶牛，现金流十分充裕，也具备归还银行贷款的能力。但是银行在这个时期往往舍不得往回收，经历了几年提心吊胆的日子，现在终于可以高枕无忧了，于是银行的资金又伴随着成熟期的企业一步步走向衰老，最后想往回收也收不回了。在资金的运动过程中，最精彩的一幕不是资金进入之时，而恰恰是资金的增值退出之刻。收贷所需要的智慧要高于放贷，就像产品运营当中销售所需要的技能高于采购一样。信贷人员应在资金进入之前就预设好退路，企业的一切趋势就尽在掌握之中。

1. 财务方面的特征

（1）规模增速开始放缓，甚至停止增长。企业已经不需要进行多少新投资了，企业净现金流量多为正数，企业的经营活动和投资活动在一般情况下都表现为净收益。

（2）盈利水平非常好，经营活动现金流量非常充沛。因为市场已经基本成熟，企业的财务目标不再是抢占市场份额，而是关注其盈利能力，维持已经达到的销售利润程度，以及确保企业的长期可持续盈利性。

（3）企业经过一段时间的发展之后拥有了一定的可供抵押财产，企业的融资渠道更广泛，难度降低。为了控制企业的总体风险，企业往往选择比较稳健的资本结构政策，投资项目选择比较慎重，不愿投资高风险的项目。

（4）经营活动现金净流量为正数、投资活动现金净流量为正数、筹资活动现金净流量为负数，表明企业进入产品成熟期。在这个阶段，产品销售市场稳定，企业已进入投资回收期，但有很多外部资金需要偿还，以保持企业良好的资信。

2. 成熟期的授信风险

成熟期的企业具有大量剩余生产能力，具有较高的销售额，利润空间也较为稳定，因此大大降低了企业的经营风险。成熟期企业的运营风险较低，投资风险也相对较低，故对银行的吸引力较强，并愿意给予诸多融资优惠政策。这是信贷风险较小的阶段，当然这个时期企业的信贷需求也较少，因此会导致各家银行的激烈竞争，不断降低贷款利率和担保条件。

正常来说，这个阶段是企业资金最充裕的时期，企业应该在这个阶段逐渐还清贷款，之所以有些企业没有还清，是因为前期自有资金投入严重不足，本该由自有资金完成的投资，实际上是靠债权融资完成。企业正常经营的话，资本金是不能往回抽的，除非企业清算，所以很多企业一直保持着负债，只增不减。

在客户发展实现了腾飞，事业达到了昌盛之际，银行应该主动减少信贷投放，调整合作模式，这时候是逐步退出合作的最佳时机。这时，一方面客户实现了规模上的发展，完成了资本的积累和沉淀，也赚取了应得的利润，减少对外负债理所当然。另一方面，银行这时减少授信也是用实际行动告诉客户，银行的钱是要有借有还的，让客户在举债上懂得节制，学会适可而止地用钱，要让客户深刻地理解到善用借贷资金可以帮助其实现生存发展目标，一味地放大自身的负债只会让其掉入负债累累的深渊之中。但是在这个阶段主动退出的银行非常少，即使企业主动退贷，银行也会拼命挽留。

6.2.7 衰退期：亢龙有悔

老子云"物壮则老"，俗语有言"人无千日好，花无百日红"，如日中天，也就意味着下一步将是日薄西山。再好的企业也会发生变化，也会由昌盛转向衰落，甚至还会由衰而亡。因此，客户经理要智慧地把握对客户授信业务的增减和进退之策，要避免把银行与客户绑在一起共存亡，要在退出后还能与客户保持良好的交际关系，让信贷工作做到动态管理、与时俱进。有句俗话叫作"六十不借债，七十不过夜"，人年龄大了，前途未卜，有今天没有明天，各方面的风险都比较大。企业也一样，衰退期是企业死亡的密集期，但是企业为了"苟延残喘"，会尽力地延长自己的生命，会不计成本地融资。给这个时期的企业放贷要特别小心，企业转型十之八九是会失败的，没把握还是不要去接下落的飞刀。

爱迪思说："成长和老化既不取决于企业大小，也不在于时间长短。百年老企业仍可灵活如初，年仅十岁的企业却可能官僚无比。"老化不是企业必然出现的过程，但如果总是留恋过去的框架，沿袭过去成功的模式，失去再创业的劲头，就会丧失活力，走向官僚化和衰退。

1. 财务方面的特征

（1）销售收入、利润双双下降。市场萎缩，产品销售的市场占有率下降。盈利状况不佳，经营在微利与亏损之间摇摆。产品供大于求，有实力的企业会选择下调价格，出现价格大战，造成企业的盈利下降。

（2）微薄的净利润无法满足再投资所需的资金，企业常常要增加债务。银行信用贷款收紧，企业筹资能力下降。

（3）经营活动现金流量告急，出现负数。商业信用的放宽，造成企业应收账款项余额增加，企业的坏账损失增加。

（4）企业为了应付债务不得不大规模收回投资以弥补现金的不足。经营活动现金净流量为负数、投资活动现金净流量为正数、筹资活动现金净流量为负数，企业的资金周转日益困难，企业的财政状况日益恶化。

2. 衰退期的信贷风险

信贷本质上是企业以其未来的现金流为抵押，提前预支未来的收益，而处于衰退期的企业，尽管也有资金需求，但是没有未来。这种贷款投放下去，十之八九会失去第一还款来源。"药医不死病，死病无药医"，在企业病入膏肓的时候，它的问题已经远远不是资金的问题了。越是老化的企业，自身的造血机能越不足，只能靠外部输血维持生命，反过来讲，越是垂死的企业，越有一批食利者在它身上吸血。敢于给衰退期的企业投放贷款，主要有这么几种心理：第一，被高额利息所吸引；第二，这类企业确实都是从前面三个阶段走过来的，有的企业拥有非常辉煌的过去，放贷者被企业过去的光环所迷惑；第三，明知有风险还在进行"搏傻"，感觉还有人来接盘，自己可以抽回。这个时期的贷款主要包括下面两类。

（1）在企业成长期和成熟期发放的存量贷款。企业到了衰退期，流动资金十分紧张，这时候银行想收走它的流动资金难度就比较大了，一般都是贷款余额越积越高，最后全部形成损失。发生这种情况主要是因为银行没有调整信贷观念：贷款是有借有还的，不能企业活一天就用一天，最后都成为企业的殉葬品。其实到了成熟期的后期，银行就应该调整信贷结构，该退出的退出，该压缩的压缩。但是银行出于利润的考虑，在最容易收回贷款的时候舍不得收，到了衰退期想收的时候已经收不回来了。

（2）衰退期企业的新增贷款。衰退期的企业怎么能获得新增贷款？这里必须要有新项目，用企业自己的话叫作"转型"，通常是进行多元化扩张。有的企业常年建设新项目，因为一旦新项目停了，信贷资金就不能再增加了，企业的现金流也就断了。但是这个阶段的转型往往是被迫转型，成功概率并不高。这个阶段融资的本质是以资产在迅速贬值、现金流非常差的衰退期企业为融资主体，贷款用于前景非常不明朗、风险较大的新项目。有的衰退期企业把自己包装成成长期企业，也有银行被表面现象所蒙蔽。

贷款投放策略：短期投机，快进快出，大幅提高利率。这个阶段的利息收入主要被社会上的高利贷赚取。当然，高收益对应着高风险，看着很诱人的利息不一定能吃到肚子里。短线如果做得好，比长线赚钱多，但实际上这只是一个理想状态，没有人总是有那么好的眼力。在经济不景气时，有大量资产进入民间借贷领域，但实际上赚钱的少、赔钱的多，能全身而退就算很不错了。

爱迪思对企业生命周期的概括，为分析授信风险打开了一个新的视窗。必须注意的是，企业所处的生命阶段，不以时间长短来确定，也不以企业规模大小为前提。就时间来说，有不少百年老店依然"年轻"，也有不少刚刚建立的企业已经"老态龙钟"；就规模来说，有些世界排名领先的巨型企业依然生机盎然，而有些小型企业已经进入了"重症监护室"。但是这一理论仍有一定的局限性，只能作为分析工具之一来使用，在具体应用过程中有以下几点值得注意。

第一，企业的生命周期并不等于企业家的生命周期，有的企业家一生在不断地创业，这家公司不行再开一家，一家公司的生命周期结束了，又开始另一家公司。如果以个人为授信主体，那么即使一家公司倒闭了，贷款出现问题也还有翻盘的机会，但是翻盘的时间有的很长有的很短，比如史玉柱翻盘只用了三五年的时间。当然，更多的老板在一家公司倒闭后便一蹶不振。

第二，企业生命周期的演变尽管具有一定的规律性，但它不一定完全按照生物体的生命演变规律进行。比如，企业生命的发展有时可能会倒退回某个阶段，一家进入衰退期的企业，通过大刀阔斧的改革重新焕发了活力，实现"返老还童"，重新回到成长期，这种现象在生物界是不会出现的。

第三，企业作为一个同时具有生物特性和社会特性的开放复杂系统，其发展受各种因素交互影响，这使企业发展充满了不确定性和混沌性。人们可以预测自然生物体的生命周期和周期内的各阶段，但对一个企业做不到这一点。

第四，爱迪思给出的企业生命周期的"死亡"概念并不是破产、歇业、倒闭，他认为"没有人愿意为企业工作了"，企业就是死亡了，这与银行人眼中的死亡还不是一个概念。即使是按爱迪思的标准已经死亡的企业,实际上还可以存续运营很长时间。

6.3 多元化经营风险

> 宁要一艺精,不要百艺通。
> ——俗语

行业具有生命周期,如果企业不想自己的生命周期随着行业生命周期的结束而结束,那就要转型,所以很多老板说"转型是找死,不转型是等死"。大多数的人转型,与其说是转型,不如说是转行,把资金从衰退行业内抽出,或者以原来的企业为融资主体,贷出款来投向其他行业,也就是进行多元化转型。

多元化和专业化对应,是企业经营的不同战略。企业在生命周期的各个阶段都有可能选择多元化,但是初衷各不相同:在成长期,企业蓬勃发展,创业者想当然地认为其成功的经验在多个领域适用,于是"大胆"地进入多个行业领域,甚至是自己极其不熟悉的非相关行业。在成熟期,企业资金比较宽裕,为了充分利用企业现有的资源和优势,包括人才、资金、市场、技术等,选择多元化经营。到了衰退期,已经不能期望原有行业有满意的成长空间,企业就必须到原有事业领域以外去寻找新的增长点,要在恰当的时候将企业引入更具发展潜力的行业,来脱离原来饱和、衰退的行业。

因为多元化经营普遍存在,多元化投资也是企业产生资金需求的重要原因,所以对于银行来说,不是支持不支持多元化的问题,而是怎样支持多元化的问题。银行回避不了多元化,就像回避不了风险一样。当然,企业多元化的资金用途并不一定体现在贷款材料当中，企业往往是以主体企业为融资主体，融到资金之后投到其他行业。实际上是两个主体、两家关联企业，贷款主体和用款主体不一致，但都是同一实际控制人。无论材料怎样包装、无论资金需求怎样测算，银行在贷前调查环节肯定能发现企业的多元化投资。

6.3.1 多元化成功概率极低

> 悲伤的跨界：卖水的搞房地产失败了，
> 搞房地产的卖水也失败了

据媒体报道，娃哈哈在杭州钱江新城的首个商业零售项目——杭州娃欧商场亏损严重，难以支撑，娃哈哈已拖欠商场租金达半年，并有意解除合同离场。从高调入局到落魄收场，娃欧仅用了一年半时间。

"商业地产太简单了，比管饮料工厂可容易多了！"宗庆后当年的豪言壮语犹在耳畔，娃欧却已面临夭折。2012年6月，娃哈哈集团高调宣布进军商业地产，随即于当年11月在杭州钱江新城开设全国首个娃欧商场，娃哈哈将这一天定义为"企业发展史上很重要的一天"。开业一年半以来，杭州娃欧商场经营惨淡、持续亏损，逐渐沦为娃哈哈集团的弃子。实际上，作为商业零售业的"新人"，娃哈哈做娃欧一开始就不被业内看好。每个企业都有自己的成长基因，虽然娃哈哈在饮料领域做得风生水起，但是它在商业地产方面则缺乏足够的行业经验和人才储备。"娃哈哈除了有钱，其他什么都没有。"一位杭州商业地产业内人士直言。 一位娃哈哈商业公司的副总曾坦言："杭州项目运营确实出现困难,形象定位、产品线等都有问题,娃哈哈没有商场运营的经验,进入这个领域交点学费是很正常的事情。"①

2016年9月28日,中国恒大集团(后文简称"恒大")在港交所发布公告,宣布出售旗下粮油、乳制品及矿泉水(包括恒大冰泉)这些非主营业务,成本约为27亿元,恒大冰泉仅卖了18亿元。

2013年11月,恒大宣布推出一款高端矿泉水产品——恒大冰泉。2014年8月,恒大宣布进军粮油、乳业和畜牧,推出恒大粮油等。2014年9月,恒大乳业收购新西兰咔哇熊乳业有限公司。2016年9月,恒大宣布出售矿泉水、乳业和粮油。2013年、2014年、2015年1~5月,恒大冰泉的营业收入分别为3480.22万元、9.68亿元和2.84亿元,净利润分别为-5.52亿元、-28.39亿元和-5.55亿元。这意味着,恒大冰泉从2013年底诞生至2015年上半年,两年左右时间亏损了39.46亿元。②

像宗庆后、许家印这样"首富级"的人物搞多元化都没有成功,不夸张地说,他们几乎可以调动任何资源去完成这项投资,对于本小利微的小微企业来说,难度和风险就更大了。当然,正因为他们曾当过"首富",所以敢于承认自己投资失败了,更多的是明明不赚钱,但是咬着牙硬撑的企业。当然,相对于他们庞大的主业资产,

---

① 网易财经. 娃哈哈梦碎商业地产,首家娃欧商场或解约撤场 [OL]. http://money.163.com/14/0609/09/9U9NFP36002526O3.html,2014-06-09.

② 新浪财经. 恒大冰泉2年亏39亿被出售,但许家印进军的不止房地产 [OL]. http://finance.sina.com.cn/chanjing/gsnews/2016-09-29/doc-ifxwmamy9919113.shtml,2016-09-28.

多元化投资的损失是微不足道，不会大伤元气，所以承认失败也无妨。

亚当·斯密在《国富论》开篇中说道："劳动生产力上最大的改进，以及在劳动生产力指向或应用的任何地方所体现的技能、熟练性和判断力的大部分，似乎都是分工的结果。"他举了一个制针的例子，做一根针被分为抽铁丝、拉直、截断、削尖、磨光等18道工序，这样分工的结果是，相比一个人从头到尾负责所有工序的工场，分工制作的工作效率提高了240倍。"凡是能够采用分工的工艺，一经采用分工便能相应地增进劳动生产力。各种行业彼此分立，似乎也是由于分工好处的结果。那些具有最高产业和劳动生产力改进程度的国家，其各种行业的分工一般也都达到了最高的程度，在一个未开化的社会中，由一人承担的工作，在一个进步的社会里，一般都由几个人分别承担。"⊖中国有句俗语叫作"隔行如隔山"，一个企业进入两个以上的不同行业，就违背了分工的原理。还有很多俗语，比如"百能百巧百受穷""百样通，不如一样精""门门都懂，样样不通""双手难捉两条鱼"，讲的都是同一个意思。

郎咸平先生认为：美国企业多元化经营是有害的，应该将所有鸡蛋放在同一个篮子里。有证据表明，当美国企业开始多元化投资的时候，股份平均跌幅为20%左右。他说，我国的企业不论民企还是国企，驾驭大型多元化企业的能力都是不足的，他分析了上百家中国的上市公司，并深入分析了数十个多元化企业的案例，值得学习的案例寥寥可数。⊜

⊖ 亚当·斯密. 国富论 [M]. 北京：商务印书馆，2007：2.
⊜ 郎咸平. 整合：中国企业多元化与专业化整合战略案例 [M]. 北京：东方出版社，2004.

6.3.2 多元化成功的条件

多元化也有成功的，但成功率相对较低。我们之所以探讨多元化的成功，是因为银行的很多客户都在走"多元化转型"之路，传统行业的利润日渐微薄，企业要不断地拓展新领域，往往以旧企业为融资平台，融资之后投向别的领域。企业的生命周期要想不随着行业生命周期的结束而结束，就要在不同行业之间来回切换，所以多元化是企业不得不走的道路，也是银行不得不面对的问题。多元化战略能够给企业创造价值，但是任何战略创造的价值都遵循经济学中的收益递减规律，也就是说每一次的多元化战略或企业增加的每一项新业务所创造的价值，都少于前次增加的业务所创造的价值。

第一，时机要对。在行业大爆发的时候，如果坚持专业化道路，就会错失很多机会。相对于阿里巴巴，慧聪网前些年一直守着B2B，很专一、很长情。做企业，专一不是坏事，可是有时还是应该有一些战略拓展，在相似相近的领域内，即使最终不成功，也要勇于尝试。阿里巴巴的思路就很开阔——C2C淘宝、雅虎搜索、分类信息口碑、支付宝、阿里软件、广告平台阿里妈妈，围绕着电子商务领域做足了文章，虽然雅虎搜索没有成功，但是整体电子商务生态链战略是成功的，形成了以集团军推进的气势。战略眼光很重要，慧聪网比阿里巴巴上市早，如果能在阿里巴巴之前利用资本市场的力量，及早拓展，可能就不会出现今天这样的尴尬局面。过去很多企业走多元化道路成功了，得益于当时特殊的历史背景，经济繁荣、百业兴旺，很多行业都是空白领域，各行各业都好赚钱。

第二，主业要突出，不能主次颠倒。从银行的视角来说，企业进行多元化转型，新的领域还需要一段时间的投入期，前期没有盈利，所以企业整体的现金流就靠主业来维持，只有先保住主业，才能保证整体的安全。如果主次颠倒，副业的投资太大，那主业再好也撑不住整体的资金压力。退一步讲，即使副业投资全部亏了，依靠主业还能慢慢还上，这样才是风险最小的。就像恒大地产一样，几千亿元的资产，跨界玩一把，损失几十亿元也不伤筋动骨。当然，这种风险配比只是银行一厢情愿，一般企业家都是生意越做越大，也就是投资越来越大。

第三，多元化要有核心竞争力，有联结点。日本的大企业喜欢搞多元化，这与美国企业不一样，这有其特殊的历史文化背景。日本企业有的跨度还不小，比如雅马哈，既有电子琴也有摩托车。在探究其中原因的时候，美国学者普拉哈拉德发现了这种多元化成功的奥秘——核心竞争力。比如本田是因为具备了发动机及动力传动系统方面的核心竞争力，才在小汽车、摩托车、割草机和发电机业务上拥有了明显的竞争优势。佳能在光学、成像和微处理器控制方面的核心竞争力，帮助其顺利进入甚至垄断了复印机、激光打印机、照相机以及图像扫描仪等诸多市场。⊖这些讲的都是有形的产品，核心竞争力也可以是无形的东西，比如企业的核心能力是销售，那么卖衣服可以，转行卖化妆品也可以。褚时健原来是"烟王"，后来当上"橙王"，种橙子能够成功，也是借助了"烟王"的品牌影响力。

检验企业是否具有核心竞争力的标准有三条：一是核心竞争力能使公司有机会进入多个市场。比如三星电子基于在显示屏方面的核心技术，在电脑、电视、手机几个领域都确立了竞争优势。也就是说，各项业务之间以核心竞争力为共同点和联结点。二是核心竞争力能为客户带来价值，能创造价值的才算是竞争力。三是核心竞

⊖ 迈克尔·波特，等. 大师十论[M]. 时青靖，等译. 北京：中信出版集团，2015：266.

争力是对手很难模仿的。如果核心竞争力是各项技术与生产能力的复杂结合，其被复制的可能性就微乎其微。这里面资金并不是核心竞争力，大多数人都可以得到，所以有规模壁垒但没有技术门槛的资金密集型产业并不是一个好的投资方向。

对于个人来说，也需要不断转型。因为行业有兴衰，一个人处在某个行业当中，个人的收入也随之增减。当一个行业慢慢变老的时候，个人的收入也会变少。比如现在机械行业的平均收入远远不如IT行业，互联网公司哪怕是不赚钱，开出的工资也比那些赚钱的传统行业公司高。所以，要想长期地维持高收入，必须在不同行业之间转型。"三穷三富过到老"，人的一生需要不断地站对风口，才能长久地维持较高的收入水平。怎样转型呢？中心也是核心竞争力，在一个领域中形成的优势，换到另一个领域，也是独一无二的优势。吴晓波是纸媒的大咖，纸媒衰落了，他顺势从纸媒转到了自媒体。罗振宇曾是电视媒体的牛人，他抓住了互联网浪潮，玩起了自媒体。虽然所处的行业不太一样，面对的环境也不一样，但是他们作为一个媒体人对新闻热点的捕捉能力、对时事的分析能力没有变，这一点在两个领域都是核心竞争力。冯骥才的小说《神鞭》里有句话，"辫子剪了，神留着"，无论时代怎么变迁，有核心竞争力就不怕。

6.3.3 多元化转型的风险

尽管多元化都是在追求利润，但是因为企业所处的生命周期不一样，所以对多元化投资风险的承受能力也不一样。相对来说，企业在衰退期，多元化的欲望是最强烈的，因为企业所处的行业进入了衰退期，企业要想不随着行业的衰退而衰退，就必须转行，要缩减在原有行业的投资，逐渐向其他行业转移。但是，衰退期的多元化又是风险最大的,因为这个时期企业的现金流最小、融资能力最差,处于自身难保的状态,又要节衣缩食地投资新产业。这个时期的企业就像脱壳时期的螃蟹,最容易受到攻击,抵御风险的能力也最差,一旦一家银行抽贷压贷,所有关联企业就满盘皆输。银行面对的是一个借款人,但实际上是两家企业,这两家企业一个像步履蹒跚的老者,一个像襁褓中的婴儿,处在青黄不接的状态。衰退期的企业进行多元化转型时,有以下几个问题需要注意。

(1)**防止逃废债现象发生**。逃废债的最常见方法,就是以举债的方式掏空原有企业,把资金转移到新企业上。当然,新企业会与老企业隔离开,在法律关系上看不出与老企业、实际控制人的关系。在制订授信方案时,有三个要点:第一,要以实际控制人为借款主体,不要以企业为借款主体。对于小微企业来说,以企业为主体违约成本太低,这家公司不行了企业主可以再注册一家,而以个人为主体,无论企业主干什么,这个信用记录都消除不掉。第二,要追加新企业以及新企业实际控制人承担连带责任保证,将所有企业、所有资产捆绑在一起。第三,如果发现企业新的投资主体与旧企业是隔绝的,法律关系是独立的,这种情况下要高度关注,能收回贷款尽早收回,很可能企业没安好心,只想转移资产,不想承担原有企业的债务。

(2)**谨慎接受机器设备抵押**。老企业为了融资进入其他领域,有时会以机器设备抵押作为担保方式,但是当一个行业进入衰退期的时候,设备的变现能力是很差的,评估价值有可能很高,银行相当于高价买了一堆废铁。

(3)**企业家的年龄是个重要因素**。"万般事仗少年为",《增广贤文》中讲"三十不豪,四十不富,五十将来寻死路",三十岁要有激情，四十岁应该积累一定的财富，等到五十岁时再发奋图强就晚了。在企业转型的过程中，企业家的年龄是个重要因素，年轻意味着精力旺盛、拼劲足、市场感觉敏锐，更有能力来完成这次转型，同时，年轻还意味着将来的人生之路还长，违约成本较高。企业家年轻的时候，跌倒了很容易爬起来，也必须再爬起来。但企业家年龄大的时候，想要以多元化经营的方式完成转型，自身的体力、眼力和能力都有些跟不上了。1997年，巨人集团资金链断裂，两年之后史玉柱注册了上海健特生物科技有限公司，到2001年，史玉柱还清了在经营巨人集团时欠下的2.5亿元，当时39岁。李书福出生于1963年，他的创业历经多次转型，他的公开简历是这样的：1984～1986年，任浙江台州石曲冰箱配件厂厂长；1986～1989年，任浙江台州北极花冰箱厂厂长；1989～1992年，任浙江台州吉利装潢材料厂厂长；1995年至今，任吉利集团有限公司董事长。在1998年制造出第一辆吉利汽车的时候，李书福只有35岁。

Chapter 7 第 7 章

贷款调查方法

贷款调查就像警察破案一样，需要最大限度地还原真相，所以我们可以借鉴警察破案的手段进行调查。一般来说，法律意义上的证据包括当事人陈述、证人证言、书证物证、现场勘验四个方面。应用在贷款调查当中，当事人陈述就是借款人面谈，证人证言就是侧面打听，书证就是能证明借款人经营情况的书面材料，现场勘验就是现场考察。使用这些手段进行调查，然后把证据串起来，互相印证，形成一个"证据链"。有句戏谑的话，说信贷人员找对象比较困难，不是因为自身条件不好，而是太专业了，就像警察一样，能一眼看出对方是不是"坏人"。

7.1 当事人陈述：实话好说，谎话难编

对于小微企业贷款来说，最重要的调查手段不是看报表，而是

口头询问。因为小微企业的信息非常不健全，没有完整的书面资料，账目不清，很多信息都在借款人肚子里。"三个不开口，神仙难下手"，我们需要让借款人敞开心扉，把自己肚子里的账本倒出来。通过目前的大数据技术，所能够获得的数据只是冰山的一角，非常有限，仅靠这些数据只能模糊地做出信贷决策，无法准确判断借款人的真实情况。

小微企业不像大企业一样有规范的财务制度，有时候账都在老板自己的肚子里。笔者做过一笔经营家电批发客户的贷款，老板精明能干，生意经营得红红火火，在城里买了住宅、商铺，然后以这些房产作为抵押到银行借款。谁知天有不测风云，老板有一天开车出了事故，当场死亡。他死之后，公司的债权人都来要账。虽然老板娘也知道公司外面有一些应付账款，可是他们家男主外，女主内，一直是她老公跑业务，客户全掌握在她老公手上，往来账目只有她老公一个人知道。欠别人钱别人会拿单据来要，可是别人欠他钱没有主动来还的，应收账款收不上来。老板娘在丈夫去世之后，走上了漫长的还债之路。最后还是经营能力不够，贷款还不上。这就是小微企业的特征：连老板的妻子都不知道外面有多少应收账款和应付账款，没有账簿，没有凭证，甚至没有第二个人知道。面对这样的客户，我们要做贷款的话，必须了解清楚每一个数字，甚至要比他老婆还了解他。这些信息从哪些渠道获得呢？首先要从借款人口中获得最初始的信息。

7.1.1 问前的准备

我们看很多电视访谈节目，尽管节目形式很简单，就是两个人对话，但是仍然能引人入胜，观众的注意力被深深地吸引住。访谈节目的关键是主持人的提问,而主持人所问的问题并不是临场发挥,而是之前做了大量功课,甚至不是一个人在做功课,往往是背后有一个制作团队。所以,要让访谈"有料",必须先掌握大量的背景资料。在与客户见面之前,必须知道自己想问的东西,不能见了客户之后从零开始问起。

麦肯锡有一条很重要的法则,那就是没有"提问列表"就不能去现场调查。到客户那里现场考察,肯定不是我们第一次与客户见面,在与客户进行初次深入交谈之前,我们已经收集了一些资料,对客户的情况大致有个了解。所以很多基础信息要在考察之前掌握,比如客户所从事的行业、家庭的基本情况,这些信息就没有必要放到现场考察的时候再问。我们在审查资料的时候脑子里也有很多初步的疑问,比如为什么征信报告中的贷款这么多,为什么借款人从原来的公司离职,我们就是要带着这些疑问去考察。这样做的好处在于,可以最大化地提高现场考虑的效率、最大限度地在现场考察中了解风险点。如果之前不做任何准备,与客户见面之后从一些最初级的问题入手,往往问的问题都很肤浅,把握不住重点。比如调查一个养猪户,进门之后问猪的养殖周期是多少、吃什么饲料、现在哪些品种效益比较好,这样的调查顶多就是对养猪行业有一个大概了解,而无法从微观上把握借款人的风险。

当然,与客户的交谈并不只是一次,而是很多次,每次交谈,应该谈得越来越深入,遇到的疑问也可能越来越多。根据交谈的深入程度,有的时候可以循序渐进,有的时候可以单刀直入。一个"优秀的提问",不是单纯得到答案后就结束的提问,而是能够引发更多的问题从而接近本质的提问。这样的提问,基本是根据丰富的经验在现场随机应变提出来的,关键在于不要只满足于提出一个问题,而应该保持追问的态度，针对得到的回答做出"这是为什么呢"的追问，一步一步加强验证的深度。比如有的行业我们是第一次接触，第一次见面难免问一些小儿科的问题，但是我们回去之后做了深入的行业分析，再次见面的时候，就应该抓住关键问题了，或者说同行业的客户见得多了，就应该练就了一副火眼金睛。对于大额贷款，需要多次磋商，层层深入；对于小额贷款，则力求一次成功，不拖泥带水。

7.1.2　问的节奏[⊖]

第一步：破冰

破冰阶段的目的是打消与客户的隔阂，让彼此敞开心扉，打开天窗说亮话。在实际的调查中，必须做到善于沟通、平等待人，让客户"倾诉"自己真实的情况。达到好的沟通效果并不是一件容易的事情，首先，要让借款人松弛下来；其次，要让他有安全感，即确信自己无论说什么都没有"后果"。

闲谈聊法。闲谈聊法是指在贷前调查开始前，随便找一个话题，与客户拉近距离，为调查工作开一个好头。比如进入客户的办公场所，很多都摆了一套茶具，此时可以聊聊茶，询问客户喜欢喝什么茶，客户说红茶，再问红茶的产地一般有哪些，分别有什么特点；有的客户喜欢写字，那就聊聊书法，喜欢什么类型的书法，楷书、行书、草书等，有没有喜欢的书法家；有的喜欢收藏，那就聊聊收藏，喜欢收藏什么，玉器、瓷器、古董家具等，有没有什么比较得意的收藏经历；有的喜欢炒股，那就聊聊股票，投资了哪些股票，

⊖ 这部分内容引自：祝言抒，小微客户经理调查必备神技——十大聊天方式，信贷风险管理微信公众号。经祝言抒授权使用。

就行情和客户闲聊。所以客户经理应该是一个杂家,什么都懂一些。比如一个客户是老客户介绍的,那就聊聊他们之间的关系,朋友、亲戚、同乡、同行、上下游等。一般进入客户的经营场所后会先观察一下,寻找合适的暖场话题,当然,暖场聊天时间不宜过长,面儿上聊聊就可以了,接下来就进入调查环节。

夸赞聊法。夸赞聊法是指在调查过程中寻找客户适当的优点,对其进行表扬和夸赞,让客户保持愉快的心情。比如客户的子女上了名牌大学,可以夸赞其教子有方,儿女有出息;客户女儿嫁了一个好婆家,可以夸赞女儿生活幸福;客户在行业内有一定地位,可以夸赞其做生意有规划,一步步走到今天非常厉害;客户的下游是某大企业,结款快速、准时,可以夸赞其有这么好的合作伙伴,生意一定能够做大;客户乐于做一些慈善活动,可以夸赞其有爱心,有奉献精神。总之,如果在调查过程中遇到客户有优势的信息点,一定要及时给予表扬和赞许,捧捧客户。

咨询聊法。咨询聊法是指在调查过程中,把客户作为专业人士,以咨询的态度、以学习的口吻向客户套取相关信息。比如,生产某种产品的技术标准要求是什么?生产某种产品的具体流程是什么?原料配比是什么?其中的核心环节是什么?哪个环节对产品的质量影响比较大?种植某种经济作物的投入产出比是多少?由于在工作实务中,总会遇到之前未曾接触过的,或者比较陌生的行业,那么对其一些行业规律肯定了解不够,由于这些信息可能与信贷风险有关,不能不懂装懂,此时需要虚心向客户请教。

第二步:镇场

通过第一环节的破冰之后,就进入第二个环节,慢慢地显山露水，按照我们的调查目的有计划地进行。首先，我们要想了解这笔贷款的风险，得让客户把他不愿意讲的话讲出来，不能光挑高兴的事说，那些头疼事更要说；其次，要想让客户尽量满足我们的贷款条件，利率、担保条件能最大限度地接近我们的要求，自己掌握主动权，减少对方讨价还价的空间，这就要求必须在气场上压制住对方；最后，不能太咄咄逼人、让客户很不舒服、把客户吓跑了，要让客户相信我们有能力给他办好这笔贷款。这里需要拿捏一个合适的分寸。

专业聊法。专业聊法是指在调查过程中实时地表达自己的专业知识和建议，提高自己在客户心中的形象。信贷调查是为了消除信息不对称，信息不对称的主要原因就是外行不了解内行，"行见行，没处藏"，调查人员必须首先是一个行业专家，才能真正了解客户。这些行业知识来自不断学习、日积月累。有一次调查一个卖水产的客户，客户介绍说他之前在滩涂养对虾，一年盈利几十万元。讲到这里我们有些纳闷，既然这么赚钱，为什么年近50了还没有多少财产，还需要借钱？正好我们的客户经理家里是在海上打鱼的，客户说这些，他不以为然。他说："养虾这个行业，有可能一年赚五年的，也有可能一年赔五年的。"客户听到这些的时候，立刻换了语气，说："看来这个兄弟懂行。"客户讲完自己曾经多赚钱之后，又开始讲自己怎么赔的钱。一般而言，专业聊法会根据自己对行业细节特征的了解，向客户证明自己比较懂行，行家之间聊天自然会顺畅很多，所以当你遇到一个陌生行业的客户时，在贷前准备时，要尽量多收集关于行业的信息。

"点穴"聊法。"点穴"聊法就是说，在询问借款人的时候，不要光听他讲自己比较光鲜的一面，还要直戳他经营的痛点、难点，这些痛点和难点是我们贷款的风险点。比如考察建设工程企业，重点问应收账款有多少、账期有多长、主要客户是谁，借用资质的话税务问题怎么解决；考察批发零售企业，主要看它的上下游渠道是否稳定、看它的存货周转时间，产品是否滞销；考察化工企业，首先要看是否具有安评、环评；考察机械加工、塑料制品企业，看它的成品率有多高。能否准确把握住这些痛点问题，也是考验我们是否专业，是否对这个行业非常了解。问到一些比较敏感的关键问题时，一定要刨根问底，抓住不放。比如企业是一家农产品加工企业，是季节性生产，可是到了淡季停产的时候，贷款为什么不还？为什么要付出这么大的财务成本？比如企业更新了一套设备，产能大幅提升，可是保证运转所需的流动资金从哪里来，能否跟得上？一般来说，凡是问到这些问题，客户的气势与一开始就大不一样了，搞得好的会讲得比较兴奋，搞得不好的，往往会吞吞吐吐，顾左右而言他。

气场聊法。气场聊法是指在调查过程中，在核心问题上客户不予配合，导致调查无法正常进行时，树立自己的优势地位，明确表明自己的立场，给客户施加压力，以达到获取信息的目的。比如在调查中，客户有销售数据，但以各种理由不愿意提供；客户以仓库较远为由，不让查看存货；客户的大股东或配偶不愿意签字；客户逾期超标，不愿意提供流水证明其逾期情况等，此时可以向客户阐明信贷政策，如果这些问题得不到合理解决，就不会通过贷款申请。在实务中，气场聊法是在触碰信贷底线原则，实在无法退让的情况下，向客户阐明利害关系，让客户自己选择是否配合，给客户施加一种无形的压力，让客户能够配合调查工作。

第三步：深入

到了第三个环节，问题就越聊越透彻，越聊越深入了，问题暴露得也比较明显，我们开始抓住一些重要问题和关键问题了。

试探聊法。试探聊法是指在调查过程中对自己已经了解的情况，故意询问信息，侧面试探客户的诚实度。比如已经从流水中看出客户与小贷机构有往来，可以试探性询问客户在小贷机构是否有贷款；已经从送货司机那里知道客户每天往乡下送两车饮料和其他副食品，可以试探性询问客户每天出几车货；已经知道客户的资产负债率比较高，可以试探性询问客户近期负债压力是否比较大；已经知道行业内结款周期正在拉长，可以试探性询问客户近期回款压力是否比较大。在实际工作中，选择一些已经了解的劣势信息，设计一些试探性的问题，看客户的回答是否基本相符，从而辅助验证客户说话的靠谱度。

引导聊法。引导聊法是指在调查过程中遇到客户的谈话已经偏离调查主线时，需要及时打断客户，把话题拉回正常调查环节，或者遇到客户不知道你要获取什么信息，需要主动引导客户来回答你的问题。比如客户从来没有测算过自己的原材料成本，此时可以帮助客户做生产成本分解核算；客户从来没有测算过自己的利润，此时可以帮助客户按照销售和各项成本核算其利润；客户从来没有盘点过库存，此时可以帮助客户详细盘点库存总量等。本质而言，就是客户跑题，你要把他拉回主题，客户不懂，你要想办法帮助客户弄明白。

第四步：僵持

谈判是一场看不见硝烟的战争，一场真正有力度的调查，陷入僵局有时也是难免的。我们想尽量了解全面的信息，客户想屏蔽掉不利信息，或者想尽量简化贷款手续，这就看双方谁让步，谁能说服谁。进入第四步的前提是我们先预判客户的条件不错，所以才想办法完成这笔贷款，既要说服评审人员，又要说服客户，如果通过前期的调查发现客户条件太差、风险太高，那就直接在第三步婉拒了，没有必要走到第四步。

期望聊法。期望聊法是指在调查过程中适度给予客户关于贷款结果的希望，让客户能够配合你顺利完成调查流程。比如客户有多套房产，但只愿意提供一套房产证，此时可以说：提供更多的房产证，证明您资产实力很雄厚，审批的贷款额度一般会更高，按照您目前的情况，全额满足您的资金需求概率比较大；客户不愿意寻找担保，此时可以说：如果您不愿意提供担保，贷款的额度肯定比较低，无法满足您的真实需求，如果愿意提供担保，额度会尽量满足需求；客户不愿意提供某项关键材料，此时可以说：贷款已经通过初审，只要补充完材料，贷款基本就可以发放了。在工作实务中，期望聊法是针对通过前期调查，初步判断贷款通过的可能性比较大的客户给予期望，但不是肯定的答复，以免形成误解。如果调查过程中认为客户完全不符合机构贷款的条件，针对不配合行为，也就没有必要给予期望了，直接放弃。

换位聊法。换位聊法是指在调查过程中遇到客户对自己的调查工作不理解的情况，希望客户能够换位思考，理解自己的工作职责，知道自己并不是在故意为难他，更不是在"敲竹杠"。比如客户不愿意说明贷款用途，不愿意谈及家庭情况，不愿意透露行业的利润水平，不愿意透露上下游客户等的情况，此时可以要求与客户换位思考：假如您要借钱给我，肯定也会从这些方面对我有个全面了解，也不会轻易把钱借给我，何况我是代表银行来和您约谈的，即使我愿意相信您，如果看不到真实的数据材料，也不会相信的。在日常工作中，客户可能会在任何一个调查环节表现出不理解，此时需要向客户解释为什么要这样：假如是您来做这份工作，也会这样来操作，相信我们是专业的，是按照信贷流程来操作的，并没有故意为难您的意思。但是有些技术秘密，客户不肯透露是情有可原的，比如一项化工产品的配方，实际上这些我们也没有必要了解，还有的客户不让银行人员进入车间，怕泄露生产工艺。这些信息我们可以通过其他手段进行验证，不一定非要纠结于某个小问题。

7.1.3 问的技巧

一分问，九分听。这是指 10% 的时间是我们在发问，90% 的时间交给客户，我们要多用耳朵听，少用嘴巴说。有的调查人员在与客户交谈中，喜欢自己喋喋不休地讲自己所了解的情况，这或许是向客户展示自己见多识广，但也可能不经意地暴露了其他企业的商业秘密，这种事情早晚会传到客户耳朵里。有的调查人员喜欢讲自己银行内部的情况，比如审批流程、风险偏好，有时候也不经意地暴露了自己的商业秘密。讲这些都不是我们的目的，我们的目的是全面、准确地了解客户的经营状况，所以要尽量让客户多说话，自己少说话。客户说得越多，我们了解得越全面，往往我们感觉到客户的性格越是坦诚、越是健谈，调查越有收获。遇到半天说不了一句话的客户，自己也觉得非常尴尬，无话可谈。站在客户的角度，作为企业的老板，有良好的表达能力、沟通能力，能够在合作伙伴面前完美地展示自己，能获得需要的融资，也是作为经营者必需的一项能力。

主动沟通，目标明确。虽然说我们只掌握 10% 的时间，但是谈话的主动权一定要掌握在我们的手里。这里有三个要求：第一，我们主动提问，有的客户经理到客户那里就是一句话——"把你的情况谈谈吧"，结果调查变成了汇报，客户完全占据了主动，自己就是被动接收；第二，在交谈中发现重大问题时，我们要能挖出来，防止客户避而不谈；第三，当客户的谈话内容偏离方向时，要及时拉回来，避免无谓地浪费时间。有一次一个客户经理在调查中居然问了这么一句话："你看我还有没有什么没问到的，你再跟我说说。"你要把钱借给别人，连自己想问什么东西都不知道，客户肯定在背后笑话你。

多问开放式问题。提问的问题分为两类：第一类是开放式问题，第二类是封闭式问题。封闭式问题的答案很明确，主要是一些客观性问题，比如你家里有几口人、有几亩田、有几间房、企业年销售收入是多少、利润是多少，问题很明确，答案也很明确。但是如果全是这些问题，我们就像审犯人一样，客户会感觉不舒服，我们自己也会感觉不舒服。调查的效果也很差，很多关键的信息问不到。我们问到的问题他就说，没有问到的问题他就不说，我们掌握的信息就很有限。改变这种情况的关键技巧是多问开放式问题，让客户敞开心扉，打开话匣子。开放式问题没有标准答案，可长可短，任其发挥，多是一些主观性的问题。实际上警察、检察官在审讯犯罪嫌疑人的时候，也经常问一些开放式问题，比如让对方讲一下人生历程、人生闪光点、人生挫折。这样可以形成良好的心理接触，缓和对立情绪，消除对方的戒备心理，这些都可以为我们借鉴。

无论什么样的场合，开放式问题都有三个永恒的主题：昨天、今天和明天。昨天就是回顾客户的创业史，他过去的发展经历、他个人的从业经验、他的经营思路。从中我们可以考察借款人的性格特点、管理水平、资本积累等信息。今天就是目前的发展现状，他取得了哪些成绩，面临哪些困难。明天就是将来的发展规划，确切地说就是贷款用途，准备怎么发展，准备把这笔钱用到哪里。比如调查一个卖瓷砖的客户，原来他干了十几年工程，可是这两年工程越来越难干，所以目前在进行艰难的转型，这就是他的过去和现在。讲到未来，从工程行业转到建材零售毕竟跨度有些大，客户说自己最大的优势就是人脉关系比较广，在小县城很多人买瓷砖都是奔着他这个人来的。

内容全面，重点突出。 与借款人谈的时候，要能问到"点子"上。有的客户经理或风险经理问一些很初级的问题，如经营几年了，家里有几口人，每年赚多少钱……这些问题不是不可以问，但是光问这些问题显得很肤浅。另一种情况是什么都问，从规模到利润，从员工人数到原材料，乱七八糟什么都问，问上百个问题，但抓不住重点。

提问的重点，应该是我们贷款的风险点，也就是借款人经营的难点和痛点，即前面所讲的"点穴"聊法。这考察的是我们对借款人所处的行业了解不了解，考察我们在调查之前做的功课够不够。每个行业的水都很深，每个行业都有它的窍门，我们提问的问题，决定了我们是个内行还是个外行。问到点子上，才能切中要害，既把握住贷款的关键问题，也能拿捏住借款人。好的谈话，应当是内容全面、重点突出，能够从借款人口中得到材料中看不到的信息。

掌握时机，重点提问。 当借款人在言语当中忽然透露出很多重要信息、敏感信息时，我们一定要抓住机会。比如借款人说"这个钱到位了之后，我不光用于我现在店面的经营，还准备和我的一个朋友合伙做一个生意",这对于我们来说就是一个重要信息:你和谁合伙?做什么生意?这个生意你是不是有优势?投资多少?占股份多少?项目的前景怎么样?只有深挖才能发现真实的借款用途,如果贷款出现逾期,也能找到一些清收的财产线索。比如借款人说"这个生意刚开始干的时候我借了一笔钱",这个时候我们一定要抓住,借的谁的钱?借了多少?利息多少?还清了没有?搞清这些,才能搞清借款人真实的负债情况。有的时候,一些看似个人生活隐私的问题也要问,这关系到贷款的安全。比如借款人是个女老板,40多岁一直没要孩子,问她为什么,她说她和丈夫是二婚,两人感情一般,不想要孩子。后来果不其然,当这个女老板遇到困难的时候,她老公基本是袖手旁观,俩人各顾各的,女老板最后没有挺住,企业倒闭了。还有一个老板,30岁出头,英俊帅气,他老婆比他大十几岁。这么好的条件为什么要娶比自己大这么多的老婆?后来问了一下别人才知道,他岳父是某大企业的领导,公司的生意主要是靠他岳父的人脉关系。后来他岳父退下来了,公司也就没有业务了,客户贷出款来实际上投到别的地方去了。所以,对于一些敏感问题不要不好意思问,强势一些没有坏处。如果当面实在不好问,也要从侧面从其他人口中把事情搞清楚。

不断赞赏,不断怀疑。当借款人吹牛吹得高兴的时候,我们要对他做的工作进行赞赏:"哟,王总,您干得真不错。"这样说既肯定了对方的成绩,也加深了双方的信任。可是当客户的牛皮吹大了,明显不符合逻辑的时候,我们也要当面指出,不能再任由他肆无忌惮地乱讲下去,否则他会认为银行的调查人员太好糊弄了。

察言观色。第一,看对方目前的精神状态。"入门休问吉凶事,观看颜面自得知"。同样是借钱,借钱用来谋求发展和谋求保命,所表现出来的精神状态是不一样的。借钱用于发展往往是意气风发，借钱用于保命则是暮气沉沉。企业有病就如同人有病，总会体现在脸上，所以先看对方的脸色。哪些属于脸色不正常呢？《冰鉴》中讲："色忌青，忌白。青常见于眼底，白常见于眉端。然亦有不同：心事忧劳，青如凝墨；祸生不测，青如浮烟；酒色焦倦，白如卧羊；灾晦催人，白如傅粉。"正常的脸色是发红的，如果发青、发白、发灰、发黑都是不正常的，其原因是心理压力过大，导致消化功能失常，营养跟不上，故表现出气色不好。这种情况都是企业遇到的困难比较大，而且已经积累了一段时间，企业负责人也缺少解决问题的思路和能力，风险程度会比较高，需要格外注意。

第二，辨别客户是否在撒谎。人除了有口头语言之外，也会有肢体语言，嘴巴会说谎，身体却很诚实。在交谈的过程中，很多内心想法或某种变化会在交往中无意识地体现在行动上。首先，看客户的眼睛。"眼睛是心灵的窗户"，眼神能流露人的思想活动。人在专注谈话时，眼珠频繁转动的可能性是较低的。如果一个人的眼珠不停地左右乱转，则说谎的可能性较大。其次，看客户的脸色，"心不负人，面无惭色"，脸部皮肤发红通常是说谎的反应。如果谎言被识破，说谎者更加紧张，有时会导致脸部充血，使脸部皮肤变红。最后，观察客户的语速。在撒谎的时候，除了眼神不自然外，语速也会不自然，要么是语速突然加快，要么是变得结结巴巴。

第三，分析对方的兴奋点。眼神能反映对方的兴奋点，当人听到自己不关心的内容时，眼神会比较游离；当人听到自己比较感兴趣、十分在意的内容时，会两眼放光。所以我们在交谈过程中要注意把握借款人对哪些方面比较在意，比如在讲到产品、市场时客户心不在焉，在讲到喝酒、唱歌时却十分兴奋，说明对方的主要精力已经不在经营上，开始贪图享乐了。

7.1.4 交叉询问技术

与借款人谈的时候，要能分辨是真话还是假话，尤其是很多数字性的财务数据，是完全可以现场分辨真假的。在小额贷款领域应用得最广泛的是交叉询问技术。

交叉询问这项技术源自律师行业，美国律师实行法庭对抗制，律师询问的技巧至关重要，在训练时有一项，就某个事实进行分解提问。比如某人说他借的钱还了，只是借条没有要回来，这个时候就可以问：什么时间还的？在哪里还的？怎么取的？钱是整的还是零的？把钱给了谁？现场有谁？当问完这些问题后，已经把还钱这一幕完全勾勒出来了，要能做到不放过任何一个细节。接着，进行比对，就当事人讲的一个个细节，与证人进行背靠背的质证，或是与其他证据材料进行验证。律师没有废话，只需要提问，等问题问完了，不光法官听明白了，一旁的陪审团也听明白了。我们在调查数字的真实性的时候所使用的交叉询问，在很大程度上是借鉴了律师的技术。

数据分解法。在调查应收账款和销售收入方面，经常采用这种方法。客户说外面有多少应收账款，我们可以进行分解，欠款客户是谁、欠多少钱、账龄多长、做的是什么项目，客户如果说的是实话，一定会对答如流；客户如果撒谎，就会前言不搭后语。在销售收入的调查方面，可以从时间、客户、进货等不同角度设计问题进行询问。其中，从生产资料角度进行询问是最常用的一种方法。要产生一定的销售收入，必须投入相应的生产资料，"没有千顷地，打不了万石粮"，我们需要分析投入与产出是否匹配。比如调查一家文印店，可以从每月纸张和耗材的使用量来验证它的收入。

数据比对法。数据都是关联的，可以从多个角度验证数据的真实性。第一，看财务报表各个数字之间的钩稽关系，比如销售收入与库存、应收账款之间的关系，成本与应付账款之间的关系，净利润与权益之间的关系。第二，从多个角度验证某个财务数据的真实性，原则上每个数据都要用两种以上的方法进行验证。第三，多人调查。到企业里不能光盯着老板一个人问，要想方设法从不同人的口中验证某个问题。比如验证企业的应收账款，如果企业不让查，那就可以想办法问一问老板、财务经理、销售经理，通过不同人验证同一数据的真假。

7.1.5 客户几种常见的表演套路⊖

贷款调查的交谈，就是一场谈判，客户会刻意地表现出自己有实力的一面，这里面难免有逢场作戏的成分。小微企业的老板，一般都是久经商场的"老江湖"，而很多客户经理是初出茅庐的新手，双方在经验阅历上是不对等的。有的客户为了获得贷款，或是争取更优惠的条件，刻意表现得处于主动地位，本来我们是出借方，却表现得我们有求于他。有的客户实际上条件很差，我们却被他表现出来的假象蒙蔽了，该问的不敢问了，该要的材料不好意思要了，生怕把一个优质客户得罪了。在贷款调查中，我们会遇到形形色色的客户，需要识别各种套路，沉着淡定地应付各种客户。

财大气粗。在小微信贷调查中，常会遇到客户拿出几本房产证，口述企业销售规模几千万元，银行流水很多，有什么豪车，贷款几十万元肯定没问题，"贷这么点钱还这么麻烦""你们就不要问那么多

⊖ 这部分内容引自：祝言抒，八类典型"小微客户"表现分析及应对策略，信贷风验管理微信公众号。经祝言抒授权使用。

了,就看以我现在提供的信息能不能贷,不能贷就算啦",这些属于典型的"财大气粗型"客户。因为自身实力强,在谈判当中处于一种自我感觉良好的优势地位。

作为调查人员,面对这样的客户,可以分两步来应对。

第一步,不要被客户"晃瞎了眼",不要被客户镇住,该怎么考察就怎么考察。有的客户确实条件不错,有的则是虚张声势。不光要看他的资产,还要调查清楚资产是怎么来的,有没有来路不明的,有没有看不见的隐形负债。有一个客户到小贷公司借钱,进门没说话,"啪"的一声先把土地证甩到桌子上说:"这些玩意儿,还不值2个亿?"后来小贷公司借给了他500万元,到期之后他却不能还款,后来企业倒闭了,所有债务全部浮出水面,这时候才知道该公司的民间借贷正好2个亿。这种"打肿脸充胖子"、借钱来购置资产的不在少数。

第二步,阐明工作职责,表明自己的立场。如果客户的底气确实比较足,确实是可贷可不贷的情况,属于风险比较低的客户,这时可以安抚一下,比如对客户说:"我是负责对您进行贷前信息收集的,回去还要上报领导审批,前期与您沟通了解到贷款需求比较着急,请您尽量配合我的工作,当然我会根据您的综合实力,尽量减去不必要的麻烦,争取尽快为您办理贷款。"一般情况下,经过上述沟通,客户的配合度会提高。但是也有一些"穷横"的客户,自身条件并不好,要价却特别高,利率不能高,手续不能烦琐,放款还要快,这种客户就没有必要迁就了。因为这种客户还款能力本身就差,贷款逾期概率比较大,在贷款申请阶段就这么强势,到了逾期的时候就更难控制了。

背景很深。在小微信贷调查中,常遇到客户通过各种形式塑造自己的正面形象,给自己加分。常见形式有以下四种:一是拉关系,比如与你们行某领导是同学，与政府某官员私交很好等；二是摆证书，比如展示机构信用评级证书、政府部门评选的优秀企业证书、行业组织颁发的会长单位证书等；三是谈合作伙伴，比如与某银行有合作，某银行授信多少，与某大型或知名公司有合作，与某个大老板是发小；四是展示社会活动，比如开展慈善活动和对困难群众帮扶活动等。这属于典型的"塑造形象型"客户。

应对策略：作为调查人员，应对这类客户的宗旨是"看在眼里，放在心上，不忘本源"。"看在眼里"是指积极肯定客户所取得的成果，不回避所有对客户评估有利的因素；"放在心上"是指对客户提到的信息进行筛选，重点记录对信贷判断和决策有用的信息，比如与本行某领导熟悉或者与某银行有合作，可以为后来打听软信息奠定渠道基础，与某上市公司有合作，后面可以重点考察双方的交易往来情况；"不忘本源"是指无论客户通过何种形式塑造正面形象，都不能忘记信贷调查和判断的基本原则，要及时将客户带进正常调查的思路。

前景远大。在小微信贷调查中，常会碰到客户一直向你阐述他的项目得到政府部门的大力支持，技术设备如何先进，在国内行业处于领先地位，马上要拿下一个大的合同订单，全部投产后产品会供不应求，未来的发展潜力非常大，肯定会获得成功，目前就缺点启动资金。这属于典型的"鼓吹发展型"客户。

应对策略：作为调查人员，应对这类客户的思路是"了解当下，分析基础，预测未来"。"了解当下"就是充分了解客户当下的运转情况，包括产品类型、销售渠道、销售规模、负债水平等；"分析基础"就是重点了解客户未来的发展项目需要什么资源支持，比如技术配套、市场营销、人才储备、资金支持等方面，分析当下客户的资源储备与未来发展需求的差距;"预测未来"是指预测客户未来的发展项目启动的难度和达到正常运转的期限,如果资源储备与需求差距甚大,那么客户启动项目的难度就很大,如果预测客户能够正常启动,从信贷判断的角度,需要预测客户的回报周期及正常的资金回笼周期。

情绪烦躁。在贷前调查时,常会遇到对调查工作非常烦躁的客户,主要表现为以下三种类型:一是由于没有接触过信贷、性格内向偏执等引起的烦躁,在极端情况下,会导致无法开展基本调查工作;二是由于调查拖的时间长、反复要求提供资料等手续问题引起的烦躁;三是由于调查中涉及客户隐私或商业机密信息而引起客户的烦躁。

应对策略:情绪烦躁,有我们工作的原因,也有客户故作套路,向我们施加压力,其潜台词是"再这么麻烦就不从你们这里贷了",有的直接把潜台词当作明台词。作为调查人员,总的原则是"软硬兼施",场面上的话要讲,关键敏感问题也要问,能做到"绵里藏针"是最高境界。针对上述三种类型的情绪烦躁,可以采取不同的应对策略。针对第一类:遇到没有接触过信贷的客户,可以向他解释无论到哪里贷款,都有一个信息收集的过程,只不过是形式和手段不同,希望能够配合;针对性格内向偏执的客户,可以换其配偶或者其他对生意比较了解的人员进行调查,或是换一名客户经理与他沟通。针对第二类:遇到确实是因为我们工作方法的问题引起客户体验不好,需要提高自身的业务技能,充分做好调查准备,快速开展工作,在最短的时间内完成信息收集工作,针对资料可以采取分步或换人收集的策略。针对第三类:对于客户比较敏感的信息,可以放在最后、暂缓或者向其他关联人进行收集,比如针对客户大龄单身的原因，不好直接向客户询问，可以通过其父母了解。

轻车熟路。在贷款考察的时候，常会遇到对信贷工作比较了解的客户，比如了解信贷所需资料、信贷流程、审批倾向、业务考核压力等信贷规则，对于银行想掌握的数据，还没等我们开口，他们就准备好了，一副"老专家"的样子，这属于典型的"轻车熟路型"客户。在一些金融比较发达的城市，甚至有一些能为客户准备贷款资料、提供信贷调查场景模拟的中介机构，也有一部分"老贷"客户"久病成良医"，借钱多了，对银行的信贷操作流程了如指掌，在有些环节甚至超越了新任信贷员，我们在与这类群体交流时，或许能得到"天衣无缝"的信息。

应对策略：作为调查人员，遇到这些客户的时候要比初次借款的客户省心得多，但这也说明客户经常从各类信贷机构借钱，已经是"老司机"了。针对这类客户要贯彻"从严考察"的原则，第一，对于重要材料，要收集原件，防止材料伪造，比如资产证明、银行流水等；第二，对于重要数据的来源，要特别关注，防止数据伪造，比如销售和库存等重要数据；第三，对于客户回避的信息一定要深入考察，比如客户刚刚归还一笔大额贷款，客户口述是自有资金归还，此时可以要求客户打印还款流水，追踪客户还贷资金的真实来源。

故作敏感。在小微信贷调查中，当问到客户的家庭情况时，客户会说贷款是企业用的，与家庭有什么关系；当问到企业销售时，客户会说销售不能给你看，有下游客户明细，涉及商业机密；当你问到产品利润时，客户会说这是行业机密，不能告诉你等。这属于典型的"信息敏感型"客户。

应对策略：作为调查人员，应对这类客户的方法是"亮明身份，换位思考，获取信任"。首先，再次向客户亮明自己的身份及单位背景，比如我是银行的客户经理，是为您服务的；其次，请客户进行换位思考，比如说"假如您借钱给我，如果什么都不了解，您肯定也不放心，所以我是根据工作要求向您收集关于您贷款的信息"；第三，获取客户的信任，比如说"我们对所有工作人员都有保密要求，您告诉我的信息，我都会严格保密，确保不会泄露，所以请您相信我，如果您不告诉我信息，我没有办法帮您办理贷款"。总之，即使遇到这种故作敏感的客户，该履行的程序也要履行，而且这并不一定代表客户条件就非常好。有一次我们调查一家生产化工材料的企业，因为生产工艺保密的问题，老板没让我们进生产车间，就在门口看了看。但是几年之后，这家企业还是倒闭了。

思绪混乱型。在小微信贷调查中，常会遇到客户对自己的经营情况"一问三不知""答非所问"或者"模糊不清"等情况。比如当你问到客户的销售规模时，客户会说没统计过，反正每天都在卖货；当你问到存货时，客户会告诉你下游还有多少欠款；当你问到出货频率时，客户会说有时一周，有时两周。这属于典型的"思绪混乱型"客户。

应对策略：作为调查人员，针对这类客户需要做好两个方面的工作：其一，分析"思绪混乱"的原因，正常情况下有伪造负责人、负责人能力有限等原因。有的时候坐在我们面前是企业的法人代表、大股东，但并不是企业的实际控制人，一看就没有老板的气场，这时应该要求与实际控制人进行交流；如果确认是企业的老板，只是能力有限，不会算账，那么要评估其能力是否能够满足企业的基本运营，如果不能，需要保持谨慎。一般来说，无论是大老板还是小老板，必须懂一些财务知识，必须会算账。其二，分析企业的规模与管理水平是否匹配。比如一个年销售 5000 万元的企业，负责人对企业的运转情况掌握得不清楚，那是不正常的现象，但如果是一家夫妻开的水果店，负责人对生意经营情况不够清晰，属于"口袋账"，这是正常的。

7.1.6　调查人员的常见错误

深信不疑。有的客户经理在调查的时候，对客户所讲的都照单全收，什么都相信，说什么就记什么，没有一个信息交叉询问的过程，对信息不加以任何的加工处理就全部消化。有的客户经理被客户塑造的光辉形象和描绘的美好前景所吸引，恨不得撸起袖子马上助客户一臂之力。对待客户，当然要有一颗真诚的心，但也要有一双怀疑的眼睛，对任何信息都有一个思考的过程。老子说"信言不美，美言不信"，越是说得好听的越要谨慎。不能盲目地轻信客户所言，对于客户所说的，理智地辨别真伪，避免被甜言蜜语或者虚假的陈述所蒙蔽。有的老板沟通能力、表达能力特别强，描绘的前景特别美好，很容易鼓动别人，对于这种情况要谨慎对待。

随声附和。有的老板气场特别强大，调查人员的气场很快就被他压制住了，这样不是我们居于主导地位，而是被客户牵着鼻子走，调查的主动权全部被客户掌握，甚至对客户所说的话也不假思索地照单全收。切记我们是资金出借方，无论何时，都要居于主导地位。客户实力再强，只要开口向我们借钱，就是有求于人。旧社会的当铺格局，柜台都是一人多高，当户需要双手把当物递上去，仰视当铺掌柜，"人穷气短"的形象在这个时候尽显无遗。无论客户实力多强，我们都要时刻把握主动权。好客户是管出来的，而不是惯出来的。如果不能把客户拿捏住，不光前面的贷款调查无法有效开展，后续的担保条件、利率条件的谈判更加困难。

大包大揽。有时信贷人员急于求成，或是为了显示自己的能力，擅自向客户拍胸脯做保证，但结果往往使自己陷于两头被动、进退两难的局面。调查人员不是银行的最终审批人员，一切都有变数，千万别把话说"死"、不留余地。能批多少、什么时间能放款这些问题绝对不能轻易承诺，要给自己留有余地。预计 10 天能办完，和客户说"争取半个月办完"，如果 10 天办完了，就超出了客户的预期，客户的满意度就会大大提高，对我们以后的工作配合度就高一些。如果向客户承诺一周能放款，结果到了第 10 天刚办完，尽管付出了极大的努力，客户仍然不满意。其核心就是合理地控制客户的预期，满意度是设计出来的。

希望毕其功于一役。有时调查人员希望仅通过一次调查就完成整个贷款业务的调查，但是对于调查人员比较陌生的行业、新客户，这是难以实现的。调查人员切记，对于比较陌生的行业和新客户，不要寄希望于毕其功于一役，要有耐心，做好多次甚至反复调查的准备，毕竟风险是第一位的，千万不能因为营销而忘记了风险。

收集资料过于繁复。调查人员在第一次上门调查时，一定要向客户提供全面的申请授信业务的资料准备清单；如果客户未提供，我们再次索要也不理亏。如果经后续整理，确实需要客户再次补充资料，调查人员也要尽可能一次性向客户列明需要再次补充的资料清单，减少索要资料的次数，避免客户出现厌烦情绪。

7.2 证人证言：兼听则明，偏信则暗

俗话说"邻居一杆秤，街坊千面镜"，每个人都生活在圈子当中，

不可能孤零零地一个人生活，既然生活在圈子当中，就要接触到很多人。我们可以从一个人的圈子入手，慢慢地了解这个人。我们一开始跟客户接触有可能是"点对点"的，但是时间长了之后，就会变成"面对面"的，我们与客户的圈子会产生重合，比如他的同学是我的朋友、我的表哥是他的客户，两者的圈子交集越多，我们了解的信息就越全面、越真实、越具体。这些口口相传的信息会在每个客户经理的心里形成一个庞大的数据库，这个数据库是不公开的，在每个人的心里。很多老信贷人员对"江湖"老板们的掌故一清二楚，对于老板怎么发的家、怎么败的家，娓娓道来，夹叙夹议。股份制银行、村镇银行发放的小微企业贷款出风险的比较多，而当地的农商行、城商行则把握得准一些，这并不是因为谁的信贷技术更先进一些，而是后者多数人员是当地土生土长的，点多、面广、人熟，信息掌握得更真实、更全面。

7.2.1 信息来源渠道：向浑水公司学调查[一]

从 2009 年开始，北美资本市场中出现一家浑水研究公司（Muddy Waters Research，后文简称"浑水"），它先后发出真实的研究报告，揭露了四家在北美上市的中国公司——东方纸业（ONP）、绿诺国际（RINO）、多元环球水务（DGW）和中国高速频道（CCME）。这四家在中国经营的民企因浑水的揭露股价大跌，分别被交易所停牌或摘牌。2016 年，浑水公司在中国香港做空辉山乳业（06863），报告指出该公司价值接近零，当日该股价格一度在短短十几分钟内跌超 90%，创港股史上最大跌幅。浑水及相关利益公司因此获利不少。当

[一] 搜狐网.向浑水学习如何调查公司 [OL]. https://www.sohu.com/a/204351995_499067, 2017-11-14.

然，浑水的狙击亦偶有失手。总体而言，浑水做空的成功率相当高。

做多和做空都需要做调研，但方法论截然不同，做多是"证实"，优点和缺点都要考量，权衡之下才能给出"买入"的评级；做空则是"证伪"，俗称"找茬"，只要找到企业的财务、经营造假证据，"攻其一点，不及其余"，"硬伤"一经发现，即可成为做空的理由，类似于"一票否决制"。就像银行审批贷款一样，想要审批通过一笔贷款很难，但是想否决一笔贷款很容易。浑水在攻击一家上市公司前做了大量研究，为猎杀做了充分的准备，它的调查方法可以作为我们的参考，尤其是第三方查证的方法。

调查供应商。为了解公司的真实经营情况，浑水经常调研上市公司的供应商，印证上市公司资料的真实性。同时，浑水也会关注供应商的办公环境，供应商的产能、销量和销售价格等经营数据，并且十分关注供应商对上市公司的评价，以此作为与上市公司公开信息对比的基准，去评判供应商是否有实力去与被调查公司进行符合公开资料的商贸往来。浑水甚至假扮成客户给供应商打电话，了解情况。

比如在调查东方纸业时，浑水发现所有供应商的产能之和远小于东方纸业的采购量。调查嘉汉林业时，则发现其供应商和客户竟然是同一家公司，公司玩的是自买自卖、体内循环的把戏。调查中国高速频道时，发现上市公司声称自己拥有独有的硬件驱动系统，但是中国高速频道的供应商在阿里巴巴网站公开销售同样的产品，任何人都能轻易购得。

除了传统意义上的供货商，浑水的调查对象还包括给上市公司提供审计和法律咨询服务的会计师和律师事务所等机构。如在调查多元环球水务时，浑水去会计师事务所查阅了原版的审计报告，证实上市公司篡改了审计报告，把收入至少夸大了 100 倍。

调研客户。浑水尤其重视对客户的调研。调查方式包括查阅资料和实地调研，如网络调查、电话询问、实地访谈等。浑水重点核实客户的实际采购量、采购价格以及客户对上市公司及其产品的评价。如浑水发现中国高速频道、绿诺国际宣称的部分客户关系根本不存在，而多元环球水务的客户（经销商）资料纯属子虚乌有，所谓的 80 多个经销商的电话基本打不通，能打通的公司，也从未听说过多元环球水务。

核对下游客户的实际采购量能较好地反映上市公司公布信息的真实性。以东方纸业为例，浑水通过电话沟通及客户官网披露的经营信息，逐一核对各个客户对东方纸业的实际采购量，最终判断出东方纸业虚增收入。虚增的方法其实很简单，即拟定假合同和开假发票，这也是国内上市公司造假的通用方法。

客户对上市公司的评价亦是评判上市公司经营能力的重要指标。绿诺国际的客户对其评价差，称之为业界的一家小公司，其脱硫技术由一家科研单位提供，不算独有，更不算先进，而且脱硫效果差，运营成本高，其产品并非像其声称的那样前途一片光明。

为了调查辉山乳业的原料来源，揭穿苜蓿自给自足的谎言，浑水调查了美国安德森公司的中国代理人员，该公司确认称，辉山乳业自 2013 年以来是其重要客户。九家牧场的员工亦证实，辉山乳业从海外和黑龙江的第三方采购苜蓿。一家黑龙江的苜蓿经销商也证实，其公司长期给辉山乳业供应羊草和苜蓿。

倾听竞争对手。浑水很注重参考竞争对手的经营和财务情况，借以判断上市公司的价值，尤其愿意倾听竞争对手对上市公司的评价调查，这有助于了解整个行业的现状，不会局限于上市公司的一家之言。

在调查东方纸业的时候，浑水把东方纸业的工厂照片与竞争对手晨鸣纸业、太阳纸业、玖龙纸业和华泰纸业等做了对比后发现：东方纸业只能算一个作坊。再对比东方纸业和竞争对手的销售价格和毛利率发现，东方纸业的毛利率水平处于一个不可能达到的高度，盈利水平与行业严重背离。

在调查绿诺国际和中国高速频道时，它们都宣称在本行业里有某些竞争者——这些竞争者在行业内知名度都很高，然而浑水去访谈竞争对手时发现，这些竞争对手竟然都不知道它们的存在。

请教行业专家。在查阅资料和实地调研这两个阶段，浑水有一个必杀技——请教行业专家。正所谓"闻道有先后，术业有专攻"，请教行业内的专家有利于加深对行业的理解。对于行业的特性、正常毛利率、某种型号生产设备的市场价格，从行业专家处得到信息的效率和可信度更高。如当年银广夏被调查一样，一般人难以断定其生产过程的真伪，而行内专家对此却熟稔于心。浑水在调查嘉汉林业时请教了税务专家、调查东方纸业时请教了机械专家、调查分众传媒时请教了传媒专家、调查绿诺国际时请教了脱硫技术专家、调查多元环球水务时请教了制造业专家、调查辉山乳业的时候聘请了三位乳业专家。援引专家的言论，总是比自己的判断更有说服力，这也是浑水乐于请教专家的原因之一。

其实在我们看来，浑水的调查方法并没有什么高深之处，既没有高科技手段，也没有什么特别厉害的"线人"，它的调查方式也是我们的信贷调查方式（只不过是反向做空）。它只是比较较真，任何财务报表都经不起"较真"二字。在调查辉山乳业的时候，调查人员访问了35个牧场、5个生产设施基地（其中包括1个中途停工的基地）和 2 个完全没有建设迹象的生产基地，调查人员通过无人驾驶飞机对辉山基地进行调查。国内几十家给辉山乳业放贷的银行不知道有没有走遍这些地方。浑水商业上的成功给我们最大的启示是：光坐在家里读报表不行，光听客户的一面之词也不行，走出去看一看，多打几个电话聊聊，要胜过坐在办公室里研究财报。

浑水只是调查单个企业，它进行的是"点式"的调查，而银行在经营信贷的过程中，一般是辐射当地辖区，不只服务一家企业，我们所接触的是一个"面式"的信息源，信息来源要远远比它宽广。相对于很多评级公司等中介机构千里迢迢去看企业那么一眼，银行与企业接触的机会要多得多。尤其中国是一个熟人社会，每个人都有那么几个圈子，我们进入这个圈子之后，就能获得大量信息。除了上面列举的几个调查商业上的合作伙伴的渠道，我们还有其他渠道可以利用。

客户的近邻。"说谎不瞒当乡人"，我们在深入到某个人的圈子之后才发现，原来这么多的重要信息已经在他周围的圈子里传遍了，我们还被借款人的美好愿景蒙在鼓里。比如到某个镇上调查甲公司，在聊天的时候不经意地提到附近的乙公司，乙公司是一家屠宰企业，有"省级农业产业化龙头企业"的头衔，在本行有授信 800 万元。甲公司老板脱口而出乙公司正在投资一个电池项目，而新投资的这个项目我们是不知道的，在贷款材料里面丝毫体现不出来，后来恰恰是这个投资的新公司出了问题，屠宰厂也被连累倒闭。某企业以自有的土地抵押，申请借款 3000 万元，看似情况不错，后来接触到老板同村的一个人，他爆料说：本村的一个人借给这个老板 200 万元，当时说的利息不低，但后来一直付不了。都是同村的也不好意思去要，前不久出借的人得了心脏病住了院，才勉勉强强要回 20 万元,这件事全村人都知道。这个老板不光借本村人的钱,还借了他同学一笔钱,最后两个人翻脸也没要回一分钱来。经过多渠道核实,这些信息都是真实的,企业各种渠道的民间借贷已经无法归还了,而企业还在四处找银行借款。

客户的朋友圈。任何沾亲带故的人都可以称为"朋友",做信贷就是"眼观六路、耳听八方",就要广交朋友。银行在招聘员工的时候,喜欢招当地的人,这是因为他们在当地亲朋故旧比较多,便于营销业务、打探消息。比如一个做建材生意的福建籍客户,他是当地福建商会的领导,交往面比较广。我们做了信贷业务后,就不断从别人口中了解他的情况。一开始是从一个做钢材的老板口里打听他的情况,后来,又通过一个福建做茶叶的老板了解他,再后来从他的一个商业伙伴那里找到交集。当我们遇到陌生人的时候,总会想方设法拉近关系,找出彼此之间都认识的熟人,然后很快双方也就变成熟人了。有的时候,你用心去编织一张信息网、关系网,就会发现世界可以变得很小。

企业的员工。到企业里面不可光问老板一个人,一定要各个部门都转一转,进行背靠背的询问。有一次去企业调查,老板说自己企业的年销售收入有3000万元,我们到财务部门问了一下会计,会计说每个月只有30万元,到销售部门问了问,说一个月能发100多万元的货。这三者的数据相差太大了,后来公司的会计赶紧回来打圆场,说不知道我们是银行的,以为是税务局的,所以就只报了开票收入,实际要比这个多得多。最后我们又去了生产车间,问了一下工人每月的产能,最后判断年销售收入大约是1000多万元,也就是销售部门给的数字是最接近的。但公司名下已经有700万元贷款了,这笔贷款是被挪到其他项目上,所以就没有批。

同业。同业之间的关系很微妙,既有竞争也有合作,有的时候同进退,有的时候则是自己先跑。关注同业,贷前要关注,贷后更要关注,一是从同业口中了解一些我们不掌握的信息,二是关注一下同业的态度,制定自己的对策。有的时候,风险不是来自客户,恰恰是来自同业,它想抽贷了,企业就很难扛过去。

建立"消息树"。作为经营信息的人,信贷人员都要建立起自己的"消息树"。这些"固定信息源"包括每日必读报刊、每日必去网站以及经常搜寻查阅的数据库,还有经常联系的消息人士。比如为了了解当地整体的授信状况,可以经常与其他银行的风险人员交流,打听一下其他银行对客户的风险评价、授信政策的变化。比如为了了解某个行业的情况,选一个行业内的消息灵通人士,当行业内的市场出现一些变化的时候,让他分析一下原因。

重视草根数据。所谓草根数据就是区别于官方披露的数据,而且一般是在公共或商业数据库中无法找到的数据。官方数据是公开的,草根数据则是私有的。相比于官方的数据,草根数据更随手可得。草根数据通俗地说就是生活中观测到的数据,也是感受性数据。它并不需要十分准确,能够说明变化就非常重要。比如我们到超市买菜,发现最近鸡蛋价格超级低,每斤2元钱,比青菜还便宜,一打听,是因为禽流感大家不敢吃鸡蛋了;鸡蛋价格低了没几个月,又开始猛涨,每斤最高时到了5.5元,后来一了解,是因为环保治理,大量小型养鸡场被关停了。比如家里的垃圾卖给收废品的,通过废纸、废铁收购价格的变化,感知大宗商品的行情。除了商品价格变化之外,还有很多"指数型"数据。比如通过看小区里公告栏的房屋出租信息,了解一下最近的就业情况,当最近很多房屋长时间空置租不出去的时候,就感觉到整体的流动人口少了。比如到货运车出租市场打听一下司机的生意，原来一天能跑五趟，现在一天平均跑一趟，就能感觉到当地整体的物流大幅下滑。到房产交易市场大厅办抵押的时候，看一下每天过户交易的数量，就能感觉到当地房地产交易的温度。

草根数据一般没有功利性和商业性诉求，所以基本可以信赖。它有时是主流数据的补充，有时是主流数据的对立面。网上流传的各种数据不可偏听偏信，一定要有其他信息作为佐证。草根数据在描述经济现象的精度上并不能与常规经济数据媲美，它的优势或特点是体现趋势性、角度独特、方法独到。它让分析者保持着接近经济现实的状态，从而避免信息分析的"贵族化"，防止因经济数据来源单一带来的思维和逻辑固化风险。⊖所以我们调查市场信息时不一定专门去调查，处处留心皆学问，每个人都生活在经济当中，如果你有一双善于观察的眼睛，完全可以看见更真实的世界。

7.2.2 网络信息调查渠道

搜索引擎。可以利用搜索引擎比如百度、微软必应等对借款人的相关信息进行查询，就是所谓的"人肉搜索"。在查询过程中可以以借款人及其配偶、担保人、公司名、手机号等作为关键词，查询是否有相关的风险信息，一旦发现负面信息，应该加强警惕，进行交叉验证。

有一个借款人50多岁，经营一座天然气加气站，个人名下、公司名下没有任何不良信用记录。但是笔者在搜索借款人名字的时候，发现在2002年前后有大量的诉讼信息，案由有讨要货款的、有讨要工资的、有追讨借款的，百度上翻好几页都不重复。除了这些诉讼

⊖ 张寅.分析的力量[M].北京：中信出版社，2015.

信息之外，也有对借款人的正面宣传，一家级别不算低的媒体上宣传了借款人的创业事迹，讲得非常励志。后来笔者找到法院的一位同学打听了一下，法院很多人对他的掌故颇为熟悉：这个老板曾经风云一时，在当地也算知名人士，他的公司倒闭之后，法院立了100多件案子，全是找他要钱的，民事法庭上各个庭都是他的案子，所以很多人都知道他。这个老板是个"大忽悠"，自己没有一分钱，忽悠别人投资入股、忽悠供应商先安装设备，本来项目前景不错，引进的是国外设备，但最后还是因为资金链断了而倒闭。只是当时征信系统还没有上线，所以关于这位老板的不良信用记录一概看不到。听完这位老板的故事后，笔者认为人总该会吃一堑长一智吧，也该吸取教训了，而且这么大岁数，好不容易跌倒后爬起来了，风险太大的也不应该再干了，于是这笔贷款就放了，金额为200万元。可是"江山易改，禀性难移"，这位老板十几年之后又重蹈覆辙：项目是不错，经营天然气加气站和天然气管网，但是没有自有资金，仍是靠四处忽悠，最后仍是融资跟不上资金链断了。这200万元先是找他女儿、找担保人，后又经过起诉，通过多方施加压力才把钱全部收回。刚收回贷款不久，加气站就爆炸了，这次是彻底倒闭了。再上网一搜，老板的这家新公司的诉讼案子又一大堆，建设工程的、金融借款的、民间借贷的、买卖合同的、劳动争议的，什么案由都有。都说"人不可能两次踏进同一条河流"，这个老板真的是做到了，十几年时间两次跌倒，都是赔得一塌糊涂。

百度贴吧。 贴吧是本地信息交流的一个非常不错的平台，往往当地有什么新闻轶事，都会在贴吧里传播。因为贴吧不像微信那样管控得特别严，年轻人网上说话又口无遮拦，所以能看到很多非常有价值的信息，尤其是负面信息。"事不平则鸣"，人在受到不公平待遇的时候，总会找个渠道发泄一下。濒临倒闭的企业，往往内部问题重重，很容易引出话题。比如某公司的员工在网上发帖，说该公司拖欠工资 5 个月了，老板说贷下款来就发工资，后面不断有人跟帖讨薪，说明信息是真实的，不是无端生事。果不其然，这家公司没过几个月就因无力还贷而倒闭了。再比如某公司有人在本公司的贴吧里揭露该公司的内部腐败：销售经理如何捣鬼、财务经理如何搞钱、生产车间管理如何混乱，讲的细节非常清楚，显然是对公司情况非常了解的人。这种帖子发在公司贴吧里，居然没有被删，可见公司管理混乱到了什么程度。过了一年多，企业倒闭了。

行业网站。经常关注一些行业的市场行情、企业动态非常有必要，尤其是在自己接触某一行业的客户不是特别多的情况下，更要通过网站了解行业动态。比如客户经营大宗商品或是使用大宗商品作为原料，就要经常关注大宗商品的价格。一些行业的投资趋势、市场供需情况等也是需要了解的内容。

手机 App。有的手机应用把很多公开信息汇总起来，查询起来非常方便，比如"启信宝"，汇集了国家工商总局的"全国企业信用信息公示系统"、最高人民法院的"全国法院被执行人信息查询系统""全国法院失信被执行人名单信息查询系统""中国裁判文书网""公告查询"等多个系统，将企业的风险信息单独列出，免去了各个系统来回查询的不便。随着越来越多的民营公司进入征信领域，通过这个渠道获取信息会越来越容易。

对于涉诉信息，企业一般是先拖欠货款引发诉讼，再暴露民间借贷，最后才是银行起诉。因拖欠货款引发诉讼往往是导火索，是企业资金链危机的第一步，但是企业容易以各种借口掩盖过去，比如对方交货不及时、产品有瑕疵等，把资金链问题掩饰为正常的买卖合同问题。当然，即使面对判决书，我们也无法判断借款人说的是真是假，需要引起注意，结合其他方面的信息进行交叉验证。

7.2.3 信息的处理

在打听的过程中，我们最常见的问题是：听到不好的评价怎么办？"谁人背后无人说，哪个人前不说人""誉满天下者，必毁满天下"，人无完人，再伟大的人物，背后的毛病也是一大堆。此外也不一定"亲望亲好，邻望邻好"，倒是"仇富"的心理比较普遍，通常人们会说"为富不仁"。听到不同的声音，我们应该怎么判断呢？

专业眼光。我们要以银行人的专业眼光来评价企业、评价老板，要对周围人提供的信息进行甄选、过滤，有的可以采纳，有的不采纳。有一年一家支行上报了一个房地产按揭项目，当时我一看开发商的法人代表，吓了一跳，这个人是附近赫赫有名的"江湖老大"，手下有一批小弟，还时不时爆出与某个帮派抢工地的新闻。当时我负责这个项目的尽职调查，我问支行客户经理：你们不清楚这个老板是什么出身吗？这样的项目你们也敢做？支行的回答也很干脆：这个项目五证齐全、项目完工、销售情况很好。我也无话可说，确实找不出什么台面上的理由拒绝，就报上去了，最终审批权在省行，省行更不知道开发商什么来路了，很快就批了。这个项目如期完工，按时交房，按揭贷款没有什么问题，后期物业也管理得挺好。

我后来慢慢又接触了这个开发商老板周围的人，令我吃惊的是，大多数人对他的评价居然都不错。一个给他送砂石料的供应商说，这个老板很讲信用，说什么时候给钱就什么时候给钱，从不赖账，不像有些人喜欢给空头支票。曾给他记过账的一个会计说，老板待人很好，家里的老人和孩子都照顾得到。最后他的一个朋友的评价十分中肯：那些极端的行为是他的谋生手段，但不是他为人处事的方式。后来我渐渐认识到，银行寻找的不是一个在道德上没有缺陷的好人，而是要寻找一个按照商业规则办事的好老板。就像从道德角度评价，李世民、朱棣都不算好人，但是他们确实是历史上的好皇帝。

利益相关者。在知乎上答题，很多人的回答先表明自己是"利益相关者"，也就是他的位置决定了所发表评论的独立性和客观性，声明利益相关是提示阅读评论者客观性可能会受到影响，是对阅读者和评论负责的一种做法。比如在苹果公司工作的员工发表一篇评论说苹果产品是最好的，这个评论的客观性就可能会因为评论者与评论对象的利益相关而被削减。我们所接触到的大多数信息节点，都是借款人的利益相关者——如果没有任何利益相关，为什么会知道企业有价值的信息？单纯看热闹的话，了解的信息也会非常肤浅。我们接触的所有人都是利益相关者，无非是利益有大有小。比如问同行，"同行是冤家"，那同行到底是不是在揭短？有时同行的话很难客观公正。比如问员工，有的员工得了老板的好处会说老板好，但有的员工感觉受到了不公平的待遇而对老板满肚子怨言，已经离职的员工对老板几乎全是负面评价。要解决这个问题，我们要先把主观性的信息去掉，单纯分析客观信息是否存在，是否真实。对于负面信息也无须屏蔽，而是要看这种负面信息究竟会给企业带来多大的影响、会对贷款造成多大的风险。

7.3 书面材料：口说无凭，立字为据

要查清企业的财务信息，最好的办法是查看账目。但银行毕竟

不是审计部门，因此还不可能像审计一样查账，而且限于客户经理的专业能力，也不一定能把账目看清楚，再加上时间成本，不可能旷日持久地调查下去。因此，银行需要做的是在尽量短的时间内，用自己的一套方法，把关键信息调查清楚。

大额贷款和小额贷款对调查的要求也不一样。对于小额贷款，为了缩短时间、提高效率、增强竞争力，要简化材料，有些材料可以不往授信资料里面放，但一线客户经理要掌握，自己心中有数。有些小微企业是夫妻经营，没有正规账目，需要借助各种资料把财务数据搞清楚。

7.3.1　调查信息纸质化技术

贷款技术分为两种，一种是关系型贷款，另一种是交易型贷款。关系型贷款主要适用于熟人圈子，凭借彼此的了解，不需借助太多资料调查，比如信用合作社的贷款；交易型贷款则是陌生人之间的贷款，彼此不了解，资金出借方需要借助资料调查了解对方。小银行一般决策链条都在当地，点多、面广、人熟，所以关系型贷款比较多，而大银行的决策权都在上级银行，对当地情况不了解，所以以交易型贷款为主。

客户经理调查的信息，最后要通过纸质材料上报上去，客户经理调查得再好，但是他没有审批权，而具有审查审批权的人审批主要是依据纸制材料，所以要想让内部沟通更顺畅、让自己的贷款批得快、额度给得足，必须能充分地把调查信息反映到纸面上。宏观方面的行业分析主要通过非现场调查，而企业微观方面的调查都是通过企业提供的纸质材料。贷款的一个重要技术，就是把借款人的经营情况进行纸质化，能反映在纸面上的东西，是最具有说服力的东西。这个纸质材料当然不仅局限于财务报表，还包括财务报表以外的其他材料，用来证明财务数据的真实性，比如提供库存清单证明企业的存货价值，提供企业的发票证明其应收账款。企业的非财务信息也可以用纸质材料表现出来，比如提供企业获得的各项荣誉、拥有的专利技术等。

7.3.2 养成眼见为实的调查习惯

当客户说到某个信息的时候，有的调查人员脸皮比较薄，总是在应和对方，相信对方所说的是真的。有的调查人员则是步步紧逼，当客户说到一个数字，接着就让他提供书面材料，比如客户说刚订了一台设备，调查人员紧接着要看看合同，员工说每月工资5000多元，调查人员要他打开手机银行看个明白。经过对比发现，后者的调查效果要明显好于前者，而且并没有惹对方不高兴。

客户在讲自己的资产的时候，总是经意不经意地夸大，甚至有些数字到了"乘十"的程度，所以在听的时候切不可全信，要看到证据。有这样一个案例：有一个经营小礼品的客户，我问她有多少存款，她告诉我有5000元，当我提出要看存折时，她以存折在外地的老家而拒绝了我。后来客户打电话告诉我存款不是5000元而是8000元，我再一次提出要看存折时，她又以同一个理由拒绝了。我建议客户让家人把存折复印件传真到银行，因为贷审会见不到存折就不会审批这笔贷款。当天下午，客户果然带来了她的存折，上面只有3000元，存入日期是当天，这就更不能证明存款是本人的了，极有可能是临时凑的。贷审会了解到这个情况就把这笔贷款拒绝了。客户在被拒绝后的第二天又来到银行，问我是否可以为她的贷款想些办法，她的男朋友欠了高利贷，如果不还会有危险，她实在找不到其他筹钱的办法了。当然，我礼貌地拒绝了她。①

在这里，客户经理与客户打交道要养成一个"先严后宽"的习惯，这样不但能提高客户的满意度，而且有利于在后续的管理中掌握客户。所谓"先严后宽"是指一开始的要求要高一些，后来可以慢慢降低，这样客户就认为你是向他让步，是他占便宜了，越往后面越配合；而有的人则是先宽后严，一开始就迁就客户，这么做可以，那么做也可以，结果在后续的贷款审查程序中过不去，五次三番地要求客户补充材料，反而惹得客户不高兴。在客户的管理中，要一开始就立规矩，该提供什么资料就提供什么资料，放完款后，该在本行走结算就要走结算，该还利息就一天不能耽误。一味地迁就对方并不能让对方满意，客户的要求会越来越高、越来越过分，最后会导致失控。我们的最终目的是安安全全地把贷款按期收回，而不是让客户高高兴兴地把钱拿走完事，所以这种观念从一开始就必须建立。

7.3.3 财产证明

财产证明都是要求客户提供复印件，有的客户经理不一定向客户索要原件，这就存在一些造假的机会。有一笔贷款逾期，资产保全人员拿着贷款材料，照着里面的房产证去房产局查封房子，居然没有一套是真的。房产证造假有两种情形：一是用复印件造假，简单地涂改，根本没有原件；二是直接造一本假房产证，这种欺骗性就非常强了。核实证件真假的方法一是肉眼看，一般假房产证上的字体与真房产证不一致，见得多了就会发现；二是逻辑比对，比如有房产证但是征信报告里面没有一笔按揭贷款或抵押贷款，提供了

---

① 李镇西，金岩，等. 微小企业贷款的案例与心得 [M]. 北京：中国金融出版社，2007：59.

车辆行驶证却从来没见过这辆车，这些都属于可疑情况。

7.3.4 征信报告分析

1. 个人征信报告分析

第一，居住信息，从中可以发现客户在哪些地方居住过或有几套房产。

第二，职业信息，从中可以发现客户曾经从事过哪些职业，在哪些公司上过班，经营过哪些公司，或者现在经营哪家公司。

第三，贷款汇总信息，从中可以发现客户的贷款总额、总余额、月均还款额、有几次逾期、最长逾期多久。有 6 次以上逾期和最长逾期超过 3 个月的，需要特别关注。

第四，信用卡汇总信息，从中可以发现客户有几张信用卡、授信总额、透支总额、最高授信额度、平均透支总额、有几次逾期、最长逾期多久。透支比例超过 80%，有 6 次以上逾期和最长逾期超过 3 个月的，需要特别关注。

第五，贷款明细信息，从中可以发现客户每笔贷款的发放机构、发放日期、贷款期限、到期日、还款方式、担保方式、五级分类、每月还款额及逾期情况、是否提前还款等信息。对于贷款到期日是否临近、续贷可能性大不大、单笔出现 3 次以上逾期等情况需要关注。

第六，信用卡明细信息，从中可以发现客户每张信用卡的开户日期、授信机构、授信额度、透支额度、还款额、逾期情况。对于大额信用卡是否存在分期、近期办理多张信用卡、贷款以信用卡形式发放、单张信用卡超过 6 次逾期需要关注。

第七，查询记录信息，从中可以发现客户近期在哪些机构有过贷款审批、信用卡申请及担保审查等信息。对于个人查询记录，需要逐条询问其查询原因，对于个人查询次数较多者，需要特别关注。

2. 企业信用报告分析

第一，关联企业分析。企业征信报告中包含了很多关联企业信息，对于这个要高度重视。

第二，未结清贷款信息。企业征信报告对贷款信息的披露不像个人征信报告那么充分，只能关注客户的现有总负债、贷款产品、发放日、到期日、五级分类情况，至于其贷款机构、还款方式、担保方式、利率等信息只能向客户询问获取，再结合常识进行确认。

第三，贷款历史信息。企业征信报告中按季度披露了客户贷款金额的变化，从中我们可以发现客户贷款金额的变化，对于增加或减少的原因和资金的来龙去脉需要向客户进行询问。

3. 主要风险点

信用记录逾期较多。从征信分析中，发现客户有贷款连续逾期或者累计超过3个月的逾期，单张信用卡超过6次逾期或者累计超过10次逾期都需要特别关注。对于有逾期记录的客户，一般的做法是区别对待，通常客户经理为了做成业务，会让客户找贷款银行开具"非恶意拖欠证明"。但是经验教训证明，历史记录有污点的，通常以后的还款也会出问题，尤其是我们认为客户当时有能力还款的。如果通过面谈判断该客户属于"高自尊人格"，那么以后违约的可能性非常大。这种性格的人做事情往往以自我为中心，对外部规则满不在乎。所以如果发现客户有一定的还款能力，但是还款记录总是不正常，建议不做这笔业务，因为客户非常难管控。

近期大额贷款到期。从征信分析中，发现客户近期有大额贷款到期，此时需要确认其还款来源、续贷准备情况和发放机构的信贷政策变化情况。

历史贷款机构变迁。从征信分析中，发现客户的贷款从国有银行不断向全国性股份制商业银行和区域性城商行、农商行、村镇银行、小贷公司逐步转移，需要关注宏观形势及行业趋势对客户的影响。

贷款需求比较紧迫。从征信分析中，发现客户近期频繁申请贷款和信用卡，需要关注其向哪些机构申请贷款、申请结果、拒绝原因，侧面挖掘客户的不利信息，同时为后续侧面打听软信息做准备。

从征信分析中，如果发现客户的信用卡透支比例超标和信用卡分期等情况，需要特别关注其透支的真实原因，这在一定程度上反映了客户的资金运转已经相当紧张。

联保贷款比例过高。从征信分析中，如果发现客户联保贷款比例超过50%，需要特别关注其发放机构、发放历史、联保对象、每户贷款金额、贷款到期日等信息，挖掘是否存在联保体瓦解风险及机构收缩贷款风险。

近三年贷款大幅变化。从征信分析中，如果发现客户近三年贷款总额大幅增加或减少，对于增加，需要关注其增加的原因、资金去向以及从资产中是否能够看到对应的实物，对于减少，需要关注其减少的原因、还款资金来源以及对经营的影响。

7.3.5 经营凭证

在企业提供的经营材料中，按照可信程度来分，可以分为三个等级：第一等级是权威第三方凭证，如银行流水、水电费发票、税票等，这些都是正规部门出具的，容易鉴别真伪，可信度较高；第二等级是第三方凭证，即借款人生意关联方出具的相关凭证，包括上游发货单、结算单、物流公司送货单、下游订单等，这些凭证存在一定的造假可能性，因为这些凭证并非来自权威出处；第三等级是借款人自制的原始凭证，比如自己做的发货单、流水账、应收账款明细、工资单等。○

纳税申报表。大家都清楚小微企业纳税不规范，纳税申报表并不能反映其真实的销售收入，但是也要坚持要求提供纳税申报表。首先，随着"营改增"的推广，小企业的纳税也越来越规范，企业的经营信息越来越透明，也就是说，企业的真实销售收入与申报数据越来越接近。其次，纳税申报表虽然并不能体现企业的全部销售收入，但是我们可以据此倒推出它的全部销售收入。比如企业老板说对外销售开票的只占1/3，我们就可以据此倒推。再次，有的企业的下游客户是大企业，客户要求全部开发票，那么它的开票收入就是它的全部收入。比如有个煤炭销售企业主要针对两家电厂销售，没有别的客户，那么企业的开票收入就代表着它的全部收入，报表上多出来的、自己多说的都无法解释。最后，尽管企业都知道合理避税，但是纳税额可以反映企业的利润水平，舍得交税给国家，可以推断其盈利确实不少。我们可以根据纳税额估算企业是不是真的赚钱。赚钱的企业不一定多交税，但是交税多的企业一定赚钱多。

有的企业开票收入很多，有可能这个数字超出了它的销售收入，一家小贸易公司一年开票收入几千万元，我们发现开票的对手从来

○ 张巍刚. 小微企业信贷工作笔记 [M]. 北京：九州出版社，2014：15.

没有出现在企业的客户名单里，企业与它也从来没有资金往来，在银行流水上看不到这个户名，这有可能是一些违反增值税发票使用规定的行为导致的。

水电费发票。小微信贷领域经常提到的"三品三表"中就包括电表，但是想通过水电费发票倒推出企业的销售收入是非常困难的，一方面，我们很难换算出生产一定量的产品需要耗费多少电量，另一方面，适用这种方法的都是一些高耗能企业，比如炼钢厂、铸造厂、电镀厂，这些基本属于限制类行业，小规模的不适合介入。像饭店、商店，都无法通过用电量来倒推它的销售收入。但是企业的水电费发票也要提供，其主要目的有两个：第一，看企业近期是否生产正常，有没有明显的淡旺季，是否有停产情况。水电费发票不是提供近几个月的，而是至少提供半年的或者一年的，把每个月的数字罗列起来进行比对。比如我们发现7、8月用电低于全年平均水平，就要询问一下为什么会低，有的原因是完全能够解释过去的，比如高温设备检修、暑期限电等情况。但是企业在传统生产旺季出现用电量下滑，或者逐月递减，这类情况就是不正常的。第二，同行业比对，看企业的销售收入是否真实。比如两家同类企业，报表上的数字相差不大，但是用电量差距很大，这就要认真核实一下为什么用电比别人多、为什么用电比别人少，如果没有合理的解释，用电少的就可能存在虚报销售收入的情况。

合同、发票。合同、发票都可以证明借款人的交易关系，其作用各有不同。发票是证明交易真实性的最可信的材料，因为合同伪造比较容易，随便找个公司盖个章就可以做一份合同，但是发票不行。合同是载明企业交易习惯的重要载体，商业合同里面隐藏着很多商业规则和商业秘密。比如从买卖合同中可以了解到双方的价格是含税价还是不含税价，结算方式是电汇还是银票。如果是其他协议，载明的信息就更多了，比如产品代理协议，看一下厂家给企业下的销售计划是多少、销售提成奖励是多少。比如柜台联营协议，看一下企业与商场之间的分成比例是多少。

经营单据。经营单据整体上分为两类：一是上游厂家给企业的发货单、出库单，相当于企业自己的进货单；二是企业自己的发货单，这些主要是物流公司送货的凭证，也可以作为企业进出货的明细。这些材料造假更容易，我们在收集的时候需要甄别。一般来说，越是板板正正的越有可能是现做的，相反，单据大小不一、不平整、记得乱七八糟的可信度反而比较高。

7.3.6 假印章的识别

调查材料里有各种各样盖章的材料，比如收入证明需要工作单位盖章，婚姻证明需要民政局盖章，流水需要银行盖章，合同需要对方客户盖章，总之，我们总觉得盖了公章的材料才是真实的。其实也未必，公章非常容易造假，一旦盖了假公章的材料进了贷款材料归了档，如果事后这笔贷款的材料出了问题，经办人员肯定罪责难逃。因此，信贷人员需要练就一副"火眼金睛"，能够一眼识别出假公章。下面提供了几种识别公章真假的一般方法。

1. 从字体和印文效果识别假公章

根据国家规定，印章印文使用国家正式公布的简化汉字、宋体、围绕中央标志、沿公章外圆圈线内侧、均匀整齐地离心排列；实行民族区域自治的地方人民政府和社会团体的印章，同时使用汉字和相应的民族文字。因此，如果印章印文有以下问题，就可能是假公章。

（1）不用宋体汉字而是采用其他字体。

（2）印文排列得大小不一，高低不一，疏密不一，或偏、斜而不与半径方向一致。

2. 从印迹的磨损识别假公章

真的印章因为天天在用，其表面会有些磨损，所以盖到纸上通常显得不是很清晰，一般字的边缘不是很规则，盖到纸上深浅不均，尤其是光敏印章。假的印章都是刚刻出来的，字迹边缘非常清晰，印到纸上非常平整，想做旧都很困难。

7.4 现场考察：耳听为虚，眼见为实

俗话说"百闻不如一见"，现场考察是贷前调查中最重要的方式，日本"经营之神"稻盛和夫称"现场有神灵"，企业现场蕴藏着非常多的重要信息。作为最客观的调查方法，现场调查的效果直接影响贷款发放的质量。同时，现场考察也是最耗费时间、人力、物力的调查方式，调查的效率也至关重要。

我接触过一家企业，老板的父亲是一名工程院院士，他的名字在行业内如雷贯耳，公司的产品就是他父亲设计的专利产品。如果光看材料的话，企业绝对光鲜耀眼，是货真价实的高科技企业。可是我们到工厂去的时候，看到的却是这样一副场景：在一个郊区的农家大院里，摆着几台没完工的机器，在民房改造成的车间里，三两个工人拿着电焊锤子在敲敲打打，没有着工装，看样子也不像经验丰富的老师傅，简直是不能再山寨的山寨工厂了，纯粹的黑心作坊。现场看到的场景与我们头脑里院士设计的重型装备相差太远了，

与从书面材料上看到的各种证书、测评报告也相差很远,再加上了解到的其他信息,这笔贷款就没做。有些银行却被院士的名头震住了,甚至还拉上院士做担保人,最后企业还是倒闭了,负债4000多万元。实际情况是,企业的销路并不好,好几种产品只是半卖半送地售出了样品,毕竟研发与搞生产、销售不是一回事,企业的这些情况也可以通过当时看到的现场产能不足加以印证。

7.4.1 现场考察的流程

1. 确定调查时间

从时间上来说,可以分为约定走访和随机走访。一般初次见面需要约定走访,与客户约定好时间,客户有所准备,这样可以提高我们贷前调查的效率,缩短客户的等待时间。但是贷前调查不一定一次成功,很多信息了解不全,第二次以后就可以随时走访,避免客户"摆拍",给我们人为制造虚假场面。贷后管理过程中可以两种方式并用,要多做随机走访,即通过"突然袭击"看一下企业的生产经营情况,看一下老板的真实状态。

从考察对象上讲,要与客户约好,小微企业的初次调查必须见到老板本人,也就是企业的实际控制人,要亲自与老板交谈,其他任何人,如总经理、财务经理都代替不了老板。这与大企业调查不一样,大企业一般是财务经理负责接待,客户经理很少有见到董事长的机会。

2. 做好准备工作

"绝不打无准备之仗",确定好走访时间后,一定要提前做好准备工作，课前功课做得如何，直接影响现场考察的效率和质量。

首先，如果是新客户，需要通过客户提供的基础资料增强对企业的印象，也为访谈增加切入点。如果是续做客户，那准备方向会略有不同：一方面，需要调取最近制作的贷后报告和授信审批时的调查报告，尽可能地发现企业在不同阶段发展的区别。同时还要对比手中的财务数据，并对主要指标进行简单的记录，便于在走访的过程中对指标进行现场核对，如果发现有较大变化可以当场询问原因，避免出现重要信息的滞后。另一方面，需要利用好征信查询的信息，发现不同阶段授信客户的融资规模是否存在变化。

其次，任何一个客户的产品对银行人员来讲都有一定的专业性，复杂的工艺流程即便是内部人员也无法全面掌握。但是要成为一名优秀的银行客户经理，必须先成为一名社会"杂家"，无论什么领域都要有所涉猎。所以对于主营产品的专业知识在走访前也是要进行一番"恶补"的。怎么补？主要查阅主营产品的特点以及工艺基本流程，如果是新客户，需要查询网络产品信息，当然最稳妥的方式还是到网上进行搜索查询。

3. 制定走访路线

到了企业之后，就要根据企业的经营类型，确定走访哪些区域，原则上每个角落都要走到。有些客户经理到了客户那里就在办公室喝茶聊天，从来没到车间里看过，到了饭点就去吃饭，这是严重渎职。

首先，任何类型的企业都要到财务办公室看看，因为财务办公室有太多对我们来说十分重要的信息，一份表格、一张单据，都可以说明企业现在处于什么状态。必要的时候，还可以把一段时间里的账簿翻一翻。有一次我们到一个财务办公室，正好桌子上放着一张内部员工集资的通知，面向内部员工，利率按银行贷款利率，当我们过去的时候会计想把这张通知放起来，但是已经来不及了。尽管这并不代表企业的风险特别高，但是提供了一条重要信息。其次，对于生产型和贸易型企业，都要到仓库里看一看，按照前面讲的库存核实方法，进行库存检查。最后，对于生产型企业，必须到车间里看一看。企业生产的奥秘都在车间里。对于看到的信息，一定要用手机拍下来，无论上报贷款是否需要。事后将客户的照片复制到计算机里，留待以后使用。这样做既是给自己的工作留下印记，也是为事后复盘提供信息和线索。

4. 做好访谈工作

首先，在对企业的实际控制人进行访谈的过程中，应当着重于企业的发展规划、管理架构以及产品的市场战略等方面进行沟通，从而发现企业管理者的经营思路是否清晰，是否投资进入全新的业务领域。对于续做客户，可以就目前已有的合作情况以及下一步拓展合作的可能性与实际控制人进行沟通，一方面可以了解双方合作的黏度，另一方面，了解客户是否存在进一步的融资或者结算需求，从而间接判断企业的资金情况。

其次，在对财务负责人进行访谈的过程中，应当着重于企业的财务结构、主要指标变化情况进行了解，并要求查阅近期的财务账目和会计凭证。

最后，对于一般员工，要多聊两句。因为无论是老板还是会计，都与银行打交道多，说话比较圆滑，有时候很难从他们那里发现风险信息，而一般操作工，往往说话比较直接，问他们一些最近的工作强度、工资发放是否及时等问题，他们倒是非常喜欢和你聊聊。

5. 加工处理信息

走访结束从企业归来，千万别以为万事大吉，而是要趁热打铁整理走访记录和新发现的问题，最好是立即与自己的协办人员进行讨论，然后写好调查报告。

首先，对企业提供的财务数据进行比对，看通过各种渠道获得的信息是否一致，比如老板说的与会计说的、会计说的与车间工人说的是否一致；还要看客户前后提供的书面材料是否相符，仍存在疑问的要打电话再次与客户进行核对。其次，如果是贷后检查或续授信，需要将通过走访获取的各项数据与之前查询的数据进行对比，分析企业在这一段时间的财务数据变化情况。再次，对已经获取的数据建立管理台账，将存货、应收账款、固定资产、销售收入以及利润等指标纳入管理台账便于日后对比使用。最后，以制订的走访方案为脉络，逐一记录现场走访情况。从生产、经营、管理、财务以及实际控制人等角度对企业进行描述，并对客户目前存在的问题和下一步跟踪的重点进行评价。

7.4.2 现场考察的内容

现场考察的内容可以分为两个方面，一是资产规模，二是利润，一张资产负债表，一张利润表。通常来说，资产规模比较直观，有多少房产、设备，一眼就能看清楚，而利润相对来说就不是浮在表面了，不是一眼能看清楚的，这对于我们是更高的要求。"外行看热闹，内行看门道"，无论外行还是内行都能看出企业有多大规模，但只有内行才能发现企业是否赚钱。企业有问题就如同人得病，总会在表象上有所体现，我们要像一名医生一样，通过"望"来观察企业的健康状况。

1. 看生产运行是否正常

调查人员可以按照产品的生产流程，按顺序查看原料仓库、生产车间、检验车间、产品仓库等。通过调查生产线的运行情况，判断工厂是否正常运行。

对于生产型企业，如果考察中遇到停产、半停产的情况，要分析一下停产原因。像季节性开工、淡旺季明显的行业，到了淡季会出现停产、半停产的情况，这是正常的。对于淡旺季不明显的企业，如果出现停产，则可能是一个预警信号。有一次我看到一家仓储企业处于暂时停产状态，到地磅上看了看，发现地磅上的铁锈已经很厚，看来停产不是一天两天了。遇到停产的情况，我们经常听到的借口是"检修"，对于出现这种情况的企业，下一次要不打招呼再去一次，看看是否仍在检修，到底什么时候能生产，如果长期"检修"，那基本就是歇业了。我们不妨晚上到工业园区里面看一看，凡是晚上车间里灯火通明的，都是好企业，这是银行人最愿意看到的场面。西方有句谚语："半夜里铁匠铺里传来叮叮当当的声音，他的债主们睡得最香。"

企业停产之后贷款仍然正常还款的情况也是存在的，其原因可能是原来的企业已经停止经营，主要的资金已经转移到别的产业，现在的企业只是一个融资壳，所以从现在的企业上看不到任何问题，能否还款完全依赖于另一个产业能否盈利。企业半停产的原因要么是订单不足，要么是经营极其不景气，想停产又不敢，怕引起债权人的逼债,只能硬着头皮生产,实际上也是不盈利的,只是做个样子。

2. 看车间的技术装备

对于生产型企业来说,它的技术装备决定了产品的先进程度,决定了它的生产成本,也决定了它是否属于"落后产能"。这个要求我们对行业比较熟悉,明白该行业当前的主流工艺是什么、该工艺较以前有哪些进步、哪些工艺属于落后工艺。

首先,看生产设备的先进程度。那些设备陈旧、半死不活需要贷款续命的企业,大多数都是"落后产能"的代表。有一次我考察一家生产玻璃棉的企业,一看织机非常老了,找出机器的铭牌一看,生产日期居然是1973年,比我年龄都大。既然不是祖传的工厂,那就全是用的二手设备,甚至转了十手八手的。这种老机器,无论是生产效率,还是生产的产品的质量和款式,与新机器都相差十万八千里。老板是否舍得在设备上花钱,也从侧面反映了企业的利润水平。安装同样马力的柴油发动机,有的用潍柴的,有的用沃尔沃的,还有用奔驰的,品质是不一样的,也从侧面体现出效益不一样,只有赚钱了才舍得在设备上花钱。

有一家生产无纺布的企业,在我们考察贷款的时候生产线是新上的,开工不到一年,资金链断裂,老板跑路。后来老板跑路回来之后说,新的生产线效益并不好,产品不好卖,只能赊销,投产后几乎没有收到过现金,全是白条,说完随手从身上掏出一沓白条。这说明企业在建设的时候,上的就是落后设备,产能过剩。后来几家债权人把他起诉了,设备拍卖多次都流拍,最后抵给一个债权人。他勉强开工后,效益也没有多大改观。新老板感叹,同样是生产无纺布的,别的厂家产品高档、供不应求、现金提货,他的产品则属于大路货，严重滞销。这说明，设备虽然是新设备，都是真金白银买的，但是先进程度不一样，直接决定了企业投产的效益如何。很多企业在倒闭后处置资产的时候，设备都是按废铁价格卖的。

有一家生产化纤的企业，在投资过程中企业的实际控制人（大股东）借了大量的民间借贷，最后不堪重负跑路了，银行贷款全部逾期。实际上这个项目本身没有问题，企业是盈利的，生产规模虽然不是国内最大的，但是设备是最先进的。企业贷款逾期只是单纯的财务问题，就像一个人因为一口痰憋得休克了，实际上是能抢救过来的。后来企业的其他股东把企业接了过来，与各家债权人谈判达成分期还款、减免利息的协议，只用了不到两年时间就完全步入正轨。这说明企业的设备如果是先进的，即使贷款逾期，也很容易找到接盘人，很容易实现债务重组，至少债权人的大部分本金能保住。如果设备落后、属于淘汰产能，无论谁接手都不赚钱。

其次，看设备的生产工艺。工艺方面主要看是否节能、环保，自动化程度高不高。有一次我到一家沥青生产企业考察，生产装置极其陈旧，反应塔上锈迹斑斑，烟囱里浓烟滚滚，废水不经任何处理就排放出去了。尽管企业生产得红红火火，但这种装置的企业一看就是处于"土小"级别的，环保严重不达标。过了不到一年，企业就被强行关闭了。现在的趋势是设备自动化程度越来越高，甚至有些家庭作坊也用上了工业机器人。自动化程度高意味着产量大、成本低、质量稳定。

最后，看生产设备的权属。有的企业设备办理了融资租赁，机器设备虽然被企业占有，但是所有权属变更了，尤其是售后返租的情况更容易混淆。一般融资租赁公司会在设备的显要位置贴上铭牌。另外,设备重复抵押的情况也比较普遍,有的公司一批设备同时抵押给两三家银行。这种情况可以通过与贷款卡信息里的设备抵押贷款进行比对来了解。

3. 看厂区和办公区的环境

到企业里看的时候,有的信贷人员被企业宏伟的办公楼、豪华的装修所吸引,觉得企业的实力真强,其实这些都是非常表面的东西,"包子有肉不在褶上",企业能不能赚钱,不能光看表面,还要看它深层次的管理能力。有时候老板真实的管理水平与他自己讲的相差甚远,有的老板是空想家,夸夸其谈,想的多做的少,有的老板的领导力差,有想法却贯彻不下去。

到了厂区,客户经理要看厂容厂貌是否整洁,办公楼的走廊过道是否干净;要看办公室是否井然有序,洗手间是否干净卫生;到了建筑工地,要看施工场所是否井然有序,物料是否摆放整齐。这些虽是表面现象,却可以反映出企业管理水平的高低,古人云"一屋不扫,何以扫天下",大部分小企业没有多少高深的生产技术,主要看管理水平,在单位时间内谁能生产出更多、更优质的产品,谁才能最终生存下去。企业管理模式中有一种"5S现场科学管理法",5S即"整理、整顿、清扫、清洁、素养"5个要点,我们可以把它作为一项考察的参考标准——什么样的企业才是好企业。有些规模大的企业不一定做到,而有些小企业自觉不自觉地向这些标准靠拢。我见到过一个饭店的后厨,完全是按照5S标准要求的,食品、餐具摆放得整整齐齐,卫生责任到人,清扫得干干净净,一切都有章可循。大多数小微企业缺乏科学的管理方法,到仓库里一看,原材料到处乱放，与成品堆在一起，工具随便乱丢，工人工作时间的很大一部分被用于到处找工具、找材料，看似很忙碌，实则生产效率极为低下。工厂不在大小，要看老板是不是个有心人。

4. 看员工的精神面貌

一个人老了，必然是老态龙钟。从管理角度，判断一个企业处于生命周期的哪个阶段，可以从企业员工的精神面貌及工作态度中看出来。企业员工的一言一行给人一种直观的感知，上升期企业的员工应该是精神饱满的，工作积极，将企业的前途与自身的前途结合在一起。反之，一个江河日下的企业，员工怎么会有工作的热情呢？

通过观察员工的衣着和言谈举止，可以判断企业的凝聚力和战斗力。如果企业的员工都埋头各做各事，工作有条不紊，说明生产饱和、管理有章法。如果办公室里聊天的人多，车间里闲散的人多，说明企业管理不严，奖惩机制不到位。

7.4.3 现场造假的情形

小微企业的经营场所不一定就是它营业执照上的经营场所，有的时候，客户领我们去的现场是一个"假现场"，不是客户自己的经营场所，而是别人的。这就属于明目张胆地"骗"了，一般这种"骗"就一次，通常骗完之后就不还款了，一是因为借款人只有在极度缺钱的情况下才会这么干，二是因为骗局一旦被揭穿就原形毕露了。

库管不在。有一次我们到客户的经营现场去考察，它的经营场所就是一间大仓库，没有门面，我们先到了，仓库关着门，过了20分钟老板才匆匆赶到。见到老板后我们就开门见山地说"把门打开吧",结果老板说"仓库钥匙不在我这里,我得打电话叫库管过来"。老板就走到一边打电话去了,我们在旁边等着。结果又等了30分钟,也不见库管过来,老板说"库管有事赶不过来,你们就隔着门缝看看吧"。后来我们询问其他联保体成员,证实那个地方确实不是借款人的经营场所。这笔贷款我是作为协办人员出现的,后来在同事的坚持下发放了,放完款之后就出了问题。这笔贷款的其他材料都是齐全的,公司的手续、报表、合同、流水全都有,唯独没有生产现场。

员工冷淡。有一次我们去考察一个小工厂,经营场所是一间大厂房,没有门牌,里面既是车间也是仓库,东西乱摆在一起。老板领着我们过去的时候,有两个年轻工人在里面,不过没有干活,而是坐在地上打游戏,我们去了连头也不抬。老板看到之后略有尴尬,赶忙把我们领到一边。如果这间工厂真是这位老板的,哪有员工见了老板连个招呼也不打的。后来经过核实,这间工厂是别人的。还有一次更为尴尬的场景,老板说新上了一个电商平台,邀请我们去参观,结果我们到了之后发现居然是我同学的公司,当场穿帮。

生产外协。如果现场看到的情况与客户提供的资料严重不符,老板也会设计一套说辞。有一笔贷款,客户提供的纸质材料没有问题,流水、合同都有,但是到现场一看,实际产能和交货合同严重不符,合同上显示为某客户提供100台设备,可是到现场一看,只有三个工人懒懒散散地干,照他们的效率一个月最多能做出三台,不可能在合同期内交货。老板说他们的产品主要是外协,委托外部公司来生产。我们接着问委托哪家公司,老板说是委托一家外省的企业。这种设备生产工艺并不复杂,当地也能干,成本也不高,为什么要找这么远的企业来生产?老板说是怕技术泄密,当地的同类企业多，很容易仿制，外地那家企业并不是专业生产这种设备，只知道按照图纸干。像这样，生产在外地的，就无法核实了，虽然也有外协合同，但是其可信程度大打折扣。我们还是没有采信老板的说法，贷款没有做。一年多之后，企业倒闭了，倒闭之后也没有听到有外协订单的消息。

总之，实地考察是信息最丰富、感觉最直观的一种调查方式，实地考察后，将所看到的情况与从纸面上看到的和从别人那里听到的做一下比对，看是超过自己的想象还是让人大失所望。"处处留心皆学问"，只要用心观察，就能发现很多隐藏的信息。

7.5 调查信息分析

在贷款调查和平时的工作中，我们获取了很多信息，但未必所有信息都是真实的，也未必所有信息都是有用的。在这个信息爆炸的时代，没有经过分析的信息不是有价值的信息。虽说名义上是信息爆炸，实际上有用的信息永远不够多。通过各种消息渠道获得的信息，尤其是被动了解而非主动寻找到的信息，要经过加工处理才能变成有用的信息。

2012年3月18日，山西联盛能源有限公司（后文称"联盛"）董事长邢利斌花7000万元巨资在三亚丽思卡尔顿酒店为女儿举办了一场盛大婚礼。婚礼现场，邢利斌专门为女儿开了一场群星演唱会，给女儿的嫁妆包括6辆法拉利。这条新闻一时占据各大媒体的头条。仅时隔一年多，到2013年11月，联盛资金链断裂，法院受理了该公司的重整申请。根据公开信息，2012年9月的时候，联盛的负债只有72亿元，到了2013年，负债超过300亿元。首先我们可以推断，联盛这么大的企业不会在一年时间内就迅速地衰落，有可能在 2012 年的时候就已经危机重重了；很多债权人应该是在"7000 万嫁女"发生之后新增授信的，当时误以为这位山西煤老板实力很强大。也就是说，很多债权人都被邢利斌的"假情报"迷惑了，做出了误判。在股市上，庄家可以通过发布各种利好、利空消息操纵股价，而信贷市场上，借款人同样可以通过制造各种利好消息获取资金，所以信贷人员面对种各种信息一定要有一个分析过程。

7.5.1 信贷情报分析的方法⊖

1. 排除信息噪声

信息中的"噪声"是指信息发布者"投其所好"，提供一些满足受众"心理真实"的内容，而信息本身是虚假的。这些虚假信息之所以能够让对方相信，首先是满足了对方的某种心理期待；其次是营造环境氛围，或释放适合当时环境气氛的信息"噪声"。我们看待媒体上的信息，应该像看魔术一样，魔术是假象，魔术是只让你看到魔术师想让你看到的内容，幕后的机关不会让你看到，所以观众看到的往往是片面的。新闻也是只让你看到发布者想让你看到的信息，幕后的风险信息被屏蔽掉了。

哪些信息属于"噪声"呢？每年很多媒体、社会团体都会发布各种各样的"排行榜"，我们按这个排行榜称某人为"首富"，而这个富豪榜有多大的可信度呢？2016 年 10 月 27 日，《福布斯》杂志网站公布了 2016 年度中国富豪排行榜，大连万达集团董事长王健林以 330 亿美元的身家蝉联富豪榜第一。可是到了 2017 年，大连万达

⊖ 张寅. 分析的力量 [M]. 北京：中信出版社，2015.

集团即陷入财务危机之中。2017年7月，万达集团以632亿元低价抛售资产。2015年2月，胡润发布了"全球富豪榜"，"新能源大王"48岁的李河君以财富1600亿元成为新一届中国首富。仅过了3个月，汉能薄膜发电被曝出涉嫌操纵股价、大股东李河君质押股份换取银行贷款等问题，5月20日，汉能薄膜发电的股价在短短半小时之内腰斩，李河君的个人财富一天跌去千亿。除了《福布斯》和胡润这两个老牌富豪榜之外，各种媒体也时常发布自己的榜单，其可信度就更低了。2013年9月25日，《山东商报》发布了山东富豪榜，山东长星集团朱玉国家族位居第二位。过了不到一个月，2013年10月17日，长星集团即宣布无力还债破产倒闭。难怪曾当过"首富"的三一集团梁稳根说富豪榜是"娱乐榜"。

　　除去各种富豪榜之外，各种"多少强"之类的排行榜也不可信。2014年9月，美国《橡胶与塑料新闻》公布了2014年度全球轮胎75强排行榜，山东德瑞宝轮胎有限公司位列35位。这是德瑞宝第一次进入这个榜单，也是最后一次。仅仅过了几个月，2015年2月，德瑞宝即宣布破产。2016年9月1日中国企业联合会、中国企业家协会发布了2016年中国企业500强榜单，山东天信集团有限公司位列第341位，过了不到半年，2017年2月7日，法院即宣布天信集团进入破产重整程序。这些排行对于老百姓来说是一项娱乐新闻，对于银行来说，则是不折不扣的迷魂阵。甚至我们可以推测，企业上各种排行榜，主要是为了给银行、给投资者看。

　　在经济信息中排除"噪声"的方法：首先，信贷分析人员要有信息识别意识，知道信息中存在"噪声"现象。其次，对于热门行业、明星企业的信息，一定要格外小心，不要被其误导。再次，要假设听到和看到的信息其第一信息源是假的、有待考证的，要用第二信息源（或渠道）来鉴别其真伪。用多信息源及信息之间交叉印证的方式来核实那些"夺目"信息的真实性。最后，给予分析和思考足够的时间，对热点信息采取"慢半拍"评论的态度为好。以上这些是避免受信息"噪声"干扰、被信息"噪声"利用的专业信贷人员必备的行为模式和思维框架。干信贷时间长了，久而久之会形成一种"职业病"，别人都看着说"好"的企业，我们往往盯着风险，给人家泼冷水，实际上这就是一种职业素养的形成。

2. 识别人为陷阱

这是一个信息自由泛滥的时代，也是一个信息容易被操控的时代。所谓信息陷阱，是指信息在发布过程中被人为地设计和加工过，这些信息往往通过特定媒体和其他传播方式，给大众一个表面概念，以掩盖其真实目的。信息陷阱的特点：信息一般具有爆炸性、离奇性、感官性。信息陷阱的目的：诱导受众、模糊判断、吸引注意力、让信息接收者配合行动。信息陷阱的表现：环境反常、背离常识。

有一笔贷款，当时在贷后管理中我们已经发现了很多预警信号，准备到期收回不贷了。企业老板也不央求我们，而是有条不紊地向我们发布利好消息。老板有一次打电话，说公司刚接了一笔油管出口订单，需要资金3000万元，现在正在鞍钢考察产品，如果我们行能做，现在就签合同。当然，对于小企业来说，3000万元的资金短期内银行不可能解决，我们事后发现没有这笔订单。后来在一次政府组织的银企对接会上，政府推荐了很多项目，这家企业的一个项目赫然在目。但反复出现的利好信息也没有改变我们对该企业的认识，因为该企业的负面信息更为严重、更为突出。一年之后，该企业因资金链断裂而倒闭。

一家生产水泥的企业在高速公路沿线上发布了很多路牌广告，看起来企业非常有实力，但是很多人都理解不了它发布广告的初衷：它生产的产品是水泥，是一种工业品，不是日用消费品，老百姓用得少。公司规模很小，只向少量几个混凝土加工企业销售，没有必要花这么大的成本让每个人都看见。它设置路牌的方向是沿着工厂向南，而南部地区是水泥主产地，越往南走水泥价格越低，也就是说往南走的人不会选择买它的水泥。那它发布广告到底给谁看？后来过了一段时间，企业倒闭了，民间借贷2亿多元。这时候大家才明白过来，广告是给它的债主和潜在债主看的。此后，我们注意到高速路边的工业品广告，很多企业经营的是焦炭、阀门、钻机、轮胎油这类产品，不是消费品，普通百姓根本接触不到。通过对比前后的历程分析发现，一般企业大规模发布广告的时候都是遇到危机的时候，后来有少数大企业度过了危机，大多数中小型企业没多久就倒闭了。

有的时候是企业老板自己布迷魂阵。比如有一笔贷款是额度内循环支用，在贷款到期之前3天，公司账户上忽然过来1800多万元，这个账户上几乎没存过钱，贷款金额是180万元，柜台人员向我进行反洗钱核查。然后我就问企业会计，账上怎么过来这么多钱，会计说是一笔货款。当时我认为无论是真还是假，既然企业能调度这么大的资金，还款肯定没有问题，贷款收回后又接着发放了。这是最后一次发放，因为放完之后就没还。事后我回想起来，是该公司与其他公司合作导演了这么一场戏，行业内叫作"摆账"，就是让你看一看公司账上有钱。

如何避免落入"信息陷阱"呢？第一，具有"质疑"精神，善于刨根问底，发掘信息发布者的初衷；第二，惯用"逆思维"，打破传统的思维习惯，"反其道而思之"，不要看到某个信息之后就跟着叫好；第三，善于做综合评判，不能一叶障目、不见泰山；第四，能够跳出现有信息提供空间，在一个更大的空间里重新审视。

3. 放大镜法

把局部放大，让不清晰的东西显露出来，这是发现风险的"放大镜法则"。这种方法类似于在刑事侦查中在案发现场寻找犯罪分子指纹的手法，是一个让隐匿信息显露出来、成为关键证据的过程。比如在对账单中发现一个小线索——摘要中有一个"借款"字样，然后就开始顺着这个线索认真核实，到底是借谁的款？除了这一笔还有没有别的？利息是多少？为什么要借？慢慢地就把整个问题搞清楚了，最后再做出决策，这笔贷款是做还是不做。"魔鬼在细节中"，这是人们经常说的一句话。信息分析、细节观察就是要找到信息中的魔鬼，并且将其定性。

4. 拼图法

拼图法是指把信息所涉及的一切地点、人物和情节重新架构起来。我们调查分析企业，事后总结来看，都像在"盲人摸象"，摸到条腿，就以为这是大象的样子。在贷款首次发放之前，凭借我们的了解，顶多是摸到了一条大腿，随着日后不断观察了解，才能了解全貌，对不善于思考的客户经理来说，就只能摸到一条腿。笔者给一家企业做授信，做了四年了，到了第五年才发现企业在外地还有两家关联企业，这两家企业的银行贷款接近800万元，远远大于现在企业的授信！当打出贷款卡信息的时候，我简直不能相信自己的眼睛，自以为对企业很了解了，整天到她（老板）店里去，结果四年了居然不知道她还有 800 万元的贷款！所以在贷前调查和贷后管理中，都要注意观察一个个点，然后利用放大镜法把这些点扩大成面，最后将面拼成图。另外，我们的调查再全面，信息终究是有限的，我们最后就是依据这些不全面的信息做出决策。拼图法的另外一种用法就是收集关键点信息，然后根据这些信息重构关键点背后的逻辑，这样在信息有限的前提下，最大化地把信息加工处理，发现中间的一切联系点，连调查带推测，尽最大可能掌握事情的真相。

5. 大处着眼，小处着手

信息分析需要从宏观和微观两个方面入手，这样才能使分析"立体"和"全面"。没有宏观分析，就不能对信息所反映出来的趋势性问题予以必要的重视；没有微观细节分析，就不能揭示出信息所隐含的内在本质。在进行信息分析时，宏观分析和微观细节分析缺一不可，互相补充。简单地说，信贷分析的宏观分析就是非财务分析，有助于把握一个大的趋势；微观分析主要是财务分析，有助于精准地把握细节。

在信贷分析中，有人注重非财务分析而忽视财务分析，有人恰恰相反，这都是思维习惯的原因，往往是与生俱来的。作为专业的信贷分析人员，要通过专业的训练，同时具备两种能力，既有宏观视野，也有微观能力，既能低头拉车，也能抬头看路。

7.5.2 信贷分析中的认知误区

人不是机器，人是感情动物，所以情报分析当中不可避免地夹杂了感情成分，其实我们最大的对手是自己，在做决策的时候更是面临诸多挑战。

1. 预设立场

预设立场即先入为主，先有结论后去分析，先入为主地认为企业很好，然后想方设法搜集证据证实自己的判断。"酒不醉人人自醉"，你若已经先入为主了，世界越看就越像你想象的样子，这就是"看起来像"的原理。

20世纪90年代有一篇争议比较大的报告文学——"夏令营中的较量"，作者就先入为主地认为"80后"是"垮掉的一代"，处处觉得中国孩子不如日本孩子，然后戴着有色眼镜去寻找一个个场景。历史证明，中国的"80后"并没有垮掉，这一代人成了大国崛起的重要力量，反倒是日本经历了"失去的20年"，经济社会陷入停滞。

有预设立场的分析者在分析中，容易人为地屏蔽或过滤掉与其思维方式和预想不同的信息，他们不愿听到和看到与自己"理念"不同的信息。尤其是在贷后管理中，很多人不是看不到风险信号，而是不愿去看，选择性失明。信贷分析人员应该有强烈的获得更多有价值信息的渴望，而持预设立场的人回避新的信息。专业人员在丰富多元的信息中发现问题，而预设立场的分析者在狭隘的信息中大做文章。预设立场使信贷分析人员的经验得不到扩充，并且分析内容和观点越来越意识形态化。比如，认为某家企业好，就会屏蔽掉企业的一切负面信息；认为某家企业不好，就会认为企业的所有行为都是在垂死挣扎。

2. 镜像思维

镜像思维是指分析者经常把分析对象当成自己，按照自己对事件的反应方式、价值取向、行为模式、社会伦理观、教育背景来预测和推导分析对象的行为或反应。面对分析对象,我是谁不重要,他是谁才重要。分析对象不是敌人,也不是朋友,而是对手。我们要比对手还要了解对手,这是分析的最高境界。

事情的发展都是"人"为的,因此对这个"人"的观察和判别尤为重要。这个"人"一般就是当事者。对当事者的行为习惯以及所处的环境背景要做仔细了解。我们分析客户的时候,尤其是在贷后管理中发现一些预警信号的时候,往往是站在自己的角度来考虑问题,没有站在对方的立场分析,更没有以对方的人格特质来分析。所以我们在分析企业下一步走向的时候,一定要记得换位,老板与你不一样,要站在对方的位置上,按照对方的性格出牌。

有一次吃饭的时候,我和另外一家银行的客户经理相遇,正好我的客户在她那里也有贷款。谈及这名客户的情况,我们掌握的信息都差不多,他前不久替别人代偿了一笔贷款,会给他造成一定的影响,但是不至于压垮。那位客户经理没有表态,既没说好,也没说不好,但是我已经感觉出来她对企业有些不放心了。我感觉既然大家认识了,那肯定就要绑在一起,成为一个共同体,你不抽贷,我也不抽贷,一起帮企业渡过难关,事实证明这是一厢情愿。我们的贷款先到期的,客户还上之后又接着放了下去,但是下个月那家银行的贷款到期时,客户借了高利贷还上之后贷款却没放下来。这名客户没过多久就跑路了。这里我犯的一个错误就是镜像思维,以自己的思维方法分析对方。这位女客户经理是一个极为胆小、敏感的人,稍有一点风吹草动就怕得不行,她手上的很多客户都是遇到了一点小问题就被收贷了。这里不是说遇到预警信号收回贷款对与不对,而是在猜测对手行动的时候,一定要站在对方的角度、按照对方的性格来做出判断。

3. 感情用事

人是感情动物，信贷人员也一样。感情的变化少不了外界刺激和情绪氛围的感染，信贷人员必须处理好情绪问题，使自己能够冷静地对待企业，运用理性的眼光来做出决策。感性是人与生俱来的特质，理性则是受教育和训练而来的后天素质。

很多客户和银行工作人员喝酒吃饭的时候经常说"今天不谈业务，只谈感情"，而且是"感情深，一口闷，感情浅，舔一舔"，本来是萍水相逢，一顿饭之后变得相见恨晚。实际上越是谈感情，越影响业务。情绪高潮期和情绪低潮期都是人智商最低的时候，也是容易出错的时候，正所谓"盛喜中不许人物，盛怒中不答人问"。所以酒场上尽量少说话，不能拍着胸膛向人许诺。作为信贷从业人员，必须始终保持与企业的距离，既能走进去，又能跳出来，游刃有余，时刻掌握情感上的主动权，不被任何情绪化或倾向性的东西牵着走。

很重感情的人不适合做信贷，因为可能会不知不觉地掉入客户的感情旋涡。有句俗语叫作"慈不掌兵，义不掌财"，太讲义气的人不适合管理钱财，因为这样的人会"仗义疏财"，把感情义气看得很重，把钱财看得很轻，而银行经营的就是钱。如果太讲义气，与客户称兄道弟，兄弟有难，哥哥怎能不帮忙？宁可自己受点处分，也不能让兄弟为难，贷款可以先不往回收。客户未必都像你一样讲义气，你为了他好，他却不理会你，于是放出去的款往往就有去无回。

《菜根谭》里有句话："冷眼观人，冷耳听语，冷情当感，冷心思理。"在任何利好和利空消息面前都要冷静，"万物静观皆自得"，一个头脑冷静的人，思考判断不受外物干扰，因而观察能够细致入微,判断能够客观准确。如果心中浮躁,看事情就会浮泛无绪,乃至加进主观色彩。一个成熟的人待人冷静、处事理智,遇事不会感情用事,做事就会有条不紊。一个"冷"字,代表的是一种处世的艺术,持心修习方可运用自如。

7.5.3 事后复盘

贷前调查获得的信息都是不完整的,有些信息直到借款人贷款逾期之后才能发现。所以,当贷款出现逾期之后,不仅要忙于催收,还要补上一课,要对自己贷前调查、分析的不足进行检讨,哪些信息没有发现,为什么没有发现,发现之后为什么没有正确处理。像贷款调查实践性这么强的东西,不是完全靠理论学习就能够掌握的,还要结合工作实践边干边学,进行复盘就是一个自我学习的过程,而且这种方式是其他任何方式都替代不了的。

复盘是对过去的事情做思维演练,通过对过去的思维和行为进行回顾、反思和探究,实现能力的提升。复盘可以帮助我们避免犯同样的错误、固化流程、校验方向,认清问题背后的问题,发现和产生新的想法与知识。除了提升能力之外,它还对提升个人品性和组织性格有巨大作用。三思而后行,一个习惯复盘的人,品性会更加低调和踏实,避免浮躁和冒进带来的危害。受经济不景气的影响,客户违约在所难免,但我们不要单纯把责任往客观方面推,把不良贷款的形成主要归因于经济不景气,关键是要借此反思自己在主观方面犯的一些错误,不良贷款的高发期也是个人学习、进步的最好时期。银行人的教训都是拿真金白银换来的,损失形成之后,一定要认真总结,千万不能让这些贷款白白损失。

复盘包括两种方法:一是自我复盘,拿自己的案例进行场景重现；二是复盘他人，拿他人的案例进行分析。自我复盘随时随地都可以进行，正式的、非正式的都可以，要求回顾对客户授信以来，它的经营情况的一些变化，无论是好的方面还是坏的方面，当这些变化出现以后，自己是怎么对待的，对于行为和思考方式都要进行总结。复盘他人是拿他人的案例做总结，"听别人的故事，思考自己的前途"，这样做的好处是不以自己的牺牲为代价，以别人的经验教训带动自己的成长。但是复盘他人也有一个缺点，就是信息不完整，既不能全面地了解客户的信息，也不能分析经办人员是怎样的一个处理过程。这时候，只能就大的方面进行复盘，即对关键点总结教训。

复盘分为四个环节：回顾目标—评估结果—分析原因—总结规律，也被称为"戴明环"。首先回顾一下当时对客户的判断是什么，然后对比一下最终的结果，当然结果都是出现了风险，接着分析一下原因，最后提炼成规律。后面两个方面最为重要，是思维的训练，是自我提升最快的一种方式，原因一定要找准，不能千篇一律，应付了事，总结的规律要具有普遍性，能反复使用，很多偶然性的、不可预测的事件就排除在外了。复盘是一个非常好的学习和思维方法，不光在贷款业务中，在任何的工作和生活环节中都可以使用，时时总结、处处留心。

附 录 Appendix

信贷调查实用问题大全

附录 A 小额贷款交叉询问问题大全（贷款 20 万元以下）

非财务因素	经营历史	什么时候开始做这个生意的？
		在开始此经营前是做什么的？
		一开始投资本钱有多少？资金来自何处？
		生意起步的时候借过钱吗？
		如果借过，已经还了吗？
		从经营开始到现在每年的留存收益是多少？
		怎么做得这么好？有什么成功经验？
	行业情况	目前行业盈利情况如何？市场行情如何？
		行业竞争是否激烈？
		行业的发展趋势是什么？
		历史上哪一年行情最好？

(续)

非财务因素	经营战略	主营业务是什么？有什么主打产品？
		主要的竞争对手是谁？
		公司有什么优势和劣势？
		将来的发展方向是什么？
		有什么投资计划？
	管理思路	员工平均在公司里工作多长时间？
		管理层是否稳定？
		是否有自己的专门技术？
		管理层都是什么人？自己的亲戚朋友有多少？
		怎么调动员工的积极性？
		怎么进行绩效考核和业绩分配？
	家庭情况	家里有几口人？配偶做什么工作？
		家里老人多大岁数？孩子多大岁数？
财务因素	固定资产	经营场所是自己建的还是租的？每年租金多少？建造成本多少？
		房地产是否有产权证？是否抵押？
		主要的设备是什么？采用什么生产工艺？
		设备是否先进？在行业内处于什么水平？
		设备是全款买的还是分期买的？是否抵押？
	存货	现在存货占用资金多少？货存放在哪里？
		什么产品占用资金最多？各占用多少？
		不同产品的进货频率分别是多少？
		每次进货量（数量、金额）是多少？
		一般存货最低保存多少？
		存货最高多少？
		最近一次进货是什么时候？进了多少？
		供货商是谁？货款怎样结算？
	应收账款	外面应收账款有多少？
		各家欠款单位分别是谁？每家欠了多少？
		欠款的都是什么项目？
		现在欠款账期有多长？钱好要不好要？
		一般账款多长时间能付清？
	负债	有多少贷款？公司多少？个人多少？在哪家银行贷的？
		贷款采用什么担保方式？利率多少？
		对外担保有多少？被担保人是否经营正常？
		有没有从亲戚朋友那里借过钱？外面借钱一般利息多少？

(续)

财务因素	销售收入	主要客户有哪些？业务是否稳定？
		去年的总销售额是多少？
		今年到目前为止的销售额是多少？
		好的、差的和一般的季节各是什么时候？
		好的、差的、一般的月份分别可以销售多少？
		上个月的销售额是多少？
		本月到目前为止销售了多少？
		一周好的和差的营业日各是哪些天？
		营业时间有几个小时？什么时段卖得好？
		今天到目前为止的销售额是多少？
		哪几种产品的销量最大？分别占总销售额的多少？
		主要产品的平均价位在什么水平？每个月（或年、周、天）销售多少（数量或金额）？
	费用支出	生意上一个月的固定开销有多少？
		一个月的房租是多少？
		有多少员工？分别做什么？工资都怎么发（固定工资金额、提成方法）？上个月工资总共发了多少？
		水电、通信、交通、税收费用各多少？
		还有哪些其他固定费用？
		一个月至少销售多少不亏本？
	利润率	平均下来毛利有多少？
		定价/加价的原则/方法是什么？
		针对客户销量大的产品，分别询问产品的进价与销价，尽可能多问几种。
		在产品可分为不同大类的情况下，针对不同的种类，分别选择有代表性的产品询问。
		总的算下来，一年能净赚多少？
		去年赚了多少？今年预计赚多少？
		前些年分别赚了多少？
		以前年度有过亏损吗？如果有，亏了多少，是什么原因造成的？
贷款用途		贷款准备干什么用？
		生意是否经过考察？前景如何？预计多长时间收回投资？
		总投入多少？投资大项有哪些？自有资金多少？

附录 B　信贷调查手册（贷款 20 万元以上）

表 B-1　固定资产明细表

名称	数量	单位	权利证书	价值	使用年限	占用方式 （自用、出租数量）	抵质押	最大产能

表 B-2　在建工程统计表

工程项目	工程产能	工程规模	工程总投资	已投资金来源				未投资金来源				配套项目贷款情况	预计投产时间
				小计	自有	贷款	其他	小计	自有	贷款	其他		

表 B-3 存货明细表

主要存货名称（前十种）	数量	存货价格				存货金额
		最高	最低	平均	计价方法	

表 B-4　应收账款明细表

	客户名称	应收金额	占比
前五名客户明细			
	账龄	金额	占比
应收账款账龄结构	3个月		
	3～6个月		
	6～12个月		
	1～2年		
	2～3年		
	3年以上		

表 B-5　银行融资统计表

融资主体	融资银行	融资敞口	担保方式	到期日	贷款利率

表 B-6 对外担保统计表

被担保公司	担保银行	担保敞口	担保期限	反担保措施	被担保公司主要财务指标				授信分类状况
					净资产	资产负债率	年经营活动现金流量	年利润额	

表 B-7 应付账款统计表

应付公司	月均应付金额	应付日期	应付结算方式

表 B-8　隐形负债调查表

书面审查法	银行流水	金额：有无大额款项、整数款项往来
		对方户名：有无小贷公司、P2P、放贷人
		摘要：有无利息、还款
	征信报告	信用卡是否全部透支
		贷款金额是否大小不均
		近期是否有到期贷款
		近期是否频繁查询
权益校验法	应有权益	期初投入 + 利润积累
	实有权益	净资产
现场观察法	员工	是否长期拖欠工资
	供应商	付款是否及时
	其他	是否在小贷公司融资
	其他	是否有不良嗜好

表 B-9 销售收入交叉验证表

验证方式	内容	具体结构	金额	销售占比	推算全年销售收入	验证方式	内容	标准	产量	产值
借款人口述（选两种）	品种	品种A				经营要素（选两种）	一线员工	人均产量		
		品种B								
		品种C								
	区域	地区A					主体设备	设备产能		
		地区B								
		地区C					主体原料	对应产量		
	渠道	批发								
		零售					耗用电费	对应产量		
		卖场								
		网络					耗用水费	对应产量		
资料查证（选两种）	对账单	月								
		月					经营面积	单产		
	发货单	月								
		月								
	销售台账	月								
		月								

表 B-10 成本核算表

序号	材料名称	成品产量	单位	材料消耗数量	平均单价	金额	单耗	产品单位成本
一	原材料							
主料								
	小计							
辅料								
	小计							
	材料成本							
二	人工							
	工资							
	福利费							
三	费用							
	房租							
	水电							
	贷款利息							
	折旧							
	修理费							
	其他费用							
	制造总成本							

表 B-11　行业周期性

周期性行业	原材料采掘	金属	
		煤炭	
		石油	
	原材料加工	冶金	冶炼
		化工	加工
			石油化工
			煤化工
			盐化工
	机械装备	矿山机械	
		工程机械	
	房地产	房地产开发	
		建筑装修	
		建材	水泥
			玻璃
			五金
			苗木
			五金
			塑胶
非周期性行业	农业	种植业	
		养殖业	
	消费品生产	家电	
		汽车	整车
			零部件
		食品饮料	
		纺织服装	
		日用化工	
		家居百货	
		制药	
		造纸	
	服务行业	零售	
		旅游餐饮	
		居民服务	
		互联网	软件
			硬件

(续)

非周期性行业	服务行业	文化传媒	
		物流	
	公用事业	交通	
		教育	
		医疗	
		通信	
		环保	
		水务	
		电力	
逆周期性行业	娱乐行业	电影电视	
		网游直播	
	低端消费行业	餐饮	
		化妆品	

表 B-12 信贷周期

阶段	周期表现	借款人行为模式	贷款银行的行为模式
繁荣期	• 产出扩张到供大于求的程度 • 出现通货膨胀，并愈演愈烈 • 中央银行提高利率以控制通货膨胀	• 乐观情绪随着订单、销售和价格的增长而增加 • 运营资金需求增加 • 随着利率不断上涨，短期借款与长期融资相比用量增加 • 随着价格购买行为 • 产能达到上限，开始使用效率不高的工人和设备，并因此导致生产率下降 • 利润率缩小，企业经营性现金流动性提高 • 杠杆率提高 • 对已承诺的银行信用额度利循环授信重新谈判，预期利率会上升可能发生信贷紧缩	• 乐观情绪和贷款基于以增长和量基于现金流的增长 • 贷款银行的信贷决策基于特征的经济条件，在长期融资方面，投放于不断续贷的流动资金贷款 • 贷款人提供的运营资金比重过高，导致有些激进的借款人开始过于依赖短期授信来存活 • 有放松信贷标准的倾向，不适当的增长目标导致不安全贷款
衰退期	• 利率上升以控制通货膨胀 • 商业活动放缓	• 产出和订单和销售的下滑而减少 • 存货和应收账款下降 • 借款高需求保持强劲，但受以下矛盾因素影响：高利率和经济放缓导致借款需求下降，但成本通货膨胀期又导致借款需求增加 • 着重加强应收账款的回收和延长应付账款来创造现金流 • 重新考虑或推迟资本性支出和其他任意投资	• 信贷损失增加 • 银行变得谨慎和挑剔，可能导致信贷紧缩和经济面临流动性问题 • 偏爱已有客户 • 暂停对以下活动新增贷款：纯粹的财务活动，如并购；借款人的新业务线投资；海外经营；可延缓的投资

(续)

阶段	周期表现	借款人行为模式	贷款银行的行为模式
萧条期	• 失业和产能闲置 • 中央银行降低利率以刺激经济增长	• 少量公司破产 • 成长性行业发生震荡 • 订单和销售下降 • 削减存货和产出 • 制订和实施低成本的计划 • 裁员 • 减少银行贷款 • 推迟资本性支出和任意性支出 • 降低研发费用	• 逾期和违约数量上升 • 减少贷款以增加流动性 • 流动性过多又导致银行的贷款条件宽松 • 定价能力受损 • 努力提高市场份额 • 对信贷质量和担保要求更加谨慎
复苏期	• 消费增长,然后工业花费增加 • 利率维持在较低水平,然后开始上升	• 销售和订单开始增加 • 早期恢复阶段的利润增长最快,因为可在几乎不发生额外成本的情况下,利用多余产能来增加产出 • 资产负债表的流动性得以改善 • 存货和应收账款增加 • 产出扩大,开始实现资本性支出和其他任意性投资得以完成 • 有些被推迟的资本性支出和其他任意性投资得以完成 • 扩招员工 • 引入新产品 • 恢复对研发和营销的投资	• 信贷需求和贷款量增加 • 恢复阶段对新业务的强烈竞争,导致有些银行发生不安全交易 • 光明的前景让银行对一些风险视而不见

表 B-13 行业生命周期

阶段 因素		初创期	成长期	成熟期	衰退期
市场	市场发展	缓慢	迅速	当 GDP 的增长速度相当	需求下降，市场萎缩
	增长速度	需求只被现有产品满足一小部分，增长潜力难以预料	需求已被满足一大部分，需求上限开始清晰	增长潜力很好确定	增长潜力明显有限
	营销	营销目标是"革新者"和"尝鲜者"，主要是唤起欲望	侧重建立品牌形象	调整促销策略以适应不同的细分市场	主要依靠惯性维持市场
	竞争者的数量	较少	在先入者高边际利润的吸引下，竞争者数量迅速增多，到成长期后期达到最多	竞争力较强的企业已建立稳定地位，弱竞争者被淘汰，行业进一步集中	新进入者已很少，且不受欢迎。竞争者继续减少
	市场份额	不稳定。市场份额反映企业家的眼光和把握机会的能力	稳定性增加。少数竞争者以强有力的态势出现	稳定。少数企业常会控制整个行业的绝大部分	或是集中在极少数竞争对手中，或是由行业细分化或市场地区化而分散
	竞争程度	有限竞争。企业的眼光主要放在产品改进上而不是竞争上	市场的迅速增长掩盖了竞争	为了生存，竞争达到顶峰	随着新格局的形成，倾向于低度竞争
	进入与退出	进入容易。进入障碍主要是技术、资金和对未知的担心	较困难。市场力量已经产生，但不是很强。如果没有对立性竞争，是进入的好时机	困难。市场已"瓜分"完毕，市场领导者地位已确立，新进入者主要从别人那儿"抢生意"。行业内开始分化，有的企业发生动摇	因为市场萎缩，很少有新进入者。行业内企业纷纷退出，只留下一些大企业和"补缺"的小企业
	定价模式	价格高且易变	随着成本下降和竞争加剧，价格迅速下降	价格随生产力允许的成本下降，很慢	价格低且稳定

(续)

阶段因素		初创期	成长期	成熟期	衰退期
市场	顾客稳定性	顾客以很少的信任试用新产品	有一定信任，顾客试用不同的产品，尚未形成品牌忠诚	已形成品牌购买倾向。新进入者很难获得高额利润	极稳定，顾客很少有寻求其他供应者的动机
	产品种类	产品品种单一	产品系列迅速扩展	扩展减慢或停止	不盈利产品逐渐退出，产品品种减少
技术	技术的作用	技术是重要的角色	前期，产品技术至关重要；后期，生产技术更为重要	生产工艺和材料替换是重点。可以用新技术使该行业延伸	技术完全成熟、稳定，易于掌握
	产品技术	高度的产品创新；尚未产生主导性的设计	主导性的产品设计已经出现；强调产品多样化	小的、渐进的革新，基本围绕着主导产品	产品很少改变
	生产技术	强调柔性制造，主导产品出现以前，生产工艺都不固定	随着主导性设计的出现，生产工艺开始专门化	强调效率，尤其是通过自动化手段节省成本，提高效益	很少或没有工艺改变
财务	投资需求	逐渐地投资以支持新的产品	为支持增长，资金需求达到高峰	为保存生存能力，仍需要再投资	很少投资，甚至卖掉部分产品"榨取"现金
	财务状况	启动成本高，需要大量现金投入，回本无保障	销售增长带来利润，但大部分利润用于再投资	稳定的销售带来巨额利润，再投资减少，形成现金来源	利润下降，现金流很少（可能是正，也可能是负）

表 B-14 行业生态

产业集群	特征	特定区域空间上的集聚
		生产专门的产品
		企业间分工，只做产品作业链条上的一个环节
		产业链相对完整，形成利益共生体
		企业形成复杂的网络关系，竞争与合作并存
	竞争力	在国际上具有竞争力
		在国内具有竞争力
		在国内竞争力较差
	产业转移	转向劳动力成本更低的地区
		转向资本更密集地区
		转向技术更先进地区
		因资源枯竭而转移
		转向市场更大的地区
产业链	供应商	核心企业具有较强竞争力
		核心企业付款及时
		合作时间较长，关系稳定
		供应商可替代性差
	代理商	核心企业具有较强品牌知名度
		代理商谈判地位强
		代理商对渠道控制能力强
商圈		批发市场
		专业市场
		城市商业区

表 B-15　企业家素质

企业家精神	创新精神	技术创新	开发新产品
			引进新技术
		市场创新	开辟新市场
			建立新进货渠道
		管理创新	管理组织创新
			管理方法创新
	冒险精神	敏锐地洞察未来	
		不怕挫折失败	
	进取精神	敬业	
		永无止境	
企业家能力	企业初创期	识别商机	
		冒险精神	
		交际能力	
	企业成长期	开拓精神	
		组织能力	
	企业成熟期	整顿能力	
	企业衰退期	决策能力	
		承压能力	
		创新能力	
企业家意识	商机意识	发现供需不平衡	
		发现投入产出不平衡	
		发现买方和卖方不平衡	
企业家知识	经营知识	市场知识	
		人文知识	
	专业知识	基础的行业知识	

表 B-16　企业生命周期

阶段	特征	贷款用途	风险
初创期	主要是创始人一个人在战斗	集聚性投资	不宜介入
	市场没有打开		
	没有建立起规章制度		
	资金高度紧张		
成长期	产品和服务逐步被市场和消费者认可，销售收入不断增加	集聚性投资	多元化扩张
	经营以销售为导向，一切的运转以销售为中心		管理失控
	创始人急于把企业做大，在财务上实施比较激进的财务政策		财务杠杆过高
	企业招兵买马，员工干劲十足		
	管理方面存在很多问题，逐步走向规范化		
	经营活动现金净流量为正数，投资活动现金净流量为负数，筹资活动现金净流量为正数		
成熟期	组织体系稳固，规章制度日臻成熟	置换权益	风险较小
	销售额和利润空间较为稳定，经营现金流充足，负债减少	企业并购	
衰退期	企业家的创新精神和进取精神减退，开始注重享受	资产周转率降低	前期投入贷款考虑收贷时机
	在管理上，人心涣散，关键性人才离职	弥补亏损	新发放贷款进行短期投机，快进快出
	在财务上，效益降低，出现不可控的负现金流	跨行业投资	
		置换债务	

表 B-17　盈利能力分析表

五力模型	行业内的竞争	□ 行业成长期，竞争不激烈
		□ 行业成熟期，竞争激烈
	与供应商议价的能力	□ 掌握定价权 □ 议价能力弱
		□ 制约能力强 □ 制约能力弱
		□ 现金交易 □ 赊销期长
	与购买商议价的能力	□ 掌握定价权 □ 议价能力弱
		□ 制约能力强 □ 制约能力弱
		□ 现金交易 □ 赊销期长
	潜在进入者	□ 技术壁垒
		□ 规模壁垒
		□ 行政许可壁垒
		□ 客户忠实度
		□ 渠道控制力
	替代品	□ 无替代品
		□ 替代品已上市
竞争战略	低成本	□ 简化产品
		□ 改进设计
		□ 原料成本低
		□ 人工费用低
		□ 生产创新及自动化
	差异化	□ 产品差异化
		□ 服务差异化
		□ 人事差异化
		□ 形象差异化
	专业化	□ 在细分市场中采用低成本战略
		□ 在细分市场中采用差异化战略

表 B-18　营运能力分析

公司治理	所有权	股权集中
		背后有其他股东
	经营权	家庭成员经营
		聘请职业经理人经营
组织架构	部门齐全	
	集权管理	
核心团队	高管	从业履历
		合作时间
	核心成员	技术骨干
		营销骨干
		生产骨干
		财务骨干
关联企业	专业化经营	
	上下游延伸	
	不相关多元化经营	

表 B-19 营运能力分析表

		车间名称	生产产品	占地面积	建筑面积	能使用年限	已使用年限	最高生产能力	目前生产能力
生产车间(仓库)情况									
		设备名称	购进价格	技术先进程度	所属车间	能使用年限	已使用年限	最高生产能力	目前生产能力
主要生产设备									
简述主要产品工序与品质控制程序									
简述生产管理制度建设情况									
简述企业提高生产效率的可能性及方法									

参 考 文 献

[1] 亚当·斯密. 国富论 [M]. 北京：商务印书馆，2007.

[2] 彼得·德鲁克. 创新与企业家精神 [M]. 北京：机械工业出版社，2010.

[3] 迈克尔·波特. 竞争战略 [M]. 北京：华夏出版社，2012.

[4] 伊查克·爱迪思. 企业生命周期 [M]. 北京：华夏出版社，2004.

[5] 杨万钟. 地理经济学导论 [M]. 上海：华东师范大学出版社，1999.

[6] 崔宏. 财务报表阅读与信贷分析实务 [M]. 北京：机械工业出版社，2014.

[7] 李镇西，金岩，等. 微小企业贷款的案例与心得 [M]. 北京：中国金融出版社，2007.

[8] 孙自通. 信贷风险管理实务 [M]. 沈阳：沈阳出版社，2018.

[9] 马福熠. 回归经营的小企业信贷逻辑 [M]. 北京：中国金融出版社，2018.

[10] 寇乃天. 赢在风控 [M]. 北京：经济日报出版社，2019.

[11] 张觐刚. 小微企业信贷工作笔记 [M]. 北京：九州出版社，2014.

[12] 张寅. 分析的力量 [M]. 北京：中信出版社，2015.

会计极速入职晋级

书号	定价	书名	作者	特点
66560	49	一看就懂的会计入门书	钟小灵	非常简单的会计入门书；丰富的实际应用举例，贴心提示注意事项，大量图解，通俗易懂，一看就会
44258	49	世界上最简单的会计书	[美]穆利斯 等	被读者誉为最真材实料的易懂又有用的会计入门书
71111	59	会计地图：一图掌控企业资金动态	[日]近藤哲朗 等	风靡日本的会计入门书，全面讲解企业的钱是怎么来的、是怎么花掉的，要想实现企业利润最大化，该如何利用会计常识开源和节流
59148	69	管理会计实践	郭永清	总结调查了近1000家企业问卷，教你构建全面管理会计图景，在实务中融会贯通地去应用和实践
69322	59	中小企业税务与会计实务（第2版）	张海涛	厘清常见经济事项的会计和税务处理，对日常工作中容易遇到重点和难点财税事项，结合案例详细阐释
42845	30	财务是个真实的谎言（珍藏版）	钟文庆	被读者誉为最生动易懂的财务书；作者是沃尔沃原财务总监
64673	79	全面预算管理：案例与实务指引（第2版）	龚巧莉	权威预算专家精心总结的实操经验，大量现成的制度、图形、表单等工具，即改即用
75747	89	全面预算管理：战略落地与计划推进的高效工具	李欣	拉通财务与经营人员的预算共识；数字化提升全面预算执行效能
75945	99	企业内部控制从懂到用（第2版）	冯萌 等	完备的理论框架及丰富的现实案例，展示企业实操经验教训，提出切实解决方案
75748	99	轻松合并财务报表：原理、过程与Excel实战（第2版）	宋明月	87张大型实战图表，教你用EXCEL做好合并报表工作；书中表格和合并报表编制方法可直接用于工作实务
70990	89	合并财务报表落地实操	蔺龙文	深入讲解合并原理、逻辑和实操要点；14个全景式实操案例
69178	169	财务报告与分析：一种国际化视角	丁远 等	从财务信息使用者角度解读财务与会计，强调创业者和创新的重要作用
64686	69	500强企业成本核算实务	范晓东	详细的成本核算逻辑和方法，全景展示先进500强企业的成本核算做法
74688	89	优秀FP&A：财务计划与分析从入门到精通	詹世谦	源自黑石等500强企业的实战经验；七个实用财务模型
75482	89	财务数字化：全球领先企业和CFO的经验	[英]米歇尔·哈普特	从工程师、企业家、经济学家三个视角，讨论财务如何推动企业转型的关键杠杆
74137	69	财会面试实用指南：规划、策略与真题	宋明月 等	来自资深面试官的真实经验，大量面试真题
55845	68	内部审计工作法	谭丽丽 等	8家知名企业内部审计部长联手分享，从思维到方法，一手经验，全面展现
72569	59	超简单的选股策略：通过投资于身边的公司获利	爱德华·瑞安	简单易学的投资策略，带你找到对你来说有可能赚钱的股票，避免错过那些事后会后悔没买进的好股票
73601	59	逻辑学的奇妙世界：提升批判性思维和表达能力	[日]野矢茂树	资深哲学教授写作的有趣入门书，适合所有想在工作、学习和生活中变得更有逻辑的人
69738	79	我在摩根的收益预测法：用Excel高效建模和预测业务利润	[日]熊野整	来自投资银行摩根士丹利的工作经验；详细的建模、预测及分析步骤；大量的经营模拟案例
60448	45	左手外贸右手英语	朱子斌	22年外贸老手，实录外贸成交秘诀，提示你陷阱和套路，告诉你方法和策略，大量范本和实例
70696	69	第一次做生意	丹牛	中小创业者的实战心经；赚到钱、活下去、管好人、走对路；实现从0到亿元营收跨越
70625	69	聪明人的个人成长	[美]史蒂夫·帕弗利纳	全球上亿用户一致践行的成长七原则，护航人生中每一个重要转变

财务知识轻松学

书号	定价	书名	作者	特点
71576	79	IPO财务透视：注册制下的方法、重点和案例	叶金福	大华会计师事务所合伙人作品，基于辅导IPO公司的实务经验，针对IPO中最常问询的财务主题，给出明确可操作的财务解决思路
58925	49	从报表看舞弊：财务报表分析与风险识别	叶金福	从财务舞弊和盈余管理的角度，融合工作实务中的体会、总结和思考，提供全新的报表分析思维和方法，黄世忠、夏草、梁春、苗润生、徐珊推荐阅读
62368	79	一本书看透股权架构	李利威	126张股权结构图，9种可套用架构模型；挖出38个节税的点，避开95个法律的坑，蚂蚁金服、小米、华谊兄弟等30个真实案例
70557	89	一本书看透股权节税	李利威	零基础50个案例搞定股权税收
62606	79	财务诡计（原书第4版）	[美]施利特 等	畅销25年，告诉你如何通过财务报告发现会计造假和欺诈
70738	79	财务智慧：如何理解数字的真正含义（原书第2版）	[美]伯曼 等	畅销15年，经典名著；4个维度，带你学会用财务术语交流，对财务数据提问，将财务信息用于工作
67215	89	财务报表分析与股票估值（第2版）	郭永清	源自上海国家会计学院内部讲义，估值方法经过资本市场验证
73993	79	从现金看财报	郭永清	源自上海国家会计学院内部讲义，带你以现金的视角，重新看财务报告
67559	79	500强企业财务分析实务（第2版）	李燕翔	作者将其在外企工作期间积攒下的财务分析方法倾囊而授，被业界称为最实用的管理会计书
67063	89	财务报表阅读与信贷分析实务（第2版）	崔宏	重点介绍商业银行授信风险管理工作中如何使用和分析财务信息
58308	69	一本书看透信贷：信贷业务全流程深度剖析	何华平	作者长期从事信贷管理与风险模型开发，大量一手从业经验，结合法规、理论和实操融会贯通讲解
75289	89	信贷业务全流程实战：报表分析、风险评估与模型搭建	周艺博	融合了多家国际银行的信贷经验；完整、系统地介绍公司信贷思维框架和方法
75670	89	金融操作风险管理真经：来自全球知名银行的实践经验	[英]埃琳娜·皮科娃	花旗等顶尖银行操作风险实践经验
60011	99	一本书看透IPO：注册制IPO全流程深度剖析	沈春晖	资深投资银行家沈春晖作品；全景式介绍注册制IPO全貌；大量方法、步骤和案例
65858	79	投行十讲	沈春晖	20年的投行老兵，带你透彻了解"投行是什么"和"怎么干投行"；权威讲解注册制、新证券法对投行的影响
73881	89	成功IPO：全面注册制企业上市实战	屠博	迅速了解注册制IPO的全景图，掌握IPO推进的过程管理工具和战略模型
70094	129	李若山谈独立董事：对外懂事，对内独立	李若山	作者获评2010年度上市公司优秀独立董事；9个案例深度复盘独董工作要领；既有怎样发挥独董价值的系统思考，还有独董如何自我保护的实践经验
68080	79	中小企业融资：案例与实务指引	吴瑕	畅销10年，帮助了众多企业；从实务层面，帮助中小企业解决融资难、融资贵问题
74247	79	利润的12个定律（珍藏版）	史永翔	15个行业冠军企业，亲身分享利润创造过程；带你重新理解客户、产品和销售方式
69051	79	华为财经密码	杨爱国 等	揭示华为财经管理的核心思想和商业逻辑
73113	89	估值的逻辑：思考与实战	陈玮	源于3000多篇投资复盘笔记，55个真实案例描述价值判断标准，展示投资机构的估值思维和操作细节
62193	49	财务分析：挖掘数字背后的商业价值	吴坚	著名外企财务总监的工作日志和思考笔记；财务分析视角侧重于为管理决策提供支持；提供财务管理和分析决策工具
74895	79	数字驱动：如何做好财务分析和经营分析	刘冬	带你掌握构建企业财务与经营分析体系的方法
58302	49	财务报表解读：教你快速学会分析一家公司	续芹	26家国内外上市公司财报分析案例，17家相关竞争对手、同行业分析，遍及教育、房地产等20个行业；通俗易懂，有趣有用